Karin Mahr

Rückkehr zum Körper

Bewegungstherapie – ein neuer Ansatz

Rowohlt

1. Auflage März 1994

Umschlaggestaltung YpsArt, Berlin
Gesetzt aus der Garamond auf Linotronic 500
Gesamtherstellung Clausen & Bosse, Leck
Printed in Germany
ISBN 3 498 04360 9

Inhalt

1
Kritik an Tanz- und Körpertherapien

Wenn ich das Verhältnis zum Körper verstehen möchte, brauche ich begriffliche Anhaltspunkte. Ein begrifflicher Anhaltspunkt ist der Körper selbst. Und da es sich um einen lebendigen Körper handelt und die Bewegung den lebendigen Körper vom toten Körper unterscheidet, bezeichne ich diesen Körper als *sich bewegenden Körper*. Die Bewegung, die ich meine, ist aber nicht irgendeine Bewegung, sondern *die körperliche Bewegung*. Es ergeben sich also zwei Begriffe – der sich bewegende Körper und die körperliche Bewegung, die nicht identisch sind, aber voneinander abhängen und sich gegenseitig bedingen.

Gaetano Benedetti gebraucht in seinem Buch *«Todeslandschaften der Seele»* einen weiteren Begriff, den des «psychotischen Körpererlebens»[1]. Ich möchte diesen Begriff aufnehmen, aber weiter fassen, weil ich meine, daß das Körpererleben, ob nun psychotisch oder nicht, an einen Körper gebunden ist, der sich bewegt. Ich habe damit noch einen dritten Begriff – *das Körpererleben*. Begriffliche Anhaltspunkte sind nun die körperliche Bewegung, der sich bewegende Körper und das Körpererleben. Alle drei Begriffe stehen in einem Zusammenhang miteinander. Sie gliedern das Verhältnis zum Körper und beschreiben es.

Ich möchte mich zuerst der körperlichen Bewegung zuwenden. Das hat gute Gründe, die in meiner beruflichen Ausbildung und Erfahrung liegen. Ich bin bei Mary Wigman zur Tänzerin und Tanzpädagogin ausgebildet worden und habe beide Berufe ausgeübt, bevor ich an einer Nervenklinik mit psychotischen Patienten zu arbeiten begann. Auch diese Arbeit bezog sich ausschließlich auf die körperliche Bewegung und wurde innerhalb der Klinik als Bewegungstherapie bezeichnet. Die körperliche Bewegung ist mir also aus verschiedensten Zusammenhängen her vertraut. Einmal, indem ich sie selbst als Tänzerin ausgeführt habe, dann, indem ich andere Körper trainierte, und zuletzt, indem ich sie als Medium der Therapie improvisatorisch einsetze. Vor allem diese Tätigkeit hat mich auf den Gedanken gebracht, daß der körperlichen Bewegung neben ihrem trainierenden Aspekt noch ein psychologischer Aspekt zukommen muß, ein Aspekt, der nicht so ohne weiteres zu sehen und zu verstehen ist und über das, was innerhalb der Tanz- und Körpertherapien geschieht, auch nicht faßbar wird. Ich möchte, an Hand meiner klinischen Arbeit mit psychotischen Patienten, versuchen, diesen psychologischen Aspekt einsehbar zu machen. Gleichzeitig verbinde ich damit die Hoffnung, mehr über das Verhältnis zum Körper zu erfahren.

Es gibt parallel zu meinen Bemühungen, die Bedeutung der körperlichen Bewegung über die therapeutische Arbeit zu verstehen, mehrere Richtungen innerhalb der Tanz- und Körpertherapien. Wenn ich mich im folgenden mit der Literatur zu diesem Thema auseinandersetze, gehe ich radikal vor: Ich kümmere mich nicht um die Theorien, auf denen diese Therapien basieren, ich schaue mir ausschließlich die Bewegungsübungen an, die aufgeführt werden. Ich überlege mir, was sie für den Körper bedeuten, genauer, für das Verhältnis zum Körper. Körperliche Bewegung wirkt auf den Körper und löst dort ein Körpererleben aus, aber eine Zuordnung von Bewegungsübungen zu seelischen Prozessen ist ein viel zu großer Sprung angesichts der fehlenden Kenntnisse über die körperliche Bewegung.

An dem Begriff Tanztherapie interessiert das Wort Tanz, steht es doch in einem gewissen Gegensatz zur körperlichen Bewegung. Mit dem Wort Tanz verbinden sich spezielle Techniken, Tanztechniken: Den Bewegungen, die ausgeführt werden, liegt immer eine Technik zugrunde. Mit dem Begriff körperliche Bewegung verbinde ich aber keine spezielle Technik, sondern die ganz selbstverständliche Fähigkeit, sich bewegen zu können. In einer Therapie kann es eigentlich nicht um ein Tanztraining gehen, was also steckt hinter dem Wort Tanz?

«Tanztherapie. Zur Verwendung des Mediums Tanz in der Psychotherapie» heißt ein Aufsatz von Elke Willke[2], der sich für meine Absicht, in der Abgrenzung der körperlichen Bewegung vom Tanz mehr über die körperliche Bewegung zu verstehen, eignet.

Am Titel des Aufsatzes fällt auf, daß das Wort Tanz sowohl in Zusammenhang mit Tanztherapie gebracht wird wie auch in Zusammenhang mit Psychotherapie. Gleich zu Beginn steht der Satz: *«Tanztherapie ist ein psycho- und körpertherapeutisches Verfahren, das sich in den vierziger Jahren in den USA entwickelt hat.»*[3] Das Wort «körpertherapeutisches Verfahren» taucht also auch hier in Kombination mit «psychotherapeutischem Verfahren» auf. Tanz ist aber, und das möchte ich an dieser Stelle schon festhalten, an den Körper gebunden, und verwendet man ihn als Medium der Therapie, kommt man nicht um diese körperliche Bedingtheit und die Tatsache herum, daß er eine ganz bestimmte Technik erfordert.

Zunächst aber gibt Willke einen historischen Überblick, um das Verständnis von Tanz, das die Tanztherapeuten haben, zu veranschaulichen. Folgen wir dem Text, weil sich in ihrer Gegenüberstellung von klassischem Ballett und Ausdruckstanz bereits die ersten Mißverständnisse zeigen. *«Der klassische Tanz des 19. Jahrhunderts ist dafür ein typisches Beispiel. Er übernahm in seine Form den Leistungs- und Technikgedanken der sich entwickelnden Industriegesellschaft. Normierte Bewegungs- und Schrittfolgen, bis zur technischen Virtuosität gesteigert, gewannen die Oberhand.»*[4] Weiter unten steht dann: *«Die deutsche Ausdruckstanzbewegung setzte die Gegenreaktion fort und entwickelte ein Tanzverständnis, das für die*

Tanztherapie bis heute bestimmend ist. Der Tanz sollte den menschlichen Körper und seine organischen Bewegungsmöglichkeiten in den Mittelpunkt stellen. (...) Für Wigman war der Tanz eine Möglichkeit, sich als Persönlichkeit zu verwirklichen und Themen und Gefühlen ganz individuellen Ausdruck zu verleihen. Diese Konzentration auf den individuellen Ausdruck schloß natürlich aus, sich festgelegter Techniken zu bedienen.»[5]

Die Form das klassischen Tanzes – unter klassischem Tanz versteht man das Ballett – wird durch die Technik bestimmt. Die Technik gibt den Bewegungen eine Form. Die Balletttechnik formt die Bewegungen zu Ballettbewegungen. Technik spielt sich immer in normierten Bewegungs- und Schrittfolgen ab, sie muß ja lehrbar sein, ebenso gehört zur Technik Virtuosität. Ich trainiere Technik, um über das Niveau meiner selbstverständlichen Alltagsbewegungen hinauszukommen. Willke verwechselt Technik, die innerhalb von Choreographien zum Selbstzweck gerät, mit Technik, die innerhalb eines Trainings gar nichts anderes sein kann als Selbstzweck. Wahrscheinlich meint sie mit ihrem Zitat, daß die Ballettchoreographien im 19. Jahrhundert die technische Brillanz zu sehr in den Vordergrund stellten und diese nicht mit einer tänzerischen Aussage verbinden konnten, und diesen Sachverhalt bringt sie dann mit der sich entwickelnden Industriegesellschaft in Verbindung. Letzteres mag dahingestellt sein, aber sicher ist, daß beim Ballett der Leistungs- und Technikgedanke immer schon vorhanden war und nicht erst übernommen werden mußte.

Wie dem auch sei, Willke stellt dem wegen seiner einseitig zur Technik neigenden Ballett die deutsche Ausdruckstanzbewegung gegenüber und charakterisiert sie durch das Fehlen festgelegter Techniken. Wie die Autorin sagt, stehen der menschliche Körper und seine organischen Bewegungsmöglichkeiten im Mittelpunkt des Ausdruckstanzes. Aber im Tanz steht der menschliche Körper generell im Mittelpunkt. Selbstverständlich auch im klassischen Tanz. Und wie sieht es mit den «organischen Bewegungsmöglichkeiten» aus? Bei Willke liest sich das, als ob der klassische Tanz aus unorganischen Bewegungsmöglichkeiten bestünde. Nun orientiert sich die Balletttechnik genauso an den Bewegungsmöglichkeiten des menschlichen Körpers wie der Ausdruckstanz. Vielleicht bringt nicht jeder Körper die geeigneten Voraussetzungen für die Balletttechnik mit, aber das sagt nur etwas aus über die unterschiedlichen körperlichen Veranlagungen. Was also sind «organische Bewegungsmöglichkeiten» im Tanz? Es geht hier um das Tanzverständnis der Tanztherapeuten und speziell um die Abgrenzung von Tanz zu körperlicher Bewegung. Technik spielt eine hervorragende Rolle bei dieser Abgrenzung. Denn der Ausdruckstanz, schreibt Willke, bediene sich keiner festgelegten Technik. Was bedeutet das?

Mary Wigman, die große deutsche Ausdruckstänzerin, tanzte ihre Tänze in einer eigenen Technik. Wollte sie einen Drehtanz machen, übte sie Drehen, brauchte sie einen hohen Beinschwung, übte sie hohe Beine. Sie bediente sich dazu nicht der Ballettechnik, sondern erfand eigene Übungen, die eine bessere Voraussetzung für die Gestaltung ihrer Tänze waren, als es die Ballettechnik hätte sein können. Daß es Wigman um mehr ging als nur um eine neue Bewegungsart, ist klar, aber Wigmans künstlerische Dimension spielt in der Diskussion um das Medium Tanz in der Therapie keine Rolle, sondern steht auf einem anderen Blatt. Wigmans Technik, und es war eine Technik, war also an ihre Person gebunden. Im Unterschied zur Technik des klassischen Tanzes, die festgelegt und systematisiert ist, hat Wigman ihre Technik nie festgelegt und systematisiert. Sie blieb an ihre Person gebunden und konnte sich deshalb nicht tradieren. Heute, nach Wigmans Tod, können Tänzer sie nicht lernen. Geblieben ist eine Vorstellung, wie getanzt werden kann, wenn die Ballettbewegungen nicht genügen. Daraus ist der modern dance entstanden, der inzwischen genauso über festgelegte Tanztechniken verfügt wie das Ballett.

Eine systematisierte Technik, wie es die Ballettechnik ist, ist nicht an eine Person gebunden. Sie kann über die Ausbildung weitergegeben werden. Daß systematisierte Techniken die Gefahr in sich bergen, zu mechanisch angewandt zu werden, ist sicherlich wahr, aber solcher Mißbrauch ist kein Argument gegen das Festlegen von Tanztechniken und schon gar kein Argument für einen individuelleren Ausdruck im Tanz. Der individuelle Ausdruck beim Tanz hängt von der Ausdruckskraft des Tänzers ab und wird nicht dadurch geschmälert, daß der Tänzer Technik hat, daß er sein Handwerk beherrscht. Im Gegenteil, je besser der Tänzer tanzen kann, und das heißt, die Technik beherrscht, desto größeren Freiraum hat er für seinen individuellen Ausdruck. Muß er mit der Technik kämpfen, bleibt ihm wenig Raum. Willkes Behauptung, daß die Konzentration auf den individuellen Ausdruck festgelegte Techniken ausschließe, ist schlichtweg falsch.

Doch kommen wir zurück zu den «organischen Bewegungsmöglichkeiten» im Tanz. Gemeint sind damit offenbar die Bewegungen, die ohne Technik ausgeführt werden können. Solche Bewegungen Tanz zu nennen, ist mißverständlich, denn es fehlt die Technik, der unterstellt wird, daß sie den Körper auf unorganische Weise trainiere. Ebenso mißverständlich ist es, von nicht festgelegten Techniken zu sprechen. Eine nicht festgelegte Technik ist eben keine Technik, da eine Technik erst durch systematisierte Bewegungen zu einer Technik wird und sie auch erst dann tradiert werden kann.

«Die Pionierinnen von damals und die Tanztherapeuten von heute verstehen Tanz, wenn sie ihn als therapeutisches Medium verwenden, unabhängig von den Techniken bestimmter Stilrichtungen.»[6] Tanz wird hier von der Tanztechnik getrennt, und damit bleibt der Begriff Tanz verschwommen. Die körperliche Bewegung ist unabhängig von Techniken, sie kann ganz klar ohne Technik auskommen. Warum also den Begriff Tanz nehmen, wenn ein anderer Begriff – körperliche Bewegung – sich viel besser eignet? Körperliche Bewegung läßt sich ein-

grenzen auf Bewegungen, die ohne spezielle Technik ausgeführt werden können. Mit dem Begriff Tanz verbinden sich Ansprüche an das Können, mit dem Begriff körperliche Bewegung nicht. Willkes zentraler Begriff – der Tanz als Medium der Therapie – bleibt unklar und verschwommen. Aber ich folge dem Zitat weiter: *«Das Verständnis von Tanz in der Tanztherapie geht vielmehr auf die Wurzeln allen Tanzes zurück, auf das, was in der amerikanischen Literatur als ‹basic dance› bezeichnet wird. Basic dance ist einmal Tanz als Ausdruck menschlicher Befindlichkeit, als Ausdruck von Emotionen, Zuständen und Bedürfnissen zu verstehen.»*[7] Die Wurzeln allen Tanzes liegen meines Erachtens in der Fähigkeit, sich bewegen zu können. Diese Fähigkeit als «basic dance» zu bezeichnen, klärt nicht den Begriff Tanz, sondern zeigt nur, daß Willke selber Mühe hat zu rechtfertigen, warum sich gerade Tanz als Medium einer Therapie eignen soll. *«Der Terminus Tanztherapie ruft immer wieder Mißverständnisse hervor, da Tanz in unserer Kultur eine sehr enge Definition hat und gerade auf Tanzstile bezogen wird. Das Konzept des ‹basic dance› ebenso wie die Ausführungen zum Ausdruckstanz zeigen, daß der Tanz ein Medium sein kann, über welches Menschen ihren persönlichen Ausdruck erleben und erarbeiten.»*[8] Es geht bei dem Begriff Tanz nicht um eine enge Definition von Tanz innerhalb unserer Kultur, sondern Tanz ist nun einmal über Schritte und Schrittfolgen an eine Technik gebunden und erfährt von daher seine Definition. Diese Technik steht seiner Verwendung innerhalb der Therapie im Wege. Deshalb weicht Elke Willke auf den Ausdruckstanz aus, weil der ohne festgelegte Technik, und das heißt, ohne festgelegte Schrittfolgen auskam, was, wie wir bereits gesehen haben, keineswegs bedeutet, daß er nicht zumindest auf einer selbstentworfenen Technik basierte. Allerdings kam er nicht ohne Themen aus, die innerhalb einer bestimmten Zeit Tanzkultur ausmachten. Diese Zeit war nach dem Zweiten Weltkrieg vorbei: Die Themen des Ausdruckstanzes waren so nicht mehr tanzbar, der Ausdruckstanz hatte sich überlebt. Sein Ausdruck war der Zeit nicht mehr angemessen.

Vom Ausdruckstanz leitet Willke den Begriff Ausdruck ab. Im Tanz oder im «basic dance» erleben Menschen ihren persönlichen Ausdruck. Der Tanz ist Ausdruck menschlicher Befindlichkeit, worunter Willke Emotionen, Zustände und Bedürfnisse versteht. Aber gerade der Ausdruckstanz hat gezeigt, daß der Ausdruck einer zeitgebundenen Bewertung unterliegt. Zunächst wurde der Ausdruckstanz als befreiend erlebt, später geriet er in die Nähe des Pathetischen und Unechten. Daß man sich im Tanz ausdrücken kann, steht außer Frage, aber woran mißt Willke den persönlichen Ausdruck?

Nun haben wir neben dem Begriff Tanz oder «basic dance» noch einen weiteren verschwommenen Begriff – den Ausdruck. Den Ausdruck am Tanz und den Tanz am Ausdruckstanz festzumachen, dazu den Tanz von der Tanztechnik zu lösen, aber gleichzeitig am Begriff Tanz festzuhalten, ergibt ein großes Durcheinander. So recht klargeworden ist mir nicht, warum Tanz sich als Medium für eine Therapie eignen soll. Der Ausdruckstanz jedenfalls bietet keine Rechtfertigung – nicht, was den Begriff Tanz, und auch nicht, was den Begriff Ausdruck angeht. Man kann es drehen und wenden, wie man will, der Tanz bindet ein und legt fest, mehr, als es die körperliche Bewegung tut. Sie steht selbstverständlich zur Verfügung und ist somit eine gute Voraussetzung für eine Therapie.

Das nächste Kapitel von Willkes Aufsatz trägt die Überschrift: *«Zur Bedeutung und Verwendung von Tanztechniken und vorgestalteten Tänzen in der Tanztherapie».*[9] Mit dem Begriff Tanz, wie sie ihn definiert, hat sich Elke Willke bereits auf eine verschwommene begriffliche Grundlage gestellt. Am Beginn dieses Kapitels steht der Satz: *«Eine Tanztechnik – eine geformte Bewegung – gibt durch ihre klare Form dem einzelnen einen strukturellen Halt und schafft Klarheit im Bewegungsausdruck. Struktur, Klarheit und Ein-*

deutigkeit sind Möglichkeiten, Situationen überschaubar zu machen und Ängste zu vermindern.»[10] Was soll das heißen? Tanztechnik ist ein Mittel, den Körper des Tänzers zu trainieren, und nicht schon selber eine geformte Bewegung. Sie ist nicht entstanden, um Ängste zu vermeiden oder strukturellen Halt zu geben, sondern um Tänzer auszubilden. Hier wirft Willke zwei ganz unterschiedliche Sachverhalte durcheinander: Tanztechnik als Methode, den Körper zu trainieren, und Psychotherapie als Methode, Ängste zu vermindern. Die Tanztechnik wird, ohne daß erklärt wird, warum, zu einem psychotherapeutischen Mittel, das Ängste vermindert, strukturellen Halt gibt und Situationen überschaubar macht. Keine Rede davon, daß sie eigentlich nur ein Mittel ist, den Körper zu trainieren. Außerdem: Die Autorin löst den Tanz von der Tanztechnik, wirft der Tanztechnik «Enge» vor und lädt sie plötzlich mit einer solchen Bedeutung auf!

Aber schauen wir uns ihre Definition von Tanztechnik genauer an. Tanztechnik wird mit «geformter Bewegung» gleichgesetzt und dann völlig selbstverständlich der Psychotherapie eingegliedert. Tanztechnik ist aber keine geformte Bewegung und schon gar kein psychotherapeutisches Mittel. Tanztechnik ist Arbeit mit dem Körper und nicht Arbeit mit der Seele. Erinnern wir uns an den Beginn von Willkes Aufsatz, dort, wo sie Tanz zum Medium der Psychotherapie erklärt und nicht zum Medium der Körpertherapie, dann wird einiges verständlich. Die Tanztechnik, die so sehr an die Arbeit mit dem Körper gebunden ist, wird vom Körper gelöst und ihrer eigentlichen Bedeutung, den Körper zu trainieren, beraubt. Statt dessen wird ihr eine psychologische Bedeutung zugeschoben, die unhinterfragt bleibt, sie wird einfach nur postuliert. Auf der Strecke bleibt der Körper mit seinen Bewegungen, der in Willkes Tanztherapie keine Rolle zu spielen scheint bzw. nur als Ausdruck seelischer Vorgänge von Belang ist. Willkes diffuser Tanzbegriff trägt zu dieser körperlosen Tanztherapie bei, ebenso wie ihre Trennung der Tanztechnik vom Tanz, die nun auch noch von ihrer Funktion, den Körper zu trainieren, getrennt wird.

Doch noch einmal zurück zu Willkes Definition von Tanztechnik als «geformter Bewegung». Tanztechnik ist keine geformte Bewegung, sondern ein Mittel, die Bewegung zu formen. Ich kann aber auch ohne Tanztechnik geformte Bewegungen ausführen. Meine Alltagsbewegungen sind ja nicht formlos, sie bleiben nur, technisch gesehen, auf einem einfachen Niveau. Und ebenso kann ich ohne Tanztechnik einen klaren Bewegungsausdruck haben. Da aber Willke Tanztechnik mit geformter Bewegung gleichsetzt, muß man sich zwangsläufig fragen, ob «geformte Bewegungen» Tanztechnik erfordern oder nicht. Wenn das nicht der Fall ist, und ich bezweifle es, kann die Tanztherapie auch keinen «strukturellen Halt» geben, und was Willke unter «Bewegungsausdruck» versteht, bleibt unklar, denn diese Klarheit würde, ihr zufolge, erst durch die Tanztechnik geschaffen. Falls zur geformten Bewegung aber doch Tanztechnik gehört, kann die Bewegung vom Klienten der Tanztherapie, sofern er nicht Tänzer ist, gar nicht oder nur so unzulänglich ausgeführt werden, daß von einer klaren Form wieder nicht die Rede sein kann.

Willkes Definition von Tanztechnik verfälscht durch ihre Vereinfachung. Um über eine Tanztechnik zu einer geformten Bewegung zu kommen, muß ich meinen Körper jahrelang und täglich trainieren. Willkes Beschreibung der Tanztechnik suggeriert, man brauche einer Bewegung nur Technik zu unterlegen, dann werde sie schon wie von selbst beherrscht und zu einer geformten Bewegung. Aber so einfach geht das nicht. Die Materie, der Körper, steht dem im Weg. Die Tanztechnik wird, wenn sie sich nicht auf den Körper und seine Bewegungen bezieht, sinnlos. Sie verliert ihre Bedeutung, aber sie wird gewiß nicht zu einem psychotherapeutischen Mittel.

Der Zwiespalt ist offensichtlich. Innerhalb der Tanztherapie ist der Körper und seine Bewegungen ohne Belang, denn Tanztherapie bezieht sich auf die Seele. Der Tanztechnik werden unorganische und mechanische Bewegungen unterstellt. Sie wird deshalb von einem Tanz, der mit dem Körper getanzt wird, getrennt und zu einem psychotherapeutischen Mittel gemacht. Der Tanz, so wie er in der Tanztherapie getanzt wird, ist folglich ein Tanz ohne Körper – aber mit viel Seele. Zurück bleibt der Körper mit seinen Bewegungen, der keine Beachtung findet.

Doch weiter in Willkes Text. Entsprechend ihrem psychologischen Verständnis von Tanztechnik bedauert sie, daß *«es heute im künstlerischen Tanz nur wenige Lehrmeister (gibt), die über die Form und ihre Affinität zu einem Ausdruck oder einer Ausdrucksqualität differenziert Bescheid wissen und dieses Wissen lehren könnten»*[11]. Sie fährt dann fort: *«Deshalb wird Tanztechnik sehr häufig als bloße Technik gelehrt, und allein das Meistern und Beherrschen der Technik wird zum Lehrziel. Geschieht dies, dann wird ein Tanzstil allmählich inhaltsleer und bedeutungslos und das Erlernen eines solchen ein rein mechanisches Nachvollziehen von Bewegungen.»*[12] In diesen beiden Aussagen stellt Willke lehrbares Wissen über den künstlerischen Tanz gegen das Training von Tanztechnik. Sich Wissen über den künstlerischen Tanz anzueignen ist aber eine Sache, eine Tanztechnik zu trainieren, um sie zu beherrschen, eine andere. Beides schließt sich nicht aus, ist nur nicht zur gleichen Zeit zu verwirklichen.

Außerdem setzt Willke Tanzstil mit Tanztechnik gleich. Erlernt wird aber eine Technik und kein Stil. Die Tanztechnik repräsentiert vielmehr einen Tanzstil. So repräsentiert die Ballett-Technik den klassischen Tanz, die Graham-Technik den modern dance, die Jazz-Technik den Jazz dance etc. Der Tänzer, der in seiner Ausbildung eine Tanztechnik lernt, wird zum Repräsentanten eines Tanzstils. Indem Willke Tanzstil mit Tanztechnik gleichsetzt, schaltet sie den Tänzer aus und damit einmal wieder die Gebundenheit des Tanzes an eine Technik und an einen Körper.

Im selben Zitat sagt Willke, daß ein Tanzstil inhaltsleer und bedeutungslos wird, wenn seine Technik nur noch rein mechanisch erlernt wird. Aber genau dazu sind Tanztechniken da. Wenn die Tanztechnik nicht über die Möglichkeit verfügte, mechanisch nachvollziehbar zu sein, wäre sie gar nicht lehrbar. In einer Tänzerausbildung wird der Körper trainiert, um irgendwann einmal die Tanztechnik so zu beherrschen, daß der Tänzer sich darüber ausdrücken kann, wie er es möchte, und nicht, wie sein Körper es ihm vorschreibt. Das mechanische Nachvollziehen hat seinen guten Sinn, es macht Bewegung lehrbar und trainierbar. Wenn ein Tanzstil inhaltsleer wird, dann nur, weil die Choreographien bedeutungslos sind, aber gewiß nicht, weil die Tänzer ihre Technik mechanisch erlernt haben. Wie denn sonst sollte der Körper trainiert werden, wenn nicht mechanisch? *«Wird die Technik zum Vordergrund und nur ihr die Aufmerksamkeit geschenkt, so wird die Bewegung, selbst zu einer Form des Widerstandes und der Abwehr.»*[13] Falsch. Steht die Technik im Vordergrund, wird die Bewegung, je nachdem, welche Technik ich trainiere, zu einer Ballettbewegung oder zu einer Gymnastikbewegung oder zu einer Jazzbewegung oder zu einer Sportbewegung usw. Widerstand und Abwehr sind Begriffe aus der Psychoanalyse. Diese Begriffe auf trainierte Bewegungen zu übertragen, gibt keinen Sinn und dient weder dem Verständnis von Bewegung noch von Tanz.

Wir sehen, Willkes Verhältnis zur Tanztechnik ist einigermaßen konfus und gespalten. Sie holt sich diesen Begriff aus der Welt der Tänzer und überträgt ihn auf die Tanztherapie. Was dabei herauskommt, ist der Tanztechnik nicht angemessen, denn sie ist kein psychotherapeutisches Mittel, sondern dient dazu, den Körper zu trainieren. Den Vorgang des Trainings als rein mechanisches Nachvollziehen von Bewegung zu verunglimpfen, ist auch nicht hilfreich beim Versuch, Tanztherapie verständlich zu machen. Weder wird die Bedeutung noch die Verwendung der Tanztechnik in der Tanztherapie klar, wird der Tanztechnik doch von Willke ein Sinn unterstellt, den sie nicht hat, während der Sinn, den sie hat, ihr entzogen wird.

Das nächste Kapitel trägt die Überschrift «*Improvisation in der Tanztherapie*».[14] Das interessiert mich, weil ich in meiner klinischen Arbeit mit psychotischen Patienten die körperliche Bewegung ebenfalls improvisatorisch einsetze.

Zu Beginn schildert Willke, was sie unter Improvisation versteht: «*Charakteristisch für die Tanz- und Bewegungsimprovisation ist es, das Unvorhergesehene, das Unvermutete, das Nichtvorgeplante in der Bewegung geschehen zu lassen.*»[15] Und eine Seite weiter fährt sie fort: «*Die Arbeit, in und über die Improvisation ein Stück Freiheit des Bewegens, des Sich-Ausdrückens wiederzugewinnen, ist ‹heilende› Arbeit.*»[16] Aber wie geschieht diese Arbeit? «*Eher angemessen scheint die Auffassung, Improvisation als Medium für und Ausdruck von Wachstumsprozessen der Persönlichkeit zu begreifen. Hieraus entsteht die Frage,* wie *Improvisation angelegt und geleitet werden kann, damit therapeutische Veränderungen im Sinne von Wachstum möglich werden.*»[17] Willke bezeichnet Improvisation als Medium für Wachstumsprozesse. Aber die Improvisation ist eine Methode, wie ich Tanz oder Bewegung einsetze, und kein Medium. Improvisation ist auch nicht schon an sich Ausdruck, sondern auch in diesem Zusammenhang eine Methode, wie ich über Bewegung bzw. über Tanz zu einem Ausdruck komme.

Wie wird in Willkes Tanztherapie die Improvisation eingesetzt? «*Eine Improvisationsform geht z. B. von vorher bekanntem, d. h. gelerntem Material aus. Erlernte Bewegungen und Bewegungsabläufe werden in jeweils eigener Weise kombiniert, verändert, es werden neue Akzente gesetzt, sie in andere Rhythmen gebracht u. ä.*»[18] Weiter vorne hat Willke bereits den Begriff Tanzform eingeführt und auch beschrieben, wie eine Tanzform aussieht: «*So kann z. B. ein rumänischer Drehtanz Unterschiedliches an Sinnzusammenhängen und Bedeutungen aktualisieren.*»[19] Oder an anderer Stelle: «*Der Klient handelt und bewegt sich beim Tanzen von bestimmten Tanzrollen und -formen so, als ob er gemäß der Tanzform der ‹Beschwingte›, der ‹Verführerische› oder der ‹Wütende› wäre.»*[20] Ich stelle mir diese Improvisationsform nun so vor: Dem Klienten, der in die Tanztherapie kommt, wird von der Therapeutin z. B. ein rumänischer Drehtanz einstudiert. Innerhalb dieses Tanzes übernimmt er, gemäß der Tanzform, die in diesem Beispiel ein Drehtanz ist, sagen wir, die Rolle des Beschwingten. Wenn er den Drehtanz kann, beginnt die Improvisation. Der Klient soll nun auf seine Weise die gelernten Schritte anders zusammensetzen, sie variieren usw. *«Die normsetzende Seite der Form – als ein Aspekt der Form – muß hierbei überwunden werden.»*[21] Es ist vorstellbar, daß der Klient Spaß an einem einstudierten Tanz hat und daß es ihm auch Spaß macht, diesen Tanz zu verändern und seinen eigenen Drehtanz daraus zu machen. Aber was hat das alles mit Therapie zu tun? Solche Improvisationen sind selbstverständliche Methoden innerhalb der Tanzpädagogik und rechtfertigen den Begriff Therapie nicht. Offenbar soll schon Therapie sein, wenn *«die Form zwar gekonnt, aber für den Klienten noch handhabbar ist und die Norm der Form nicht dominant wird»*[22]. Einen mir nicht verständlichen Zusammenhang zieht Willke zwischen der Form, die «zwar gekonnt, aber für den Klienten noch handhabbar» ist. Was meint sie damit? Was versteht Willke eigentlich unter Form? Ich setze für Form Tanzform und nehme als Beispiel für die Tanzform den bereits erwähnten Drehtanz. Wenn der Drehtanz für den Klienten «handhabbar» ist, kann das nur heißen, daß er den Tanz beherrscht. Der logische Schluß kann doch aber nicht sein, daß ein Tanz, weil er beherrscht wird, «noch handhabbar» ist.

Da Willke aber, wie ich oben erwähnt habe, Tanzform mit Tanztechnik gleichsetzt, gäbe dieser Satz einen Sinn, wenn man ihn so verstünde, daß die Technik eines Tanzes nicht so schwer sein darf, daß der Klient den Tanz nicht mehr lernen kann. Volkstänze wie z. B. ein rumänischer Drehtanz brauchen im allgemeinen keine technischen Voraussetzungen. Der Klient beherrscht die Tanzform, weil die Schritte des Tanzes ohne technische Vorbildung nachvollzogen werden können. Ein bißchen Üben genügt.

Ich sehe in diesem Zusammenhang aber eine andere Ungenauigkeit: Je besser der Klient seinen Drehtanz beherrscht, um so mehr Spielraum hat er, mit den Schritten und Drehungen dieses Tanzes improvisatorisch umzugehen. Beherrscht er die Schritte und Drehungen nicht, wird die Tanzform verwackelt. Der Klient bleibt schwindlig auf der Strecke oder stolpert über seine eigenen Füße. Aber Willke ist da anderer Ansicht: *«Werden Formen zu lange und zu intensiv eingeübt, dann ist ein Spielen mit ihnen sehr schwer. Ballettänzer haben häufig diese Schwierigkeit. Sie können sich aus ihrer gelernten Form nicht mehr befreien und können allenfalls die Figuren neu kombinieren.»*[23] Warum eigentlich soll sich ein Ballettänzer aus einer gelernten Form befreien? Was immer Willke unter Form versteht, in diesem Fall geht es um die Ballettechnik, die der Ballettänzer im Lauf von Jahren gelernt hat. Ihm nun einen Vorwurf daraus zu machen, daß er sich von der gelernten Technik nicht mehr befreien kann, macht einmal wieder keinen Sinn und ist auch kein Beweis für den Zusammenhang zwischen einer zwar gekonnten, aber noch handhabbaren Form. Wenn ich tanzen kann, kann ich es. Wenn ich nicht tanzen kann, kann ich es nicht. Dann kann ich es lernen, aber besser in einer Tanzpädagogik als in einer Tanztherapie.

Die nächste Improvisationsform beschreibt Willke folgendermaßen: *«Die Eingabe von Themen in das Improvisationsgeschehen stellt eine andere Weise dar, eine struktur- und sinnstiftende Einheit zu schaffen.»*[24] Als Beispiel für die Eingabe von Themen gibt Willke an: *«Der Klient kann beispielsweise erproben und experimentieren, welche Bewegungen seine Hand machen kann, oder er kann den Raum erforschen oder sein Gefühl zu einer Musik etc. ausdrücken.»*[25] Eine genauere Beschreibung folgt nicht. Es geht im weiteren um *«die Kunst des Therapeuten (...),* den *Strukturierungsgrad zu finden ...»*[26], und so bin ich wieder auf meine eigenen Vorstellungen angewiesen. Ich stelle mir also einen Klienten vor, der in einem Gymnastikraum steht, und das sind immer große und leere Räume, und der nun seine Hand bewegt. Irgendwo im Raum, wahrscheinlich am Rand, steht oder sitzt eine Tanztherapeutin und beobachtet ihn. Die Bewegungen muß er selber improvisieren, er hat von seiner Therapeutin nur das Thema bekommen, seine Hand als «struktur- und sinnstiftende Einheit» zu bewegen. Ob der Klient seine Situation auch als struktur- und sinnstiftend empfindet? Wie dem auch sei, erst die eine Hand, dann die andere Hand, dann beide Hände zu bewegen ist nicht so schwer, und diese Aufgabe wird vom Klienten auch bewältigt. Aber dann fällt ihm nichts mehr ein. Nun steht er da in dem großen leeren Raum, fühlt sich verlegen in seiner Körperlichkeit, und so beginnt er, im Raum herumzulaufen und den Raum zu erforschen. Vielleicht liegt irgendwo ein Ball herum, dann kann er damit spielen, oder es gibt Matten, auf die kann er sich legen und vielleicht sogar ein paar Gymnastikübungen machen. Vielleicht gibt es eine Sprossenwand, an der er hochklettern kann, oder er läuft über die Bänke, die vielleicht am Rand stehen. Aber nach einer Weile ist er auch damit fertig und steht schon wieder da und weiß nicht, was er machen soll. Doch nun hilft ihm seine Tanztherapeutin, indem sie die Stunde mit einem neuen Thema strukturiert. Sie legt Musik auf und bittet ihn, sein Gefühl zu dieser Musik auszudrücken. Wieder muß er alle Bewegungen selber finden, diese auch noch auf Musik beziehen und gleichzeitig sein Gefühl über die Bewegung sichtbar machen. Bloß, welches Gefühl soll er wählen? Welches eignet sich, daß er es auch tanzend bewältigen kann? *«Ein Klient versuchte z. B. immer wieder, durch kleine Stampfer seine Wut zu zeigen. Entweder er tat sich weh, oder er war mit dem Ergebnis unzufrieden. Verschiedene Stampftechniken – teilweise aus dem afrikanischen Tanz – konnten ihm helfen, seine Bewegung und seinen Ausdruck zu finden.»*[27]

Meine Erfahrung mit einer wütenden Patienten sah so aus, daß die Patientin einfach während einer Stunde in den Raum stürmte, mich an den Oberarmen packte und mich mit dem Satz: «Ich will raufen» an die nächste Wand drückte. Ich war auf diesen Angriff nicht vorbereitet, und so gelang es ihr zunächst. Dann aber sammelte ich meine Kräfte, und es entspann sich ein Kampf, an dem jede von uns mit ganzer Kraft beteiligt war, bis unsere Kräfte erlahmten und die Patientin von mir abließ.

Eine andere Patientin, ein 26jähriges chronisch schizophrenes Mädchen, griff mich an, indem sie nach mir schlug und trat. Es war eine der letzten Therapiestunden, bevor ich die Arbeit mit ihr wegen meiner fortgeschrittenen Schwangerschaft beenden mußte. Ich wehrte mich, indem ich ihre Arme möglichst locker festhielt und dabei versuchte, ihren Fußtritten auszuweichen. Da biß sie zu, erwischte mit dem Mund meine Bluse, die dabei zerriß. Sie ließ erschrocken von mir ab, und ich konnte nun versuchen, sie zu beruhigen.

Die Wut des von Willke beschriebenen Klienten wirkt eigenartig gekünstelt, gemessen an der Wut meiner beiden Patientinnen. Ich hatte gar keine Chance, ihrer Wut mittels Stampftechniken zu begegnen und ihr zu einem tänzerischen Ausdruck zu verhelfen. Wieder stellt sich die Frage nach dem therapeutischen Sinn dieser Improvisationsform. Was ist daran so spezifisch, daß der Begriff Therapie gerechtfertigt ist?

Doch weiter zu der dritten Improvisationsform, die auch die letzte ist: *«Sie dient dann dazu, die weniger bekannten Teile der menschlichen Psyche zu erforschen und zu erfahren, nämlich das Innere, das Unbewußte. Eine äußere Struktur ist bei dieser Improvisationsform kaum wahrnehmbar.»*[28] Der Klient, den ich mir vorstelle, liegt jetzt auf dem Boden, weil er sich dort besser auf sein Inneres konzentrieren kann als im Stehen, wo er sich doch sehr beobachtet fühlt, und das lenkt ihn von seiner Aufgabe ab. *«Die Rolle des Therapeuten verändert sich von dem eines strukturgebenden zu dem eines teilnehmenden Beobachters.»*[29] Der Klient schließt vielleicht die Augen und wartet, bis «es» ihn bewegt. Ich verlasse ihn aber jetzt, während er auf sein *«authentisches Bewegen»*[30] wartet, weil diese Situation nicht mehr in mein Gebiet gehört. Tanz bzw. körperliche Bewegung haben mit dieser Improvisationsform nichts mehr zu tun. Diese dritte Improvisationsform, in der es um das Unbewußte geht, gehört in den Bereich der Psychoanalyse, deren Theorie und Praxis zu einfach auf die Tanztherapie übertragen wird. An Stelle der in der Psychoanalyse verwendeten Worte steht die «authentische» Bewegung. *«Immer wenn zu der bloßen Abfolge von Bewegungen die innere Beteiligung und Sinngebung hinzukommt, wird Bewegung authentisch, d.h. sie wird in diesem Moment Ausdruck des Individuums.»*[31] Abgesehen davon, daß das Unbewußte auch bei einer bloßen Abfolge von Bewegungen maßgeblich beteiligt ist und Bewegungen gar nichts anderes sein können als authentisch, wird jetzt eine sinnvolle Auseinandersetzung darüber, ob sich Tanz als Therapie besser eignet als körperliche Bewegung, nicht mehr möglich. Der Begriff Bewegung wird in einem zu allgemeinen und vieldeutigen Sinn gebraucht, als daß es eine Chance gäbe, die körperliche Bewegung dagegenzusetzen.

Fassen wir kurz zusammen: Bis jetzt stimmt in der Tanztherapie so recht nichts mit den Begriffen und deren Bedeutung. Der Tanz entpuppt sich hauptsächlich als Seelentanz, dem der Ausdruckstanz vergangener Zeiten die Legitimation verschaffen soll, die Tanztechnik ist von ihrer Funktion, den Körper zu trainieren, getrennt worden und zu einem körperlosen Psychotherapiemittel geworden, die Improvisation bekommt drei Formen, die nichts anderes sind als Anleitungen für den Klienten, damit er der Situation, tanzen zu müssen, nicht ganz so hilflos ausgeliefert ist. Daß Improvisation auch eine Methode sein könnte, entlang den Bewegungsvorschlägen des Patienten und im Mitmachen dieser Bewegungen seitens des Therapeuten zu einem Therapieverlauf zu kommen, der sich nicht an den Vorstellungen des Therapeuten orientiert, sondern an den Wünschen des Patienten, darauf kommt Willke nicht.

Aber die Tanztherapie hat neben der Improvisation noch die

Gestaltung zur Verfügung. *«Gestaltung beginnt erst dort, wo der Herrschaftsbereich rationaler Zweckmäßigkeiten überschritten wird und wo Spielräume neuere und höhere Möglichkeiten der Formgebung zulassen.»*[32] Nun bezieht sich Gestaltung ja in diesem Fall auf die Arbeit mit dem Körper und seinen Bewegungen, und deshalb ist es interessant, wo der «Herrschaftsbereich rationaler Zweckmäßigkeiten» liegt. Im Satz zuvor steht, *«daß die ‹Vorgestaltetheit› des menschlichen Körpers berücksichtigt werden muß»*[33]. Sinngemäß hieße das, daß der Herrschaftsbereich rationaler Zweckmäßigkeiten die Vorgestaltetheit des menschlichen Körpers ist, weil diese in der Gestaltung überschritten werden soll. Unter der Vorgestaltetheit des menschlichen Körpers stelle ich mir die körperlichen Gegebenheiten vor, die Größe, das Gewicht, überhaupt die Figur, die Gelenkigkeit, die Beweglichkeit usw. Gestaltung beginnt also erst dann, wenn ich über meine körperlichen Gegebenheiten hinauskomme, weil ich erst dann höhere Möglichkeiten der «Formgebung» zulassen kann. Unter Formgebung stelle ich mir einen Tanz vor, dem ich insoweit eine Form gebe, als ich seine Schrittfolge festlege. Meine körperlichen Gegebenheiten binden mich aber an meinen so veranlagten Körper, und ich kann mir beim besten Willen nicht vorstellen, wie ich es anstellen soll, diesen Herrschaftsbereich zu überschreiten. In einem Training kann ich meine körperlichen Veranlagungen zwar verbessern, aber doch nur begrenzt, von einem Überschreiten dieser Veranlagungen kann jedenfalls keine Rede sein. Warum darf ich nicht mit den körperlichen Gegebenheiten, die ich nun einmal habe, meinen Tanz tanzen, so gut ich eben kann? Warum müssen es denn neuere und höhere Möglichkeiten sein, die ich vielleicht gar nicht verwirklichen kann, weil mein Körper mir mit seinen Veranlagungen im Wege steht? Der Traum, die Verhaftetheit im Körper hinter sich zu lassen, ist der Traum jedes Tänzers, und ein klein wenig davon kann er sich über seine Berufsausbildung auch erfüllen. In einer Therapie aber, deren Medium der

Tanz ist, bringt der Versuch, diesen Tanz ohne Rücksicht auf körperliche Gegebenheiten zu gestalten, den Therapeuten in die Nähe eines Traumtänzers.

«Für die Tanztherapie beschreibt Schoop *den Übergang von der Improvisation zur Gestaltung. Dieser Übergang ist dann angezeigt, wenn sich durch die Arbeit ergeben hat, daß ein Konflikt sich im Körper ausdrücken kann, und es sich erweist, daß er in immer ähnlicher oder gleicher Form seinen Ausdruck findet. Der Klient hat dann gelernt und erfahren, daß er seine Probleme und Konflikte in Bewegung ausdrücken kann, eine Veränderung des Problems kann, muß sich aber damit notwendigerweise nicht ergeben.»*[34] Wie lernt man, seine Probleme und Konflikte in Bewegung auszudrücken? Wie sieht ein Körper aus, über den sich ein Konflikt ausdrückt? Gehören dazu eine bestimmte Haltung oder bestimmte Bewegungen? *«Therapieklienten fällt es häufig sehr schwer, von vornherein bewußt eine Bewegung für einen Ausdruck auszuwählen, den sie durch diese Bewegung symbolisieren wollen – und dies sicher aus unterschiedlichen Gründen.»*[35] Ich glaube es dem Klienten unbesehen, daß ihm eine solche Aufgabe schwerfällt. Warum er aber seinen Ausdruck durch die Bewegung nur symbolisieren und nicht darstellen soll, verstehe ich nicht. Er steht doch mit seinem Körper im Raum und muß nun eine Bewegung finden, um etwas auszudrücken, es über seinen Körper zur Darstellung bringen. Erst wenn ihm die Darstellung gelungen ist, kann der Symbolgehalt des Dargestellten herausgefiltert werden. Aber ich würde gern Näheres über einen solchen Ausdruck erfahren. *«Der Klient kann beispielsweise aus der Improvisation heraus die Stellen und Bewegungen sich zurückrufen, die ihm für sein Thema als Ausdruck geeignet erscheinen.»*[36] Das Vorgehen des Klienten entspricht hier der choreographischen Arbeit im künstlerischen Tanz – aber ich weiß immer noch nichts über sein Thema und auch nichts darüber, mit welchen Bewegungen er seinen Problemen Ausdruck verleiht. *«Ein Klient kann daran arbeiten, was mit dem Gewicht geschieht, wenn er in*

Zustände von Depression fällt; oder ein anderer findet heraus, wie sich seine Unsicherheit räumlich ausdrückt.»[37] Jetzt tauchen zwei Themen und zwei Probleme auf. Das eine Problem ist die Depression des Klienten, das tänzerische Thema dazu das Gewicht. Das andere Problem bezieht sich auf die Unsicherheit des Klienten, sein tänzerisches Thema dazu ist der Raum. Raum und Gewicht bezeichnet Willke als *«Faktoren, die den Tanz bestimmen»*[38]. Die genaue Beschreibung, was nun aber wirklich geschieht, bleibt Willke schuldig. So bin ich wieder auf meine eigenen Vorstellungen angewiesen. Der Klient, der seine Unsicherheit räumlich ausdrückt, tanzt vielleicht nur am Platz und vermeidet, Raumwege zu gehen. Oder er benutzt nur sehr wenig Raum für seinen Tanz und bleibt insgesamt klein in seinen Bewegungen. Oder er sucht für seinen Tanz Rückendeckung an der Wand. Aber so recht gelingt es mir nicht, mir einen Tanz vorzustellen, in dem sich Unsicherheit räumlich ausdrückt. Das liegt wahrscheinlich daran, daß ich in meiner tanzpädagogischen Arbeit die Erfahrung gemacht habe, daß Menschen, wenn sie sich im oder durch den Raum bewegen sollen, sehr leicht unsicher werden. Als Grund für eine Therapie habe ich solche Unsicherheiten nie angesehen, ist es mir doch einfühlbar, daß nicht jeder sich gleich gern in seiner Körperlichkeit präsentiert. Ich gehe also zum nächsten Thema über, dem Gewicht, das im Zustand der Depression tänzerisch gestaltet werden soll.

Der Klient muß sich zunächst seinen Zustand, also die Depression, vorstellen und ihn dann über das Thema Gewicht darstellen. Wahrscheinlich wird er seine Bewegungen eher schwer und langsam gestalten, vielleicht zieht es ihn auf den Boden, wo er sich zusammenrollt, ein klein wenig liegen bleibt, ehe er wieder versucht, auf die Füße und zum Stehen zu kommen. Vielleicht bleibt er auch liegen, wiegt sich hin und her oder rollt langsam über den Boden. Oder er bleibt stehen, hebt langsam einen Arm, läßt ihn wieder fallen, macht dasselbe mit dem anderen Arm, geht dann ein paar Schritte, ehe er wieder stehenbleibt. Der Klient wird seinem Tanz den Ausdruck der Schwere geben und dies durch langsame Bewegungen darstellen, egal, ob er dabei am Platz bleibt, Raumwege geht oder sich nur am Boden bewegt.

Über die tänzerische Gestaltung der Depression – sieht man einmal davon ab, daß Depressionen einen eher ungebeten überfallen, als daß man mit ihnen handlich, und das wäre hier tänzerisch, umgehen kann – soll der Klient seinem Gewicht nachgehen und ist darüber, nehme ich an, zu eher langsamen Bewegungen gekommen. Was bedeutet nun aber für den Klienten die Arbeit an seinem Gewicht?

Unter der Überschrift *«Exkurs zur Laban-Analyse»*[39] finde ich bei Willke den Begriff Gewicht wieder. *«Die dritte Bewegungskomponente sind die* ‹efforts› *als Einstellung (attitude) zur Energie in Raum und Zeit und zum Gewicht und Fluß der Bewegung.»*[40] Ein wenig später werden die *«efforts»* in *«vier efforts unterschieden mit jeweils zwei Extrempunkten»*[41]. Der mich im Moment interessierende *«effort»* wird als *«weight effort»* bezeichnet und *«geht von strong zu light»*[42]. Für den seinen depressiven Zustand tanzenden Klienten bedeutet das, daß er sein Gewicht, sein *«weight effort»*, eher schwer, *«strong»* einsetzt. Seine Einstellung (attitude) zu seinem Gewicht ist im Zustand der Depression eher schwer. Jetzt habe ich eine Antwort auf meine Frage, wie ein Konflikt sich im Körper ausdrücken kann: Im Zustand der Depression wird das Gewicht des Körpers als eher schwer erlebt. Das paßt zu meinen Erfahrungen in der Klinik, denn im Zustand schwerer Depression verkriechen sich die Patienten am liebsten im Bett und wollen sich ganz und gar nicht bewegen.

Aber kommen wir noch einmal auf das Gewicht zurück, denn hinter dem Begriff *«weight effort»* steckt mehr als nur das meßbare Körpergewicht. *«Ein ausführliches Beispiel von* Bartenieff *soll das verdeutlichen: Zunächst stellt sie fest, daß z. B. der Faktor Gewicht als effort nicht verwechselt werden soll mit dem Körpergewicht per se. Sie unterscheidet dann drei Mög-*

lichkeiten, wie ich das Körpergewicht betrachten kann: einmal als neutral – hier ist das Körpergewicht muskulär unterstützt; als passiv – wo das Körpergewicht nicht unterstützt ist und der Schwerkraft nachgibt; und drittens als aktiv – wenn die Passivität des Körpergewichts überwunden wird durch eine Einstellung (attitude) zum Körpergewicht – also ein ‹weight effort› entsteht. (...) Bei schwer depressiven Patienten ist oft die Qualität von großer Schwere zu beobachten, die daher rührt, daß sie fast total in einer passiven Weise dem Gewicht nachgeben.»[43] Hier habe ich eine Bestätigung meiner Vorstellung, daß der Klient seinen depressiven Tanz mit langsamen Bewegungen und dem Ausdruck der Schwere gestaltet. Nun wird auch klar, daß Willke den Begriff Gewicht an Stellen setzt, wo ich den Begriff Ausdruck verwende. In diesem Zitat wird das Gewicht unter drei Gesichtspunkten betrachtet: Es gibt ein neutrales, passives und aktives Körpergewicht, aber das meßbare Körpergewicht fällt nicht darunter. Auch der Ausdruck der Schwere ist nicht meßbar. Meinen wir am Ende dasselbe mit nur anderen Worten?

Das Gewicht ist nach Willke ein «Faktor des Tanzes». Die Frage, wie mit dem Gewicht in der Tanztechnik umgegangen wird, ist deshalb nicht ganz abwegig. Dort wird nicht eigens mit dem Gewicht gearbeitet, sondern versucht, dem Gewicht zu entgehen und den Körper so zu trainieren, daß er schwerelos erscheint; aber das Eigengewicht des Körpers bildet immer den Gegenpol zur Schwerelosigkeit. Die Tanztechniken orientieren sich an solchen Gegensätzen: Der Schwerelosigkeit steht die Schwerkraft gegenüber, der Kraft die Gegenkraft, der Bewegung eine Gegenbewegung. Nach solchen Prinzipien wird der Körper trainiert.

In der Tanztherapie erhält das Gewicht seine Bedeutung nicht über die Arbeit mit dem Körper, sondern über die Arbeit an Zuständen oder Gefühlen, kurz an seelischen Inhalten. Die Arbeit mit dem Gewicht ist eine Arbeit an der Seele, der Körper mit seinem Eigengewicht bleibt dabei ohne Belang.

So weit, so gut. Warum soll man nicht den Tanz benutzen, ihn über psychologische Faktoren definieren, sich um körperliche Gegebenheiten nicht kümmern und ihn nur nach seiner Bedeutung oder seinem Symbolgehalt abfragen? Dazu ein Beispiel von Willke: *«Wenn jemand versucht, seine Wut der Mutter gegenüber zu gestalten, ist er gezwungen, diese Wut auf ihre Äußerungsform – in den Bewegungselementen, die ihm derzeit deutlich sind oder die ihm der Therapeut als Fragen und Hilfen gibt – hin zu reflektieren. Er muß sich fragen, mit welchem Körperteil die Wut stimmig artikuliert wird, wie der ganze Körper eingesetzt wird, welche Richtungen vorherrschen, auf welchem Bewegungsniveau er sich befindet, wie er sein Gewicht dabei einsetzt und vieles andere mehr. Je deutlicher und genauer er die Bewegungen für sich festlegen kann, um so klarer wird ihm seine Wut gegenüber der Mutter werden, mit all den anderen Komponenten und Sinnzusammenhängen, die bislang vielleicht verborgen waren.»*[44] In diesem «Tanz» wird jede Bewegung des Körpers auf ihren seelischen Gehalt hin untersucht, der Körper mit seinen Veranlagungen und Gegebenheiten spielt dabei keine Rolle. Was aber geschieht, wenn z. B. der Körperteil, mit dem der Klient versucht, seine Wut stimmig zu artikulieren, sein Bein ist, das er wie bei einem Karateschlag hoch in die Luft stoßen möchte? Was geschieht, wenn seine Beinmuskeln nicht über die nötige Dehnung verfügen, ihm deshalb diese Bewegung mißlingt oder er sich gar einen Muskel zerrt? Hat er dann ein unstimmiges Körperteil für seine Wut gewählt und muß sich nun fragen, warum seine Beinmuskeln keine größere Dehnung aufweisen? Und wie will er beurteilen, ob er nur besonders ungeübt ist, wenn seine Tanztherapeutin sich um körperliche Veranlagung nie gekümmert hat und daher in deren Einschätzung ganz unerfahren ist?

Die Tanztherapie setzt sich über körperliche Veranlagungen und Gegebenheiten hinweg, sie ignoriert die Verhaftetheit im Körper. Tanz wird somit zu einer Art körperlosem Seelentanz, der seine Schrittfolgen nicht von einer Tanztechnik ableitet, sondern dessen Tanzschritte sich auf seelische Inhalte beziehen, unter Mißachtung körperlicher Gegebenheiten. Der vom Körper losgelöste Tanz bekommt in der Folge eine überhöhte Bedeutung, er wird total überschätzt: *«Der Tanz erreicht den Menschen in all seinen Teilen, seinen bewußten und unbewußten, in seiner Körperlichkeit und seinen Gefühlen und auch in den Teilen, die vor und jenseits von Sprache liegen.»*[45]

Ich meine, daß der Tanz sich nicht ernsthaft als Medium einer Therapie eignet. Er ist an Tanztechniken oder doch zumindest an Schrittfolgen gebunden. Wenn, wie in der Tanztherapie, versucht wird, diesen Sachverhalt wegzuzaubern, indem die Technik wegen ihres mechanischen, trainierenden Aspektes verteufelt wird, aber dann doch als psychologisches Hilfsmittel gebraucht wird – ich erinnere an die Stampftechniken aus dem afrikanischen Tanz, die dem Klienten helfen sollen, seine Wut auszudrücken –, macht der Begriff Tanz keinen Sinn. Die körperliche Bewegung hat ganz klar einen technischen, trainierenden Aspekt, der vor allem im Tanz eine Rolle spielt und den keine Psychologie wegtheoretisieren kann. Wenn sie es dennoch versucht, ist ihr Bemühen von Anfang an eingeengt und dreht sich bald im Kreis. Die Tanztherapie ist ein Beispiel dafür. Sie benutzt den Körper und seine Bewegungen, um seelische Inhalte aufzuspüren. Nur – der Körper in seiner Bedingtheit und Verhaftetheit spielt bei diesem Therapieversuch keine Rolle. Eine Therapie aber, die vorgibt, über den Tanz Wachstum und Veränderungen bewirken zu wollen, in ihrer Methode aber körperliche Gegebenheiten nicht berücksichtigt, mißbraucht den Körper und seine Bewegungen.

Das Verhältnis zum Körper ist ein Begriff, der den Körper mit seinen Veranlagungen und Bedingungen nicht ausgrenzt. Deshalb spielt in meiner Auseinandersetzung mit diesem Begriff der trainierende Aspekt der körperlichen Bewegung immer wieder eine Rolle. Ich halte es für lohnend anzuschauen, wie der Körper über eine Technik wie z. B. die Ballettechnik trainiert wird. Immerhin ist das ein Modell für den Umgang mit dem Körper und seinen Bewegungen. Auch wenn ich in der Therapie kein Körpertraining absolviere, muß ich doch mit den Gegebenheiten des Körpers zurechtkommen. Der Körper ist nicht nur Träger von Gefühlen oder sonstigen seelischen Inhalten, er ist auch eine verletzliche Materie. Verletzt werden kann nicht nur die Seele, sondern verletzt werden können auch Muskeln, Sehnen und Gelenke. Und auch die Mißachtung körperlicher Veranlagungen und Gegebenheiten kommt einer Verletzung gleich.

Ich möchte mich jetzt einem weiteren Buch zuwenden: «*Tanztherapie*» von Cary Rick.[46] An diesem Buch fasziniert mich, wie Cary Rick Bewegungsabläufe beschreibt. Das tut er einmal mit Hilfe eines von ihm entwickelten Zeichensystems, das er «Movement Evaluation Graphics» nennt, und zum anderen, indem er diese Zeichen in Sprache übersetzt. Meinem ausgewählten Text geht also bei Rick eine graphische Darstellung voraus, die dann in einen Text gefaßt wird. Der Text beschreibt den Bewegungsablauf, der zuvor in den Zeichen der Movement Evaluation Graphics dargestellt wurde. Ich beschränke mich auf die Beschreibung des Bewegungsablaufs in Worten und konfrontiere den Leser nicht mit Ricks Zeichensystem. Ich möchte nämlich an Hand der Art, wie und mit welchen Worten Cary Rick Bewegung beschreibt, aufzeigen, wie schwer es ist, Bewegung zu beschreiben. Ich werde selber eine Übersetzung machen müssen, damit der Bewegungsablauf überhaupt verständlich wird. Diesen Bewegungsablauf verwende ich dann, um meine Erkenntnisse über die körperliche Bewegung zu veranschaulichen.

«Vor Beginn der notierten Bewegungssequenz befindet sich der linke Arm drei Grad gestreckt, fern und geöffnet, in Höhe und Richtung der linken Schulterkante. Der linke Arm überkreuzt maximal auf geradem Weg seitwärts rechts die Körpermitte, das Handgelenk führt räumlich an; die Bewegung ist kontrolliert und schwerelos. Es folgt ein kombinierter bogen-

artiger Bewegungsverlauf zunächst zwei Grad fußwärts schließend, dann zwei Grad kopfwärts öffnend auf der Breitenfläche, der vom Unterarm angeführt wird und kontrolliert, legato und leicht ausgeführt wird. Das Handgelenk führt die nächste Bewegung an, die den linken Arm drei Grad auf der Tiefenfläche in die Nähe der rechten vorderen Kante des Brustkorbs führt. Die Führung durch das Handgelenk wird beibehalten, wenn der linke Arm bogenartig abwärts, auf einer Zwischenfläche, nach unten an die linke Seite der Hüfte geführt wird. Diese Bewegung verläuft kontrolliert, staccato und fest. Anschließend befindet sich der Körper wieder in der Normalhaltung.»[47]

Nun meine Übersetzung: Der linke Arm wird seitlich in der Waagerechten gehalten. Die Bewegung beginnt, indem der linke Arm auf dieser Höhe nach vorn bis über die Körpermitte hinaus geführt wird, dann einen Bogen nach unten beschreibt, bis er wieder seitlich in der Waagerechten gehalten wird. Die Bewegung wird wiederholt, nur endet der Bogen unten, wenn der Arm neben dem linken Bein angekommen ist.

Der Text von Cary Rick enthält mehr Angaben als meine Übersetzung. So soll z. B. das Handgelenk die Bewegung anführen. Aber es wird nicht gesagt, ob die innere Seite des Handgelenks die Bewegung anführt oder die äußere. Je nachdem müßte der linke Arm einwärts oder auswärts gedreht werden. *«Nicht verabredet, weil für die Bewegungsevaluierung irrelevant, ist die vollständige Wiedergabe des genauen Bewegungsablaufes»*[48], schreibt Rick dazu.

Dann fehlen in meiner Übersetzung Angaben darüber, daß die Bewegung z. B. kontrolliert und schwerelos ausgeführt werden soll. Eine Bewegung, der eine Technik zugrunde liegt, kann aber nur kontrolliert ausgeführt werden. Zu dieser Technik kann die Bewegung in Bezug gesetzt werden, und über sie kann die Bewegung kontrolliert und korrigiert werden. Ricks «Bewegungsevaluierung» ist aber keine Technik, sie liefert deshalb auch nicht die entsprechenden Kriterien, an Hand deren Bewegung kontrolliert werden könnte. Bewegungskontrolle ist bei Rick ein völlig subjektiver Begriff, sie ist unabhängig von irgendeiner Technik vorhanden oder nicht und *«äußert sich in der der gewünschten Bewegungsaktion adäquaten Förderung oder Hemmung der Muskelelastizität»*[49].

Muskelelastizität dagegen gehört meiner Ansicht nach zu den angeborenen körperlichen Veranlagungen. Man kann sie durch ein Training fördern. Gehemmt kann sie üblicherweise nicht werden, es sei denn, man versteht das altersbedingte Nachlassen der Muskelelastizität als Hemmung. *«Sowohl Feinmotorik als auch Bewegung in Zeitlupe z. B. fordern die non-elastische Bewegung, d. h. Hemmung der Muskelelastizität.»*[50] Unter non-elastisch versteht Rick *«die konstante Aufrechterhaltung eines beliebigen Grades von Muskelspannung»*[51]. Stellt man sich unter einer Bewegung in Zeitlupe ein in der Ballettechnik getanztes Adagio vor, dann bedarf es, um das Spielbein sehr hoch in der Luft zu halten und es überhaupt auf diese Höhe zu bekommen, einer großen Muskelelastizität und Muskelspannung. Warum nun bei einer solchen Bewegung «die konstante Aufrechterhaltung eines beliebigen Grades von Muskelspannung» eine Hemmung der Muskelelastizität darstellt, ist nicht recht einzusehen. Muskelelastizität, also die Dehnbarkeit des Muskels, bedeutet, daß sich der Muskel in einer Bewegung sowohl verkürzt als auch dehnt. Die Bezeichnung «Hemmung» gibt gar keinen Sinn für die Muskelelastizität. Man kann für eine Bewegung viel oder wenig Muskeln benützen. Eine Bewegung in Zeitlupe ist aber nicht gleichbedeutend mit wenig Bewegung, und wenig Bewegung kann nicht geringe Muskelelastizität bedeuten. Eine Bewegung in Zeitlupe ist lediglich eine in einem langsamen Tempo ausgeführte Bewegung, die, wie jede Bewegung, die Dehnbarkeit der Muskeln zur Voraussetzung hat.

Ob nun die Bewegung schwerelos, leicht oder fest ausgeführt wird, ist bei Rick Sache der *«maximalen bzw. minimalen Mobilisierung des muskulären Widerstandes»*[52]. Die Beschreibung schwerelos, leicht oder fest bezieht sich aber auf den Ausdruck der Bewegung, auf ein äußeres Bild, dem die Muskeltätigkeit, die innere Arbeit, gegenübersteht. Die Bewegungen des Balletts wirken deshalb schwerelos und leicht, weil zwei gegensätzliche Muskelspannungen gleichzeitig beherrscht werden. Einer gespannten Becken-, Bein- und Rückenmuskulatur steht eine gelöste Spannung in Kopf, Schultern, Armen und Händen gegenüber. Für den Zuschauer ergibt sich daraus ein einheitliches Bild, er sieht nur den Ausdruck und nicht die Muskelarbeit. Das äußere, einheitliche Bild, welches die Bewegungen des Balletts bieten, ist nicht identisch mit der Muskelarbeit, der inneren Mechanik. *«Was der Tanztherapeut über seine Augen wahrnimmt, muß er auch gleichzeitig muskulär nachempfinden und bewegungstechnisch begreifen können.»*[53] Gerade das technische Begreifen von Bewegung impliziert aber, daß äußeres Bild und innerer Ablauf, Ausdruck und Muskelarbeit, nicht einfach gleichgesetzt werden dürfen.

Des weiteren tauchen in meiner Übersetzung von Ricks Text keine Gradangaben auf. Sie decken sich aber mit den von mir beschriebenen Positionen wie unten oder waagerecht, da bei Rick ein Grad für 45 Grad steht. Eine Unklarheit gibt es zu Beginn des Bewegungsablaufes, wo sich in Ricks Text der linke Arm auf drei Grad befindet, und ich diese drei Grad als Waagerechte übersetzt habe. Eigentlich wären drei Grad nicht die Waagerechte, sondern eine diagonale Position links oben. Aber Ricks Text gibt gleichzeitig an, daß sich der linke Arm in Höhe und Richtung der linken Schulterkante befindet, und das lese ich als Waagerechte. Und, wie der Autor selber sagt, ist die vollständige Wiedergabe des genauen Bewegungsablaufes irrelevant für die Bewegungsevaluierung. Es sieht so aus, als ob auch widersprüchliche und falsche Angaben ohne Bedeutung für die Bewegungsevaluierung sind.

Ricks Versuch, über Gradangaben auf einer Fläche wie z. B. der Breitenfläche die Bewegung festzumachen, widerspricht seiner soeben zitierten Äußerung. Die körperliche Bewegung läßt sich nur in der Praxis auf den Punkt bringen, dann, wenn sie ausgeführt wird. Versucht man sie zu beschreiben, wird man sich mit der Annäherung und dem Ungefähr begnügen müssen. *«Die tanztherapeutische Bewegungsanalyse ist ein bewegungsbeschreibender Vorgang.»*[54] Aber Ricks Bewegungsanalyse arbeitet mit unklaren Vorstellungen über die Bewegung, und er benutzt Begriffe, die nicht gerade zum Verständnis von Bewegung beitragen. Wenn man Bewegung beschreibt, löst man Bilder aus. Daß sich der linke Arm seitlich bis in die Waagerechte anhebt, ist ein solches Bild. Daß sich der linke Arm zwei Grad kopfwärts auf der Breitenfläche öffnet, ist ein Rätsel. Aber all die Ungereimtheiten in Ricks Buch finden zum Schluß eine Erklärung: *«Die Tanztherapie befaßt sich nicht, (...) mit der Bewegung, sondern – durch und in der Bewegung – mit dem Menschen ...»*[55]

Die nächsten Bewegungsübungen stammen aus einem Buch, das von Alexander und Leslie Lowen geschrieben wurde und *«Bioenergetik für Jeden»*[56] heißt. Diesmal macht es keine Schwierigkeiten, die beschriebenen Übungen zu verstehen, da es zu vielen Übungen Zeichnungen gibt, die den Text veranschaulichen. Allerdings sind diese Übungen nicht für jeden ausführbar. Das Buch trägt den Untertitel «Das vollständige Übungshandbuch» und wurde «für Jeden» geschrieben, also sollte man annehmen, daß die Übungen so ausgewählt sind, daß sie trotz unterschiedlicher körperlicher Veranlagungen und Verfassung ausgeführt werden können. Das heißt, daß die Übungen keiner Voraussetzungen bedürfen, insofern man nicht schon gut trainiert sein oder günstige körperliche Veranlagungen haben muß, um sie überhaupt ausführen zu können. Daß dem nicht so ist, zeigt das folgende Beispiel. Es ist die Übung 51 mit der Überschrift «Erdung im Sitzen»: *«Dies ist die grundlegende Haltung, von der alle Sitzübungen ausgehen. Setzen Sie sich im Schneidersitz auf einen Teppich oder eine gefaltete Decke. Lehnen Sie sich nach vorn, indem Sie den Rücken so weit durchbiegen, daß Sie mit dem Hintern fest gegen den Boden drücken. Lassen Sie den Bauch locker. Ihre*

Arme ruhen bequem auf Schenkeln und Knien. Halten Sie den Kopf locker und aufrecht. Atmen Sie leicht und tief eine oder zwei Minuten lang und versuchen Sie, die Atembewegungen im Bauch und Hintern zu spüren.»[57]

Nun könnte man meinen, da es sich bereits um Übung 51 handelt, daß ein Teil der davorliegenden Übungen sich mit der Vorbereitung dieser Übung beschäftigt habe oder sie zum Ausgangspunkt für weitere Übungen für die Wirbelsäule genommen werde. Aber die davorliegenden Übungen haben ein ganz anderes Thema. Im Stehen werden das Becken, dann Arme, Schultern und Kopf bewegt, also Körperteile trainiert. Der Oberkörper, der sich ja ebenfalls isoliert bewegen läßt, ist ausgenommen. Die Bewegungsübungen, die auf Übung 51 folgen, arbeiten auch nicht mit der Wirbelsäule, sondern im Schneidersitz wieder mit Armen, Händen, Schultern, Kopf und Gesicht.

Im Schneidersitz zu sitzen ist gar nicht so einfach. Zum einen verlangt der Schneidersitz auswärtsgedrehte Hüftgelenke, und wessen Körper über diese Auswärtsdrehung nicht in einem bestimmten Maß verfügt, wird schon aus diesem Grund sehr unbequem sitzen, da die Knie zu sehr in Richtung der Ohren zeigen und nicht genügend in Richtung Boden geöffnet werden können. Aber gehen wir davon aus, daß die ausgedrehten Hüftgelenke nicht zum Problem werden. Dann haben wir das nächste, weit größere Problem, nämlich die Kombination von Sitzen und gestrecktem Rücken. Laut Anweisung soll der Rücken durchgebogen werden, aber, wie die Zeichnung neben dem Text zeigt, nicht wie ein Katzenbuckel, also rund, sondern in die andere Richtung, damit der Rücken sich gerade streckt. Im Sitzen ist es aber gar nicht leicht, die Wirbelsäule gerade zu halten. Was im Stehen so einfach geht, wird im Sitzen unter Umständen zu einer anstrengenden Tortur. Es hängt von der körperlichen Veranlagung ab, und die ist, meiner Erfahrung nach, bei vielen Menschen nicht so, daß sie bequem und einigermaßen locker im Schneidersitz sitzen könnten. Sie sitzen unbequem, verkrampft, mit gerundetem Rücken. Aber Alexander und Leslie Lowen scheren sich den Teufel um körperliche Gegebenheiten, man hat einfach im Schneidersitz bei geradem Rücken bequem sitzen zu können, und wer das nicht kann, stellt sich nur dumm an und blockiert sich selber. *«Übungen, die den Oberkörper betreffen, werden am besten im Sitzen gemacht. Allerdings ist dazu eine korrekte Sitzhaltung unbedingt notwendig. Wenn der Rücken gerade ist, die Beine im Schneidersitz gekreuzt und der Bauch locker, dann fühlen Sie sich durch die Sitzknochen des Beckens geerdet. In dieser Haltung fühlen Sie den Hintern in fester Verbindung mit dem Boden. Der Körper sollte dabei eine leichte Neigung nach vorn haben. Wenn Sie hinten auf dem Ende der Wirbelsäule sitzen, wie so viele Leute es tun, bricht der Rücken zusammen, weil Sie das Becken nach vorn drücken und die Bauchmuskeln verspannen. Damit verhindern Sie, wofür diese Übungen erfunden wurden: die Bauchatmung und den freien Fluß der Empfindungen.»*[58]

Daß Übungen im Sitzen die Wirbelsäule und nicht nur den Oberkörper betreffen, ist eine weitere Unklarheit in diesem Text. Solche Unklarheiten offenbaren aber auch, daß die Lowens wenig Kenntnis von der Bewegung haben, bzw. wenig Kenntnis davon, mit welchen Übungen welche Körperpartien beansprucht werden. Im Sitzen, ob nun im Schneidersitz oder mit lang gestreckten Beinen, ist immer die Haltung der Wirbelsäule das Problem. Das liegt daran, daß das Becken, im Vergleich zum Stehen, im Sitzen gekippt ist, d. h. Beine und Rumpf müssen einen rechten Winkel bilden, soll der Rücken gerade gehalten werden. Das aber fällt schwer, und viele Menschen sitzen deshalb rund, weil sie diese Beckenkippung nur unzulänglich bewerkstelligen können. Die Streckung der Wirbelsäule im Sitzen hat nie mit dem Oberkörper zu tun, sondern Ansatzpunkt für einen geraden Rücken ist immer der untere Teil der Wirbelsäule, das Becken. Dieses in einen rechten Winkel zu den Beinen zu stellen, ist die Schwierigkeit. Deshalb werden Übungen, die nur den Oberkörper betreffen, besser im Stehen gemacht, weil sie im Sitzen unter erschwerten Bedingungen stattfinden. Als Oberkörper bezeichne ich das Stück des Körpers zwischen Taille und Schultern, das sich getrennt vom Becken bewegen läßt.

Um nun zu der von den Lowens gewünschten Haltung im Schneidersitz zu kommen, kann ich eine Vorübung machen, die an das gerade Sitzen heranführen soll. Ich benutze als Hilfestellung meine Arme, indem ich die Hände seitlich neben dem Becken aufstütze und mich erst einmal so abgestützt in die Senkrechte hochziehe. Nach einer Weile versuche ich dann, die Streckung der Wirbelsäule zu halten, aber gleichzeitig die Arme vom Boden zu lösen und nach oben zu führen. Die lang nach oben gestreckten Arme sollen mir helfen, mich in der Senkrechten zu halten. Eine andere Vorübung ist, bei ebenfalls seitlich aufgestützten Händen das Becken nach vorn zu kippen und dann nach hinten zu stellen wie in ein Hohlkreuz. Der Oberkörper soll dabei möglichst ruhig gehalten werden. Die «Erdung» geht bei solchem Tun nicht verloren, weil Bewegung nach dem Prinzip von Bewegung und Gegenbewegung funktioniert: Ich kann nur deshalb den Rücken gerade halten, eine Bewegung, die nach oben zeigt, weil ich mit dem Becken am Boden sitze, eine Tatsache, die mich unten hält. Was den freien Fluß der Empfindungen anbelangt, so ist dieser kläglich abhängig davon, wie gut oder schlecht bzw. wie bequem oder unbequem ich im Schneidersitz sitzen kann. Muß ich mich mit einem eher steifen Körper abplagen, ist es nicht so gut darum bestellt. Die unbequeme Lage stört, schmerzt und lenkt ab. Bin ich gelenkig veranlagt, steht zumindest mein Körper ihm nicht im Wege.

Eine der anderen Übungen zeigt noch deutlicher, wie wenig Kenntnis Alexander und Leslie Lowen von der körperlichen Bewegung haben und wie sie den Körper mit ihren Übungen eher malträtieren, als ihn pfleglich zu behandeln. *«Bioenergetik ist ein Weg, die Persönlichkeit vom Körper und seinen energeti-*

schen Prozessen her zu verstehen.»[59] Oder an anderer Stelle: *«Bioenergetik ist also der lebendige Weg zu Gesundheit und der Weg zu lebendiger Gesundheit.»*[60] Schauen wir uns in diesem Sinne die Übung 9 mit der Überschrift «Treten» an. *«Legen Sie sich auf ein Bett, vorzugsweise mit einer Schaumgummimatratze und ohne Fußbrett. Oder benutzen Sie eine Schaumgummimatratze auf dem Fußboden. Strecken Sie beide Beine aus. Halten Sie sie locker und fangen Sie an, mit ausgestreckten, aber nicht starren Knien rhythmisch hinauf und hinunter zu treten. Ihre Fußgelenke sollten locker sein und der Aufschlag mit Fersen und Waden landen. Treten Sie am Anfang leicht, und verstärken Sie dann gleichmäßig Kraft und Geschwindigkeit Ihrer Bewegung. Zum Schluß halten Sie sich seitlich an der Matratze fest und treten mit aller Kraft und so schnell Sie können. Dieses Treten ist wie das Knallen einer Peitsche. Wenn Sie koordiniert sind, wird Ihr Kopf mit jedem Treten auf und ab gehen. Wenn Sie Angst haben, loszulassen (Ihren Kopf), sind Ihre Bewegungen mechanisch.»*[61] Leider ist diesmal der Text trotz Zeichnung nicht ganz klar. Auf der Zeichnung ist das rechte Bein oben, während das linke Bein auf der Matratze liegt. Nun gibt es aber zwei Möglichkeiten, wie das «Treten» ausgeführt werden kann. Die eine ist, daß zuerst das rechte Bein gesenkt und dann erst das linke Bein gehoben wird. Die andere ist, daß gleichzeitig, während das rechte Bein sich senkt, das linke Bein gehoben wird. Die erste Übung ist nicht so anstrengend für die Bauchmuskeln, weil immer nur ein Bein in der Luft ist. Bei der zweiten Übung sind immer zwei Beine in der Luft, und sie ist deshalb anstrengender für die Bauchmuskeln. So oder so ausgeführt, beansprucht diese Bewegung die Bauchmuskulatur. Sie würde auch die Beinmuskulatur dehnen, aber dazu müßten beide Knie gestreckt bleiben. Die Anweisung für diese Übung lautet aber, daß die Knie locker gehalten werden sollen, und damit wird die Dehnung der Beinmuskulatur umgangen. Aber das Gewicht der Beine ändert sich nicht mit lockeren oder gestreckten Knien, und deshalb wird die Bauchmuskulatur gefordert.

Bevor ich weiter sage, worauf ich hinaus will, möchte ich eine Anweisung zu Übung 9 zitieren. *«Falls Ihre Beine müde oder falls Sie atemlos werden, bevor Sie 50mal getreten haben (jeder Beinschlag zählt als einmal), fangen Sie mit 25 oder 30 Schlägen an. Versuchen Sie jeden Tag 5–10 Fußstöße hinzuzufügen, bis Sie 100 erreicht haben. Wenn Ihnen 100 am Tag leicht fallen, versuchen Sie es bis zu 150 zu bringen. Dann bis 200. Damit bauen Sie Ihr Durchhaltevermögen sowie Ihre Koordination auf.»*[62]

Warum die Koordination aufgebaut wird, wenn man 200mal die Beine hebt und senkt, ist nicht recht einzusehen. Die Übung kann ja nur auf Grund der vorhandenen Fähigkeit zur Koordination der Bewegung ausgeführt werden, und diese Übung ist auch nicht so kompliziert, daß ihre Koordination eigens trainiert werden müßte, sind doch z. B. die Arme nicht an der Bewegung beteiligt, sondern nur die Beine.

Etwas anderes stört mich. Es ist die Anweisung, mit 25 Beinschlägen zu beginnen und diese bis auf 200 zu steigern. Es sind ja immerhin die Muskeln und Gelenke, die diese Bewegungen ausführen müssen, und das unabhängig davon, ob ich die Bewegung im Rahmen einer Gymnastikstunde ausführe mit dem Ziel, den Körper zu trainieren, oder als bioenergetische Übung mit dem Ziel, *«emotionale Probleme zu lösen und die vorhandenen Kräfte zur Freude und Lebenlust freizusetzen»*[63]. Im Rahmen einer Gymnastikstunde wird diese Übung höchstens 16mal gemacht, um Muskeln und Gelenke nicht einseitig abzunutzen bzw. zu überanstrengen. Tanztechniken trainieren den Körper so, daß eine Übung auf der anderen aufbaut, daß aber keine Übung mehr als 32mal ausgeführt wird, um die Muskulatur nicht zu überanstrengen. So wird der Körper trainiert, aber nicht vorzeitig durch das Training abgenutzt. Nun geht es den Lowens ja nicht unmittelbar um ein Körpertraining, aber ihre Übungen müssen eben doch mit dem Körper ausgeführt werden. Deshalb geben sie allerhand Anweisungen für den Körper, aber diese Anweisungen orientieren sich nicht an der körperlichen Bewegung, sondern an Gefühlszuständen. Es ist vorstellbar, daß jemand das «Treten» im Zustand der Wut sehr oft und mit Genuß ausführt, denn man soll, laut Anweisung, dabei an eine Ungerechtigkeit denken. Daß man in einem solchen Zustand die körperliche Anstrengung vergißt, ist mir aus meiner eigenen Arbeit bekannt. Nur ist bei meinen Patienten zuerst die Wut da, und die diktiert dann die Bewegungen, und nicht umgekehrt.

Was vom bioenergetischen «Treten» übrigbleibt, ist eben doch nur ein Körpertraining, ein schlechtes dazu, weil mittels einer unsinnig oft ausgeführten Bewegungsübung der vorzeitige körperliche Verschleiß wahrscheinlich ist. *«Unser wichtigster Rat ist, die Übungen nicht als Leistungen anzusehen.»*[64] Das «Treten» 200mal auszuführen ist körperliche Hochleistung und trainiert garantiert die Bauchmuskeln.

Die körperliche Bewegung spielt in der Bioenergetik keine Rolle. Das ist wegen ihres selbstverständlichen Charakters durchaus möglich. Aber auch die Technik der körperlichen Bewegung, ihre Mechanik, interessiert die Lowens nicht. Sehr zum Nachteil des Körpers, wie ich finde, um dessen Befreiung es doch angeblich geht. *«Das Ziel der Therapie ist ein lebendiger Körper, fähig, die Lüste und Schmerzen, die Freuden und Sorgen des Lebens voll zu erfahren.»*[65] Nun, ein lebendiger Körper zeigt seine Lebendigkeit in der Bewegung, und die Bewegung wirkt auf den Körper zurück und macht ihn lebendig: Körper und Bewegung stehen in einem Verhältnis zueinander. Übersieht man die körperliche Bewegung, wie die Lowens es tun, arbeitet aber trotzdem mit dem Körper, dann kommt bei solchem Tun, wie gesagt, ein schlechtes Körpertraining heraus. Unter der Hand kommen die Lowens nicht ohne die körperliche Bewegung aus, auch wenn sie ihre Übungen noch so sehr auf emotionale Prozesse anlegen.

Das nächste Buch hat schon im Titel das Wort Bewegung. Es lautet «Konzentrative Bewegungstherapie in der Praxis» und ist von Christine Gräff geschrieben.[66]

Bei diesem Buch steht vor dem Wort Bewegung das Wort konzentrativ. Jede Arbeit mit der Bewegung, sei es ein Training oder eine Improvisation, erfordert ein hohes Maß an Konzentration. Was macht nun die konzentrative Bewegungstherapie so besonders konzentriert, bzw. welche Bewegungen erfordern ein besonderes Maß an Konzentration?

Schauen wir uns die erste Bewegung an: *«Achten Sie darauf, was Sie für einen Platz im Augenblick inne haben und wie Sie sich fühlen»*[67], lautet der Vorschlag der Therapeutin. Die Bewegung, die nötig war, um auf den gewählten Platz zu kommen, scheint dabei nicht von Interesse zu sein. Also schaue ich weiter: *«Kann ich auf dem gleichen Platz, auf dem ich sitze, auch liegen oder stehen? Was verändert sich in meiner Befindlichkeit, wenn ich mich umwende?»*[68] lautet ihre nächste Frage. Wieder gibt es keine Bilder von den Bewegungen, nur die Frage nach der Befindlichkeit. Also weiter: *«Lassen Sie sich Zeit und probieren Sie andere Plätze aus. Von diesem oder jenem Platz gehen verschiedene Impulse aus. Schließen Sie die Augen, öffnen Sie sie wieder, und stellen Sie fest, ob sich dadurch die Erlebnisfähigkeit verändert.»*[69] Seltsame Anweisung, wo von Plätzen Impulse ausgehen, aber die Bewegungen, die die Impulse vielleicht auslösen, nicht der Rede wert sind.

Vielleicht habe ich zu früh nach der Bewegung gesucht. Ich gehe deshalb zum nächsten Kapitel über, das die Überschrift «Lage» trägt. *«Achten Sie darauf, wie jeder von Ihnen liegt und was er dabei körperlich wahrnimmt. Was liegt von Ihnen, was kann sich nicht ablegen? Registrieren Sie, wo Sie Ihren Körper daran hindern, zu liegen. Nehmen Sie wahr, wo Ihr Körper mit dem Boden in Verbindung ist. Wenn es der Unterarm und die Hand sind, heben Sie sie langsam vom Boden weg, um sie erneut abzulegen. Wiederholen Sie das mehrmals. Nehmen Sie einen anderen Teil von sich auf, z. B. ein Bein, und verfahren Sie in der gleichen Weise mit ihm, bis Sie mit allen Körperstellen, die zu Anfang aufgelegen waren, sich vom Boden entfernt und erneut abgelegt haben. Wie erleben Sie jetzt Ihr Liegen?*

Was hat sich in Ihrer Wahrnehmung verändert? – Probieren Sie verschiedene Arten des Liegens aus. Können Sie mit der soeben gemachten Erfahrung einen Teil von sich aufnehmen und wieder ablegen, Ihre Lage beeinflussen?»[70]

Diesmal gibt es einen Körper und Bewegungen. Ein liegender Körper wird sichtbar, dessen auf dem Boden liegende Teile angehoben und wieder hingelegt werden sollen. Ich lege mich also auf den Rücken, weil mein Bewegungsspielraum in dieser Lage größer ist als auf dem Bauch oder auf der Seite. Ich erwarte von einer Bewegungstherapie, daß ich mich bewegen soll, und deshalb richte ich meine Lage auch entsprechend ein. Aus dem Text vor dieser Übung geht hervor, daß ich die Augen schließen soll. Weil ich nun nichts mehr sehen kann, fange ich vorsichtig an, mich zu bewegen. Ich hebe eine Hand, lege sie wieder hin, dann hebe und senke ich Hand und Unterarm, dann den ganzen Arm. Dasselbe mache ich mit dem anderen Arm. Meine Bewegungen sind eher klein und langsam; ich reagiere so auf die ungewöhnliche Situation, mich einerseits bewegen zu sollen, aber andererseits die Augen schließen zu müssen. Dann hebe ich ein Bein an, dann das andere Bein. Vorsichtig hebe ich meinen Kopf und lege ihn behutsam wieder hin. Nun bewege ich erst die eine, dann die andere Schulter auf und ab. Ich lasse den Kopf liegen und drücke den Oberkörper leicht vom Boden weg. Wenn ich mich auf Arme, Kopf, Oberkörper und Fersen stütze, kann ich das Becken vom Boden hochheben und wieder hinlegen.

Nun stelle ich mir vor, was für ein Bild meine Bewegungen abgeben, ich schaue gewissermaßen von außen auf mich. Ich sehe ein bißchen aus wie ein auf den Rücken gefallener Käfer, der hilflos versucht, mit dieser oder jener Bewegung wieder auf die Füße zu kommen. Meine Bewegungen wirken ziellos, unrhythmisch, verlangsamt, ausdruckslos. Ein auf dem Rücken liegender Säugling, der mit Armen und Beinen strampelt, ist ein Bündel an Bewegung und Ausdruck dagegen, obwohl seine motorischen Fähigkeiten weit hinter meinen zurückbleiben.

Was ist mit der Bewegung passiert? Offenbar geht es bei dieser Übung wieder nicht um Bewegung, sondern um das Wahrnehmen von Körperteilen unter Zuhilfenahme des Bodens. Dieser soll mir das Wahrnehmen meines Körpers ermöglichen. Die körperliche Bewegung spielt dabei so gut wie keine Rolle, sie ist auf ein Heben und Senken reduziert worden. Aber die konzentrative Bewegungstherapie hat explizit das Wort Bewegung im Titel, und deshalb suche ich weiter.

Wenn ich über die körperliche Bewegung meine Körperteile wahrnehmen möchte, könnte eine Anweisung lauten: «Probieren Sie Ihre Körperteile aus, indem Sie versuchen, erst den Kopf, dann die Schultern, Arme, Hände, Oberkörper, Becken, Beine, Füße möglichst getrennt voneinander zu bewegen.» Diese Anweisung kann auch im Liegen ausgeführt werden. Ich nehme nun über die körperliche Bewegung meinen Körper wahr und nicht über den Fußboden. Ich kann mit der körperlichen Bewegung experimentieren und muß mich nicht in meinen Bewegungen auf ein Heben und Senken beschränken. Zwar darf ich im zweiten Teil von Christine Gräffs Anweisung meine Lage verändern, und eine Seite weiter steht sogar: *«..., kommen Sie in Bewegung und rollen sich auf dem Platz und langsam vom Platz weg durch den ganzen Raum»*[71], aber die körperliche Bewegung wird nicht so recht sichtbar – statt dessen ein langsam rollender Körper. In einer Bewegungstherapie, so denke ich mir, ist das Medium der Therapie die Bewegung, und über sie möchte ich an den Körper herankommen. Dann bekommt die Bewegung eine offensichtliche Bedeutung für das Wahrnehmen des Körpers, denn körperliche Bewegung und Körperwahrnehmung stehen in einem Zusammenhang und bedingen einander. Ich mache mich also weiter auf die Suche nach der Bewegung in der konzentrativen Bewegungstherapie und schlage dazu das Kapitel «Gang» auf. Die erste Anweisung der Therapeutin lautet: *«Schließen Sie die Augen und gehen Sie nur so schnell, wie es für Ihre Sicherheit notwendig ist.»*[72]

Aus der Traum von der Bewegung, ich werde zum Blindgänger gemacht. Wenn man Bewegung verhindern will, ist es sicher ein wirksames Mittel, die Augen zu schließen. Zur ungehinderten Bewegung gehören geöffnete Augen. Das Wort konzentrativ hat offensichtlich keinen Bezug zur Bewegung, sondern bezieht sich auf die geschlossenen Augen. Natürlich kann man sich innerhalb einer Bewegungstherapie auch einmal mit geschlossenen Augen bewegen, wenn diese Erfahrung gewünscht wird. Aber wenn das Schließen der Augen so durchgängig zur Methode gehört wie in der konzentrativen Bewegungstherapie, wird die Bewegung der geschlossenen Augen wegen per Methode verhindert. Sie kann sich in ihrer Dynamik nicht entfalten, denn nicht nur langsame, kleine und entspannende Bewegungen gehören zu ihrem Spektrum, sondern auch schnelle, große und anstrengende Bewegungen. Das, was die konzentrative Bewegungstherapie zuläßt, rechtfertigt in keinster Weise den Begriff Bewegung. Sie wird in ihrer Bedeutung nicht erkannt und verfehlt. Was übrigbleibt, ist eine Art Entspannungstherapie, in der die körperliche Bewegung weitgehendst ausgeschaltet wird.

Meine Arbeit mit der körperlichen Bewegung möchte ich an Hand einer eigenen Therapiestunde nachzeichnen. Da in dieser Stunde Bälle benutzt werden, schlage ich zuvor das Kapitel «Bälle und Kugeln» auf und schaue mir an, wie die konzentrative Bewegungstherapie Bälle einsetzt. *«Ich veranlasse die Patienten nach einer Weile, die Augen zu schließen und den Ball zu betasten. ‹Spüren Sie, wo Ihre Hände den Ball berühren? An welcher Stelle sind Sie am sensibelsten? Sind Ihre Hände anschmiegsam? Erfassen Sie die Form?›»*[73] Eine Seite weiter gibt die Therapeutin folgende Anweisung: *«Gehen Sie dem nach, zu was Sie der Ball anregt.»*[74] Das tue ich nun zusammen mit einer Patientin, einer jungen Frau.

Auf dem Weg von der Station zu meinem Arbeitsraum sagt die Patientin, daß sie müde sei, eigentlich keine Lust auf Bewegung habe, sondern sich am liebsten auf einer im Meer schaukelnden Luftmatratze sonnen möchte. Es ist ein naßkalter, grauer Novembertag, und wir frösteln beide auf dem Weg. Zu ihrer Vorstellung von einer schaukelnden Bewegung fällt mir das Trampolin ein, aber sie reagiert nicht auf meinen Vorschlag. Im Raum angekommen, legt sie sich als erstes zusammengerollt auf die Liege und bittet mich, Schlafmusik aufzulegen. Ich lege die «Gnossiennes» von Satie auf und hole noch einen sehr großen Luftballon, mit dem ich erst allein spiele, dann spielt sie im Liegen mit. Als sie, auf dem Rücken liegend, den Luftballon auf ihrem Bauch festhält, erinnere ich sie an eine Stunde, die wir, jede bäuchlings auf einem sehr großen Ball liegend, zusammen verbracht hatten. Jetzt steht sie auf, ich hole die beiden großen Bälle, und wir legen uns nebeneinander auf den Rücken und umfassen in dieser Position jede einen Ball. Nach einer kleinen Weile steht die Patientin wieder auf und holt vier weitere große Bälle, zwei für mich und zwei für sich selbst. Diesmal legt sie sich bäuchlings auf einen Ball, während sie mit Armen und Schultern die beiden anderen Bälle umfaßt und den Kopf dabei locker zwischen den Bällen hängen läßt. Die Beine sind ebenfalls in der Luft. Ich mache alles mit, und eine Weile lang liegen wir balancierend jede auf drei Bällen, während die Musik von Satie unsere schwebende Lage untermalt. Dann holt die Patientin für jede noch einen Ball, weil sie möchte, daß die Beine ebenfalls auf einem Ball liegen. Diesmal legt sie sich mit dem Rücken auf einen Ball, versucht mit den Armen je einen Ball zu umfassen und die Beine auf den vierten Ball zu legen. Es dauert eine Weile, bis wir es geschafft haben, so zu liegen, weil die Bälle immer wieder wegrollen oder wir selber von den Bällen fallen. Aber es geht, und wir schlingern und schaukeln in dieser Lage tatsächlich wie auf einer von Wellen bewegten Luftmatratze, denn die Bälle sind keine stabile Unterlage, sondern rollen dauernd ein bißchen hin und her. Als die Patientin den Vorschlag macht, die Augen zu schließen, verstärkt sich der Eindruck vom Liegen auf einer schaukelnden

Luftmatratze. Eine ganze Zeitlang bleiben wir so und genießen unsere Lage, dann probieren wir in der Bauchlage auf vier Bällen zu liegen, was ebenfalls gut geht. Zum Schluß der Stunde sitzen wir auf einem Ball, stützen die angezogenen Beine auf einem anderen Ball ab und halten mit je einem Arm je einen Ball fest. Dann beginnen wir im Sitzen zu hopsen, was so lange gut geht, bis wir die Balance verlieren und die Bälle wegrollen.

«*Im Werfen, Prellen oder Zurollen der Bälle findet ein Dialog zwischen Menschen statt. Das Gespräch ohne Worte wird auf verschiedene Weise geführt: spielerisch, freundlich, behutsam, kräftig, hart, aggressiv oder langweilig. Die Handlung des Ballwerfens als solche ist einfach und wiederholt sich in rascher Folge. Dadurch wird wenig Aufmerksamkeit auf die äußere Form gelenkt, und Emotionales kommt stärker zum Durchbruch.*»[75] So kommentiert Christine Gräff das Ballspiel. Ein Beispiel aus meiner Arbeit zeigt, daß auch die äußere Form eines einfachen Ballspiels viel Aufmerksamkeit auf sich ziehen kann. Daß trotzdem Emotionales zum Durchbruch kommt, nämlich Spaß und Lust am Tun, zeigt das Beispiel ebenso. Gerade weil wir – es geht um drei Patienten, die mit mir zusammen Ball spielen – an unserem Ballspiel interessiert sind, stellt sich die innere Beteiligung am Spiel ein, obwohl die Handlung des Ballwerfens einfach ist und sich in rascher Folge wiederholt. Was man aber daraus machen kann, zeigen die drei Patienten.

Zunächst aber kommt nur einer der drei Männer in die Stunde. Er holt zwei gleich große Bälle, gibt mir einen, und wir beginnen die Bälle hin und her zu werfen. Wir versuchen, möglichst gleichmäßig zu werfen und so in einen gemeinsamen Rhythmus zu kommen. Bei diesem Versuch werden wir unterbrochen, als der nächste Patient kommt. Er holt sich ebenfalls einen passenden Ball, wir stellen uns nun in einen Kreis und werfen erst im Uhrzeigersinn die Bälle, dann gegen den Uhrzeigersinn. Weil jeder einen Ball hat, wird dieser zunächst in eine Richtung, nach links, abgegeben. Dann muß man sich sofort in die andere Richtung, nach rechts, wenden, um einen Ball zu fangen. Wieder ist es wichtig, gleichmäßig zu werfen, um in einen gemeinsamen Rhythmus zu kommen. Weil wir finden, daß wir das ganz gut machen, beschließen wir, dreimal im Uhrzeigersinn den Ball zu werfen, dann dreimal gegen den Uhrzeigersinn, dann wieder im Uhrzeigersinn usw. Wie wir mitten im Spielen sind, kommt der dritte Patient, sieht unser Spiel und holt sich ebenfalls einen passenden Ball. Jetzt beginnt alles von vorne, aber mit vier Personen und vier Bällen. Als wir wieder einigermaßen im Rhythmus sind, macht der zuletzt gekommene Patient den Vorschlag, zwei der vier Bälle in die eine Richtung zu schicken, die zwei anderen Bälle in die andere Richtung. Damit diese Idee spielbar wird, müssen die Bälle der sich jeweils gegenüberstehenden Personen in die gleiche Richtung geworfen werden. Dann ergibt sich nämlich, daß ich, wenn ich nach rechts beginne, den Ball mit meinem rechten Nachbarn und wenn ich nach links werfe, den Ball mit meinem linken Nachbarn tausche. Nun beschließen wir alles miteinander zu kombinieren. Zuerst wird der Ball dreimal im Uhrzeigersinn geworfen, dann dreimal gegen den Uhrzeigersinn, dann soll der Ball sechsmal die Richtung wechseln, und dann wollen wir wieder von vorne beginnen. Zunächst dauert es eine Weile, bis wir überhaupt einmal durchkommen, und es geht auch nur, wenn einer von uns das Kommando übernimmt und ansagt, schon damit wir den Rhythmus behalten. Ich beginne, den Ball dreimal nach links zu werfen, und bekomme ihn jeweils von rechts zugeworfen. Dann kommt der Wechsel, und ich werfe den Ball dreimal nach rechts und bekomme ihn nun von links zugeworfen. Nun beginnt der zweite Teil, und ich wechsle den Ball zuerst mit meinem linken Nachbarn, dann mit meinem rechten Nachbarn, dann wieder mit meinem linken Nachbarn, bis ich sechsmal die Richtung gewechselt habe. Nun beginnt alles von vorne. Da ich zuletzt den Ball mit meinem rechten Nachbarn getauscht habe, muß ich zum Werfen die Richtung wechseln, muß mich aber zum Fangen sofort wieder nach rechts wenden, weil von da der nächste Ball kommt. Es erübrigt sich zu sagen, daß wir mit aller Konzentration und voller Eifer dabei sind, immer wieder von vorne beginnen, wenn einer den Ball verloren oder sich in der Richtung vertan hat. Zum Schluß haben wir es so weit gebracht, daß wir ohne Kommando spielen können, weil der Rhythmus des Spiels von allen eingehalten werden kann. «Hat Spaß gemacht», verabschieden sich die Patienten.

Fassen wir zusammen: Die körperliche Bewegung spielt in der konzentrativen Bewegungstherapie so gut wie keine Rolle, sie wird sogar, wegen der meist geschlossenen Augen, vermieden. Ferner geht die konzentrative Bewegungstherapie von Voraussetzungen aus, die nicht für jedermann zutreffen. Nicht jedermanns Verhältnis zum Körper ist so akzeptabel, daß er es sich leisten kann, in einer Bewegungstherapie auf die Bewegung zu verzichten. Körperliche Bewegung und Körper aber stehen in Verbindung miteinander. Will ich auf den Körper wirken, darf ich die körperliche Bewegung nicht ausschalten. Das tun zwar Alexander und Leslie Lowen mit ihren Bioenergetikübungen nicht, aber sie übersehen den Anteil, den die körperliche Bewegung darin hat. Sie haben keine Ahnung von der Technik der Bewegung. Damit fehlt die Einschätzbarkeit des Körpers, und so wird der Körper durch die Übungen eher malträtiert, als daß behutsam mit seinen Gegebenheiten gearbeitet würde. Dieser Mißstand wird überdeckt durch Deutungen und Bedeutungen, die gewissermaßen die fehlende Technik ersetzen. Sowohl Bioenergetik als auch konzentrative Bewegungstherapie arbeiten mit dem Körper, erkennen aber die Bedeutung der körperlichen Bewegung nicht. So wird aus der Bioenergetik mangels Technik ein schlechtes Körpertraining und aus der konzentrativen Bewegungstherapie mangels Bewegung eine Entspannungstherapie.

Mit einem letzten Versuch möchte ich noch einmal dem Schicksal der körperlichen Bewegung in einer derzeit praktizierten Therapieform nachgehen. Es ist die Tanztherapie, die ich zu Beginn schon einmal erwähnt habe. Es handelt sich um Elaine V. Siegels Buch *«Tanztherapie»*. Es trägt den Untertitel «Seelische und körperliche Entwicklung im Spiegel der Bewegung. Ein psychoanalytisches Konzept»[76]. Schon gibt es die erste Begriffsverwirrung: Warum im Spiegel der Bewegung und nicht im Spiegel des Tanzes, wo doch die Therapie Tanztherapie heißt? Bewegung ist ja nicht zwangsläufig Tanz, es sei denn, man verwässert den Begriff Tanz und übersieht, daß der Tanz an Tanztechniken gebunden ist. Einzig die körperliche Bewegung bedarf keiner speziellen Technik, und schon deshalb eignet sie sich als Medium der Therapie.

Gleich zu Beginn legt die Autorin ein Bekenntnis ab: *«Bald sah ich, daß meine Arbeit auf zwei Säulen ruhte: Tanz und Psychoanalyse. Mein Ansatz besteht auf einer Synthese von beiden.»*[77] Zumindest in bezug auf eine der beiden Säulen halte ich mich für kompetent, denn ich bin Tänzerin von Beruf. Was die andere Säule, die Psychoanalyse, anbelangt, so bin ich mit Freuds Gedanken doch so vertraut, daß ich ein weiter hinten stehendes Postulat *«Leib und Seele als Einheit»*[78] so vereinfachend, wie es gebraucht wird, als zutiefst unpsychoanalytisch begreife. *«Die Unterscheidung des Psychischen in Bewußtes und Unbewußtes ist die Grundvoraussetzung der Psychoanalyse ...»*[79] So beschreibt Freud die Psychoanalyse, und diese Aussage deckt sich erst mal in nichts mit einer Einheit von Leib und Seele. Freud faßt die Seele in polaren Gegensätzen, und schon der Begriff Psychoanalyse sagt, daß die Seele zerlegt, zergliedert wird. Der Begriff Einheit paßt nicht zum Begriff Psychoanalyse, wie der Begriff Tanz nicht mit dem Begriff Bewegung gleichzusetzen ist. *«In der psychoanalytischen Tanztherapie kann die seelische Harmonie, wie sie vor Spaltungen und Verdrängungen bestand, wiederhergestellt und das Bedürfnis nach Körpererfahrung befriedigt werden.»*[80] *«Illusionen empfehlen sich uns dadurch, daß sie Unlustgefühle ersparen und uns an ihrer Statt Befriedigungen genießen lassen»*[81], könnte Freud darauf erwidert haben.

Aber ich gehe nun in Siegels Buch dem Bedürfnis nach Körpererfahrung nach und hoffe, daß sich die psychoanalytische Tanztherapie nicht durchgängig als Illusion erweist. Ich kümmere mich um die körperliche Bewegung und stelle mich darauf ein, das Wort Tanz wie Bewegung lesen zu müssen, denn im Text gibt es keine klare begriffliche Unterscheidung zwischen den beiden, wie folgende Zitate zeigen: *«Er war fähig, jede Situation im Tanz darzustellen, und konnte seine Gefühle in der Bewegung wunderbar symbolisieren»*[82]; oder an anderer Stelle: *«In der Bewegung und im Tanz ergeben sich wie von selbst die entsprechenden Themen, die die Lebenserfahrung des Patienten zur Grundlage haben.»*[83] Oder wieder an anderer Stelle: *«Offensichtlich muß die Neutralität des Tanz- und Bewegungstherapeuten andere Formen als die Neutralität eines Psychoanalytikers annehmen ...»*[84] Ein letztes Zitat zeigt, daß Siegel den Begriff Tanz wie Bewegung nimmt und umgekehrt: *«Vielen Patienten ist von Anfang an klar, wovon ihre Tänze und Bewegungen handeln, während bei anderen eine erstaunlich große Spaltung zwischen Leib und Seele vorliegt.»*[85] Ich will mich also nicht länger damit aufhalten, verstehen zu wollen, ob und wie Siegel die Begriffe Tanz und Bewegung unterscheidet. Es gibt an dieser Stelle nichts zu verstehen, Tanz steht für Bewegung und Bewegung für Tanz. Aber enttäuscht bin ich doch, daß Siegel, die immerhin schreibt: *«Wesentliche theoretische Einsichten der Psychoanalyse haben mir dazu gedient, den Behandlungsmethoden der Tanztherapie eine wissenschaftliche Grundlage zu geben»*[86], nicht einmal zwischen Tanz und Bewegung unterscheidet. Gerade weil Siegel so sehr auf die Psychoanalyse pocht, hatte ich gehofft, daß sie ihrerseits die Bewegung zerlegen, analysieren würde, um sie besser verstehen zu können. Zudem schreibt sie zu Beginn: *«Klassisches Ballett und der Primitivtanz Haitis prägten mein eigenes Bewegungsmuster ...»*[87], so daß sie durchaus mit einer Tanztechnik in Berührung gekommen ist und schon aus eigener Erfahrung wissen könnte, daß Tanz und Bewegung nicht dasselbe sind, bzw. daß Bewegung einen technischen Aspekt haben kann oder nicht. Eine solche Verwässerung der Begriffe ist keine gute Ausgangsposition, wenn genau diese Begriffe das Medium der Therapie sind und Gegenstand von Erkenntnis sein sollen. So wundert es auch nicht, daß Siegel auf sprachliche Deutung angewiesen ist: *«Aber es ist gerade die Verbindung zwischen psychoanalytischer Deutung und Bewegung, die es Patienten ermöglicht, sich weiterzuentwickeln.»*[88] Diese Behauptung wird untermauert mit folgender Feststellung: *«Daher setzen die Tanztherapeuten, die sich ausschließlich an die Ausdrucksformen der Bewegung halten, ähnliche Spaltungen fort wie die ausschließlich mit dem verbalen Ausdruck arbeitenden Therapeuten. (...) Dadurch bleibt – sehr zum Nachteil des Patienten – die Spaltung zwischen Körper und Psyche bestehen.»*[89] So einfach ist das: Man muß zur Bewegung oder zum Tanz die Sprache dazunehmen, dann ist die Spaltung zwischen Körper und Seele überwunden und das Ziel, die Synthese von Tanz und Psychoanalyse, erreicht. *«Am Ende einer erfolgreichen Therapie sollte der Patient sich selbst und sein Leben objektiv und subjektiv kennen.»*[90] Dazu noch einmal eine Aussage Freuds: *«Wir haben den Kranken* analysiert, *das heißt seine Seelentätigkeit in ihre elementaren Bestandteile zerlegt, diese Triebelemente einzeln und isoliert in ihm aufgezeigt; was läge nun näher als zu fordern, daß wir ihm auch bei einer neuen und besseren Zusammensetzung derselben behilflich sein müssen? (...) Wir haben gehört: Nach der Analyse des kranken Seelenlebens muß die Synthese desselben folgen! (...) Ich kann aber nicht glauben, meine Herren, daß uns in dieser Psychosynthese eine neue Aufgabe zuwächst. Wollte ich mir gestatten, aufrichtig und unhöflich zu sein, so würde ich sagen, es handelt sich da um eine gedankenlose Phrase.»*[91] Vielleicht bringt die Synthese von Tanz und Psychoanalyse bzw. das Postulat der Einheit von Leib und Seele auch mit sich, daß nicht nur Tanz und Bewegung keine Unterscheidung erfahren, sondern auch Subjekt und Objekt gleichgesetzt werden.

Nachdem ich nun verstanden habe, daß Siegel Tanz und Bewegung nicht analytisch betrachtet, und das heißt für diesen Moment, daß der technische, trainierende Aspekt ausgeklammert wird und das Wort Tanz daher nur umgangssprachlich gemeint sein kann, gehe ich daran, die Tänze, die in der psychoanalytischen Tanztherapie getanzt werden, anzuschauen: *«Sie drückte das auch in der Bewegung aus, indem sie wie eine Ballettänzerin grands jetés ausführte und mit den Armen gestikulierte wie ein Vogelfänger mit einem Netz.»*[92] Wenn man weiß, was grands jetés sind, ergibt sich das Bild einer in weiten Sprüngen durch den Raum fliegenden Frau, die zu ihren Sprüngen mit ihren Armen weit nach vorne ausgreift. Vielleicht springt sie einen Sprung nach dem anderen in der Art eines Laufschrittes, vielleicht nimmt sie zuerst einen Anlauf und springt dann hoch, nimmt wieder einen Anlauf und springt wieder hoch usw., oder sie kombiniert beide Bewegungsarten miteinander; jedenfalls sind diese Sprünge eine körperlich sehr anstrengende Fortbewegungsart. Deshalb ist es erstaunlich, wenn Siegel weiter schreibt: *«Sie erzählte verschiedene Geschichten über die immer gleichbleibende Improvisation, so daß ich annehmen konnte, daß diese nicht nur der Entspannung, sondern auch dem Phantasieausdruck diente.»*[93] Daß Sprünge der Entspannung dienen, ist mir nicht einfühlbar. Zum Springen braucht man Kraft und gespannte Muskeln, im Zustand der Entspannung wird man den Körper kaum wie eine grands jetés springende Ballettänzerin in die Luft heben können. Vielleicht weil Siegel Improvisation mit Entspannung gleichsetzt, aber darüber hinaus nicht mehr auf die körperlichen Bedingungen von Tanz und Bewegung achtet, sondern nur noch auf deren Bedeutung schaut, zweifelt sie *«an der Echtheit dieser Tänze und wollte tiefer in ihre Bedeutung eindringen. Aber das war für Maida erst möglich, als ich ihr gezieltere Übungen anbot. Danach löste sich ihr Verfolgungswahn unter dem Einfluß der positiven Übertragung auf»*[94]. Leider beschreibt Siegel weder diese gezielteren Übungen, noch wie die wirklich echten Tänze ihrer Patientin aussahen. Also gehe ich zum nächsten Zitat über: «*Ein Patient, der in der Lage ist, seine Beine so weit nach außen zu drehen, daß ein klassischer Ballettänzer ihn darum beneiden würde, aber so steife Knie hat, daß er wie ein Roboter läuft, oder jemand, der Hüfte, Oberkörper und Kopf nicht isolieren kann, sondern mit ihnen umgeht, als wären sie starr miteinander verbunden, kennt seinen Körper nicht sehr gut. Er weiß ungefähr soviel über seine Körperlichkeit wie ein Kleinkind.*»[95] Dieser Vorwurf trifft zunächst auf Siegel selbst zu, denn das Wissen über den Körper fehlt ihr genauso wie dem Patienten. Das Auswärtsdrehen der Beine geschieht im Hüftgelenk, die Fähigkeit dazu gehört zu den angeborenen körperlichen Veranlagungen. Ein Ballettänzer braucht auf Grund der Anforderungen der Ballettechnik die Fähigkeit, die Hüftgelenke sehr gut ausdrehen zu können, für einen sich im Alltag bewegenden Menschen ist es ohne allen Belang, wie gut oder wie schlecht er seine Hüftgelenke ausdrehen kann. Selbstverständlich kann auch ein Patient über gut ausgedrehte Hüftgelenke verfügen; das ist ein Geschenk der Natur, mit dem er aber, wenn er nicht gerade Tänzer ist, wenig anfangen kann. Was die Steifheit der Knie beim Gehen anbelangt, so werden beim Gehen die Knie gebeugt und gestreckt. Das ist aber eine andere Bewegung als das Auswärtsdrehen der Hüftgelenke. Der Zusammenhang, in den Siegel beide Bewegungen stellt, ist nicht gegeben. Wenn jemand seinen Kopf, seinen Oberkörper oder sein Becken nicht isoliert bewegen kann, dann sagt das nur, daß er über keine Technik verfügt, in der er das isolierte Bewegen einzelner Körperteile hätte trainieren können. Die Jazz-dance-Technik z. B. trainiert vorrangig einzelne Körperteile. Aber zu unterstellen, daß dieser Jemand deshalb seinen Körper nicht gut kennt, ist schlichtweg falsch. Der untrainierte Körper hat die Tendenz, alles ein bißchen mitzubewegen, gerade weil die Körperteile miteinander verbunden sind. Der Kopf läßt sich noch am leichtesten isoliert bewegen, aber Oberkörper und Becken zu trennen und isoliert voneinander zu bewegen, braucht üblicherweise einen trainierten Körper. Angesichts solch fehlerhafter Aussagen über den Körper wundert es auch nicht, wenn Siegel zu dem Schluß kommt: «*Die meisten Menschen können auch die einfachsten gymnastischen Übungen nicht ausführen. Auf der Erde im Indianerstil zu sitzen, ist für viele die reinste Qual.*»[96] Sollte es sich beim Sitzen im Indianerstil um den Schneidersitz handeln, so habe ich weiter vorne erklärt, warum das nicht für jeden einfach ist. Es gibt Menschen, deren körperliche Veranlagung so ist, daß sie leicht im Schneidersitz sitzen können, und es gibt Menschen, die tun sich aus genau den gleichen Gründen schwer damit. Wenn die meisten Menschen in Siegels Tanztherapie auch die einfachsten gymnastischen Übungen nicht ausführen können, dann liegt das daran, daß Siegel sich in der körperlichen Bewegung und den Gegebenheiten des Körpers nicht auskennt und diese fehlinterpretiert. Wenn jemand eine einfache Gymnastikübung nicht ausführen kann, dann stellt diese Übung eben eine Überforderung für seinen Körper dar, und ich muß auf eine noch einfachere Gymnastikübung zurückgreifen. Es kann doch nicht Sinn einer Tanztherapie sein, daß die Patienten in ihrer Körperlichkeit blamiert werden, indem ihnen Übungen vorgegeben werden, die sie nicht ausführen können und über die sie sich bloßstellen.

Aber ich will mich in Geduld fassen und weiterschauen: «*Er versäumte auch nie, seine Bitte um ‹Musik zum Kicken› zu wiederholen. Das hieß, er wollte* grands battements *üben. Sie wollten ihm jedoch nicht gelingen. Er starrte mich wie gebannt an, hielt sich krampfhaft an der Stange fest, brachte es aber nicht fertig, seinen Oberkörper aufrecht zu halten oder seine Knie zu strecken.*»[97] Grands battements ist ein Ausdruck aus dem Ballett und beschreibt eine Übung, bei der das gestreckte Spielbein sehr hoch in die Luft geworfen wird. Ein grand battement kann nach vorne, zur Seite und nach hinten ausgeführt werden. Die Schwierigkeit dieser Übung liegt darin, daß man eine gedehnte Muskulatur braucht, damit das Bein sehr hoch fliegen kann, und daß trotz dieses Hochwerfens des Spielbeins der restliche Körper unbewegt gehalten werden muß. Wenn Siegels Patient weder seinen Oberkörper aufrecht halten kann noch seine Knie strecken, dann fehlt ihm die nötige Dehnung in der Muskulatur. Zwingt man seinen Körper trotzdem zu einer Dehnung, die er nicht hat, sucht sich der Körper einen Ausweg, indem er an anderen Stellen nachgibt. Bei dieser Übung gibt er in den Knien und im Oberkörper nach. So vermeidet der Körper eine Überdehnung, die weh tut und bei der der Muskel reißen kann. Daß sich der Patient krampfhaft an der Stange festhält, ist bei solcher Überforderung gut verständlich, passiert es doch ganz leicht, daß das hochgeworfene, aber nicht genügend gedehnte Spielbein das Standbein mißreißt und der Patient zu Boden geht. Es ist Sache der Tanztherapeutin, an der krummen Haltung des Patienten seine körperliche Überforderung festzustellen und ihm eine Übung anzubieten, die seine körperlichen Gegebenheiten berücksichtigt. Wenn es schon Ballett sein muß, dann gibt es auch noch die petits battements, eine Übung, die im Exercise sowieso vor den grands battements steht und bei der das Spielbein nur bis auf 45 Grad angehoben wird, eine Höhe, die auch der Patient bewältigt hätte. *«Daß es ihm unmöglich war, die ‹messerscharfen›, aggressiven* grands battements *auszuführen, war ein weiterer Beleg dafür, daß er vorläufig noch nicht alle menschlichen Gefühle erkennen konnte und daß ihm darum die volle Bandbreite menschlicher Beziehungen entging.»*[98] Nein. Daß es dem Patienten unmöglich ist, grands battements zu machen, beweist lediglich, daß seine Muskulatur nicht über die dafür nötige Dehnung verfügt. Und es ist ein Beleg dafür, daß Siegel sich in der Technik der körperlichen Bewegung nicht auskennt, körperliche Gegebenheiten ignoriert und diesen Mangel kompensiert mit psychologischen Zuordnungen in der Art von Unterstellungen.

Die Ausdrücke des Balletts verwendet Siegel öfter, erklärt sie aber an keiner Stelle. *«Im Sitzen lernte Marcia das* port de bras *und erarbeitete sich ein rudimentäres Raumgefühl.»*[99] Hier geht es um Armbewegungen, vielleicht wird auch der Rumpf mit in die Bewegung einbezogen, indem er sich zusammen mit den Armen nach vorn, in die Seite oder nach hinten beugt. Das würde den Ausdruck port de bras immer noch rechtfertigen. Aber genaue Bewegungsbeschreibung ist nicht Sache der psychoanalytischen Tanztherapie, ist sie doch nicht analytisch orientiert, sondern synthetisch. So wundert es denn auch nicht, wenn Siegel immer wieder mit den körperlichen Gegebenheiten ihrer Patienten unzufrieden ist. *«Raymond konnte lange im* relevé *stehen und auch so etwas wie ein* plié *nachmachen, aber es war ihm unmöglich, sich formgerecht zu verbeugen oder sich nach hinten zu beugen. Statt dessen schlenkerte er mit den Armen in der Gegend umher. Seine Arme waren wie Tentakel, die eine Verbindung zu seinem steifen Körper herstellten.»*[100] Solche Passagen lesen sich wie ein großes Mißverständnis. Siegel scheint von ihren Patienten zu erwarten, daß sie ideale körperliche Bedingungen mitbringen. Das sind gedehnte Muskeln, eine Wirbelsäule, die sich mühelos nach vorn und nach hinten biegen kann, Hüftgelenke, die gut ausgedreht werden können, und eine gedehnte Achillessehne. Dazu erwartet sie eine Bewegungsbegabung, die sich darin ausdrückt, daß der Patient die Übungen, die sie vorgibt, nachmachen können soll. Solch körperlich begabte Menschen gibt es zweifelsohne, aber sie sind alles andere als der Normalfall. Wenn Raymond also mit den Armen in der Gegend umherschlenkert, dann kompensiert er mit einer Armbewegung die Steifheit seiner Wirbelsäule. Er kann offensichtlich seine Wirbelsäule nicht sehr weit nach vorne oder nach hinten biegen. Er nimmt seine Arme, die ja beweglicher sind als die Wirbelsäule, zur Hilfe und täuscht damit eine bewegliche Wirbelsäule vor. Seine Tanztherapeutin aber übersieht seine körperlichen Nöte. Sie transponiert diese ins Psychische und bezeugt damit dem Körper ihr Desinteresse. Trotz allen Geredes von Wertschätzung des Körpers *«... denn der Körper ist nicht minderwertig, er ist nicht nur eine Maschine, die von der Seele bzw. dem Geist beherrscht wird»*[101], erfährt der Körper in seiner Bedingtheit, Verhaftetheit, Beschränktheit keine Beachtung mehr, sondern unter der Hand eine stillschweigende Mißachtung. *«Da geht eine Frau, die für ihre kurzen Beine viel zu große Schritte macht. Da geht ein Mann so geziert, als ob seine Oberschenkel zusammengenäht wären. Ein anderer stampft mit den Hacken so auf den Boden, daß bei jedem Schritt eine kleine Schockwelle durch sein Rückgrat fährt. Wieder ein anderer schreitet lässig auf den Fußballen voran, während seine Begleiterin im Stakkato auf dem Pflaster einherstolziert. Eine Tanztherapeutin, die diese Leute zu einem Training einladen und ihnen eine harmonischere und gesündere Gangart anbieten würde, müßte mit gewaltigen Widerständen rechnen.»*[102] Ich wäre die erste, die gewaltige Widerstände leisten würde; aber meine Widerstände hätten nichts zu tun mit dem psychoanalytischen Verständnis dieses Begriffes, sondern dienten ausschließlich meiner Selbsterhaltung und dem Versuch, mich körperlich nicht schädigen zu lassen. Denn weiter hinten gibt Siegel an, was gesund und harmonisch ist: *«Korrektes Ausdrehen beginnt im Hüftgelenk, wodurch es möglich wird, daß Oberschenkel, Knie und Füße sich in einer horizontalen Linie anordnen und in entgegengesetzte Richtungen zeigen. Der Körper muß dann genau in der Mitte zwischen Fersen und Fußballen zentriert sein, das Becken wird nach vorne geschoben, die Gesäßmuskeln werden angespannt, der Oberkörper soll aufrecht, aber flexibel sein, während sich der Kopf genau in der Mitte über all diesen sorgfältig aufeinander abgestimmten Körperpartien befindet.»*[103] Daß ich im Stehen die Füße in einer horizontalen Linie anordne, ist möglich, wenn ich z. B. die Fersen schließe und die Füße so ausdrehe, daß sie eine horizontale Linie bilden. Dabei bleiben Oberschenkel und Knie in einer vertikalen Linie. Sollen auch die in eine horizontale Linie gebracht werden, muß ich stehenden Fußes in einen Männerspagat fallen. Dazu muß ich mit den Beinen seitlich wegrutschen, bis ich im Spagat sitze. Dann befinden sich Oberschenkel und Knie in einer horizontalen Linie und zeigen in entgegengesetzte Richtungen. Ob Siegel das gemeint hat? Wahrscheinlich wollte sie beschreiben, daß bei einer ausgedrehten Position der Beine und Füße nicht nur das Hüftgelenk die Auswärtsdrehung ausführen muß, sondern auch das Knie- und Fußgelenk. Für die Bewegung bedeutet dies, daß alle Bein- und Fußbewegungen ausgedreht werden. Wenn ich z. B. die Knie beuge, dann zeigen Füße, Knie und Oberschenkel zur Seite, würde ich die Hüftgelenke parallel stellen, zeigten Füße, Knie und Oberschenkel nach vorne, würde ich die Hüftgelenke eindrehen, zeigte alles nach innen.

Die Beschreibung, daß der Körper in der Mitte zwischen Fersen und Fußballen zentriert wird, ist unklar und bezieht sich wahrscheinlich auf die 5. Position, bei der die rechte Fußspitze die linke Ferse berührt und die linke Fußspitze die rechte Ferse. In dieser Position liegt das Gewicht zwischen Fersen und Ballen, soll der Körper in der Senkrechten stehen. Das Becken läßt sich nach vorne kippen, in die Mitte stellen und nach hinten kippen, eine Haltung, die als Hohlkreuz bekannt ist. Für die Senkrechte muß das Becken in der Mitte stehen. Wird das Becken nach vorne geschoben, wie in Siegels Beschreibung, habe ich die Senkrechte verlassen. Beginne ich nun mit diesem nach vorne geschobenen Becken zu gehen, dann gebe ich eine komische Figur ab und bräuchte nach Siegel eine Tanztherapie, bei der ich eine gesündere und harmonischere Gangart erlernen würde. Aber mein komischer Gang ist ja gerade Folge einer Tanztherapie…

Ich möchte meine Kritik an den Tanz- und Körpertherapien nicht fortsetzen und nun beschreiben, wie ich vorgehe. Meine beiden Fallbeispiele stammen aus der klinischen Arbeit mit psychotischen Patienten. Mit der ersten Patientin, die ich nun vorstelle, arbeite ich seit ungefähr einem Jahr. Wir treffen uns wöchentlich für eine Stunde.

Ich lerne die 36jährige Patientin, die Ethnologie studiert hat, aber bislang zu keinem Abschluß gekommen ist, auf der geschlossenen Frauenaufnahmestation kennen. Sie spricht mich an und möchte wissen, wer ich bin und was ich mache. Als ich ihr sage, daß ich mit der körperlichen Bewegung arbeite, ist sie sehr interessiert und kommt auch gerne in die Gruppe mit. Dort fällt mir auf, daß ihre Bewegungen durchaus tänzerische Qualität haben und sie sich überhaupt sehr gerne bewegt, daß sie aber alle Bewegungsarten, die die schnelle Fortbewegung zum Inhalt haben, wie z. B. Rennen auf der Kreisbahn, nicht mitmacht mit einer meist fadenscheinigen Begründung. Mal ist es ihre rutschende Hose, manchmal hat sie einfach keine Lust zum Rennen, und manchmal ist es ihre Periode. Aber diese Gründe hindern sie nicht, alle anderen Bewegungen mit vollem Einsatz mitzumachen. Sie wird aber immer wieder mit Rennen auf der Kreisbahn konfrontiert, einfach weil die anderen Patientinnen diesen Wunsch äußern und wir deshalb öfter die Stunde damit beginnen. Sie steht dann außerhalb des Kreises, krempelt ihre Hosenbeine hoch, macht ein paar Schritte mit, tritt sich wieder auf die Hosenbeine, muß deshalb aufhören und wieder mit dem Hochkrempeln beginnen usw., bis wir sowieso mit dem Rennen aufhören. Meist arbeiten wir dann am Platz weiter – schon weil wir außer Atem sind –, und ab diesem Moment stören auch die Hosenbeine nicht mehr.

In einer der ersten Stunden äußert die Patientin den Wunsch, Tanzschritte machen zu wollen. Wir stehen dazu im Kreis, und jede von uns erfindet einen einfachen Tanzschritt, den die anderen mitmachen. Wieder fällt mir die tänzerische Qualität in den Bewegungen der Patientin auf. In einer der nächsten Stunden ergibt es sich, daß ich mit ihr alleine bin. Sie möchte mit mir tanzen und wünscht sich, daß ich ihr Tanzschritte aus dem spanischen Tanz beibringe. Mein Repertoire ist an dieser Stelle nicht besonders groß, aber die ersten Schritte einer Sevillana habe ich noch im Kopf und in den Beinen. Um die Patientin nicht zu überfordern, reduziere ich die erste Schrittfolge. So stützen wir die Arme in die Seiten, um zu den Beinen nicht auch noch eine Armbewegung koordinieren zu müssen. Dann beginne ich, ihr eine vereinfachte Schrittversion vorzumachen. Wir stehen uns dazu gegenüber und die Patientin macht meine Bewegungen mit, bzw. ich reagiere mit meinen Bewegungen auf das, was ich bei ihr sehe. Eine kleine Weile müssen wir üben und herumprobieren, eh wir eine vereinfachte Sequenz aus der Sevillana zusammen tanzen können. In der nächsten Stunde erinnert sich die Patientin mit Freude an unsere Tanzerei, aber diesmal sind außer ihr noch drei andere Patientinnen mitgekommen, so daß ich ihr besonderes Interesse am Tanz nicht weiter verfolgen kann.

Dann entdeckt eine andere Patientin eines Tages in einem Nebenraum den Plattenspieler und die Schallplatten. Sie möchte sich zur Musik bewegen, die anderen sind einverstanden, und so stellen wir uns in einen Kreis und erfinden Tanzschritte, die wir dann zu einem Tanz zusammensetzen, den wir nach Belieben wiederholen können. Weil das Spaß gemacht hat, arbeiten wir jetzt hin und wieder mit Musik. Meine Patientin wünscht sich aber eine bestimmte Musik, es ist die Filmmusik zu «Carmen», einem Film von Carlos Saura. Ausgerechnet in der letzten Stunde vor Weihnachten steht uns die Platte endlich zur Verfügung. Die Patientin improvisiert mit Begeisterung zu dieser Musik, den anderen Patientinnen sehe ich aber an, daß diese Musik nicht in gleichem Maß ihre Zustimmung findet.

Als die Patientin auf eine offene Station verlegt wird, ergreife ich die Gelegenheit und arbeite von da an mit ihr allein. Sie hatte in der letzten Zeit nicht mehr regelmäßig an den Stunden teilgenommen, sondern war nur dann gekommen, wenn sie sicher sein konnte, daß sie mit mir zusammen zu ihrer Carmen-Musik tanzen konnte. Das tun wir nun in der nächsten Zeit ausschließlich.

Wir improvisieren alle Bewegungen, lassen uns aber von der Musik anregen bzw. versuchen, mit unseren Bewegungen den Charakter des jeweiligen Musikstückes zu treffen. Wir benützen immer den ganzen Raum. Daraus ergibt sich ein ständiges Zusammentreffen und Auseinandergehen, aber wir sehen so immer die Bewegungen des anderen und können uns davon anregen lassen. Ab und zu, vor allem zu den langsamen Stükken, tanzen wir auch am Platz und stehen uns dann gegenüber. In der ersten Zeit gebe ich die Bewegungen vor, denn die Patientin schiebt mir unausgesprochen diese Aufgabe zu. Sie schaut sich an, was ich mache, sucht sich eine Bewegung aus, die ihr gefällt, und übernimmt sie. Mit dieser Vorgabe improvisiert die Patientin dann und entwickelt dabei eigene Bewegungsabläufe, von denen ich mich nun wieder anregen lasse. So haben wir einen ständigen Austausch, was die Bewegungsideen anbelangen, und kommen nie in die Verlegenheit, daß uns am Ende nichts einfällt.

Manche Stunden beginnen so, daß wir auf der Kreisbahn gehen, aber jede in einer anderen Richtung. Wir kommen aufeinander zu, treffen uns und gehen wieder aneinander vorbei. Eine von uns – in der ersten Zeit bin eher ich das – reagiert zunächst mit einer einfachen Bewegung wie z. B. einer Armgeste auf unser Zusammentreffen, beim nächsten Treffen hat die andere die Bewegung vielleicht übernommen und schon ein bißchen weiterentwickelt. Auf diese Weise kommen wir unmerklich zu Bewegungsabläufen, die sich keine von uns alleine ausgedacht hat, sondern die im Moment und im Reagieren aufeinander entstehen. Einzig wenn ich schnell auf die Patientin zukomme, weicht sie aus, und ich habe den Eindruck, daß ihr das unangenehm ist.

Andere Stunden beginnen so, daß wir nebeneinander zur Musik gehen, das kann auf der Kreisbahn sein oder frei im Raum, bis eine von uns weggeht – das bin in der ersten Zeit wiederum ich – und wir uns dann irgendwo im Raum wieder treffen. Immer reagieren wir mit Bewegungen auf dieses Treffen und entwickeln so unsere Bewegungsabläufe. Weil uns die Musik verschiedene Tempi vorgibt, machen wir auch schnelle Bewegungen wie z. B. Herumrennen. Zwar stören dann auch die rutschenden Hosenbeine – die Patientin trägt sommers wie winters die gleiche Hose –, aber das ist jetzt kein Grund mehr, nicht weiterzumachen. Wir können uns langsam oder schnell bewegen, ganz wie wir es möchten, und sie rennt durch den Raum, als wäre nie etwas gewesen. Einzig in Situationen, in denen ich schnell und direkt auf sie zukomme, weicht sie aus, lacht dann manchmal und meint, sie würde gerne anders als nur mit Ausweichen auf mich reagieren können. Aber wenn wir uns in einem gemäßigten Tempo bewegen, kann ich auf sie zukommen, ohne daß sie ausweichen müßte.

In einer dieser Stunden ergreift sie die Initiative. Nachdem wir länger nebeneinander auf der Kreisbahn gegangen waren und dort auch die ersten Tanzschritte entwickelt hatten, geht sie mit einem Schritt von mir weg, und eine kleine Weile tanzt jede für sich alleine im Raum. Dann kommt sie – zögernd, aber doch – auf mich zu und tanzt an mir vorbei. Daraus entsteht, daß entweder sie oder ich auf die andere zukommt und wieder ihrer Wege geht. Diesmal geht das Aufeinanderzukommen von der Patientin aus und ist auch nicht wie sonst durch die Kreisbahn geregelt, sondern entsteht bei freien Raumwegen.

Die Stunden mit ihr werden immer abwechslungsreicher. Wir können uns langsam oder schnell bewegen und das Tempo wechseln, ganz wie es uns beliebt. Wir können unsere Raumwege wählen, wie wir es möchten, und gleichermaßen aufeinander zukommen und wieder voneinander weggehen. Einzig wenn ich schnell auf sie zukomme, weicht sie immer noch aus, so wie sie vermeidet, schnell auf mich zuzukommen.

Ein Beispiel aus einer Stunde in dieser Zeit soll unsere Arbeit veranschaulichen. Zum Finale aus «Carmen» erfinden wir folgenden Bewegungsablauf: Jede von uns steht irgendwo im Raum. Wir verlagern im Stehen das Gewicht, bis wir die Balance verlieren und gezwungen sind, mit einem schnellen und kurzen Lauf wieder ins Gleichgewicht und zum Stehen zu kommen. Dann verlagern wir wieder das Gewicht, kommen dabei wieder ins Schwanken und müssen uns in einem schnellen Lauf wieder auffangen usw. Jede von uns sucht sich dabei ihren eignen Raumweg und führt auch diesen Bewegungsablauf in ihrer eignen Zeit aus, aber die Bewegungsidee ist die gleiche. In dieser Stunde versucht die Patientin auch, sich zur Musik der Habanera in der geraden und stolzen Haltung einer spanischen Tänzerin zu bewegen und laut aufzustampfen.

Immer wieder versuchen wir uns auch an der Musik des Frauenkampfes. Unsere Bewegungsabläufe zu dieser Musik sehen so aus: Manchmal jagen wir uns Seite an Seite durch den Raum, ein andermal drängen wir uns mit den Ellenbogen weg, so daß ein richtiger Kampf entsteht, manchmal veralbern wir mit Gesten und Grimassen den Frauenkampf.

Schöne Stellen ergeben sich auch zur Musik des Intermezzo. Wir stehen uns gegenüber und übertragen die langsame Musik in unsere Bewegungen, die entsprechend langsam und getragen ausfallen. Meist gebe ich die Bewegungen vor, z. B. eine Armbewegung, zu der ich nach einer Weile Beinbewegungen oder Schritte dazunehme. Die Patientin macht gerne und sehr konzentriert mit, und ich gebe acht, daß ich sie mit meinen Bewegungseinfällen nicht überfordere.

Eines Tages wünscht sie sich eine andere Musik. Sie sucht ein bestimmtes Stück von Eric Satie, das sie, bevor sie in die Klinik eingewiesen wurde, öfter gehört hatte. Wir finden ihr Stück unter den «Gnossiennes» und bewegen uns nun zu dieser sehr langsamen Musik. Jede geht auf einer eigenen Kreisbahn in einer Hälfte des Raumes. Wir treffen uns immer an der gleichen Stelle, gehen nebeneinander durch die Mitte des Raumes, trennen uns, und jede geht ihren Halbkreis alleine, bis wir wieder zusammentreffen. Dazu erfinden wir eine Armbewegung. Wenn wir zusammen durch die Mitte gehen, halten wir den jeweils äußeren Arm waagerecht nach vorn. Wenn wir auseinandergehen, senken wir den Arm, den wir wieder heben, wenn wir uns aufeinander zubewegen. Ein andermal lassen wir uns von dem schwebenden Charakter der Musik anregen und erfinden Bewegungen, bei denen wir auf der halben Fußspitze balancieren und die Arme wie Flügel halten, oder wir balancieren auf einem Bein. Bedingt durch das zeitlupenhafte Tempo der Musik sind unsere Bewegungen insgesamt sehr langsam. Die Patientin probiert in diesem Tempo immer wieder aus, dicht an mich heranzukommen, auch zu bleiben und dann wieder wegzugehen. Einmal ergibt sich gegen Ende einer Stunde, daß wir dicht beisammen stehen und beginnen, uns umeinander zu drehen.

In einer der nächsten Stunden möchte die Patientin sich wieder zur Musik von «Carmen» bewegen. Wir legen die erste Seite der Platte auf, und als die Musik des Frauenkampfes ertönt, stehen wir uns im Raum gegenüber, rennen aufeinander zu und prallen zusammen, nehmen wieder Anlauf, stoßen wieder zusammen und versuchen dabei, die andere wegzudrängen. Es entwickelt sich ein höchst anstrengender Kampf, bei dem die Patientin mit ganzer Kraft gegen mich losgeht, auf mich zurennt, mich anrempelt, mich wegstößt und ich ebenso mit ganzer Kraft dasselbe versuche. Als die Musik zu Ende ist, hören wir auf und sind erst einmal außer Atem, aber glücklich, denn bei aller Ernsthaftigkeit, mit der wir aufeinander losgegangen sind, hatte sich doch keine von uns weh getan oder verletzt.

In den letzten Stunden, die wir noch miteinander verbringen, bevor wir unsere gemeinsame Arbeit beenden, sucht sich die Patientin eine ganz andere Musik aus. Zu Stevie Wonders «The Secret Life of Plants» bewegt sie sich nun souverän und selbständig, muß nicht mehr ängstlich nach mir schielen, und ihre Bewegungen erhalten einen lockeren Ausdruck. Ich drehe nun den Spieß um und schaue mir von ihr die Bewegungen ab. Das gefällt ihr, und in unseren Improvisationen sind wir von jetzt an gleichermaßen mit Bewegungseinfällen beteiligt. Für ein paar Wochen genießen wir noch diese Ausgewogenheit, dann nimmt das Interesse der Patientin an meiner Arbeit ab zugunsten eines verstärkten Interesses an einem Leben außerhalb der Klinik. Als wir uns voneinander verabschieden, bedankt sie sich sehr herzlich bei mir.

In dieser Falldarstellung benütze ich immer wieder das Wort tanzen. Das ergibt sich aus dem Interesse der Patientin am Tanz und aus ihrer Begabung für die tänzerische Bewegung. In nichts verbinde ich allerdings mit diesem Wort Inhalte, wie sie die Tanztherapie beschreibt. Das Medium meiner Therapie ist die körperliche Bewegung; das Wort tanzen veranschaulicht manchmal unsere Bewegungen besser, ist aber ansonsten nur umgangssprachlich gemeint. Deshalb spielt auch die Tanztechnik innerhalb der Therapie keine Rolle. Unsere Bewegungen entstehen im Moment und haben nur unsere Fähigkeit, uns bewegen zu können, zur Grundlage. Wir haben auch nie Schritte eigens geübt oder einstudiert; die Sevillana, deren Anfänge ich der Patientin in einer Stunde beibrachte, war und blieb eine Ausnahme und zeigt eher, in welche Richtung das Interesse der Patientin am Tanz ging.

Die Bedeutung dieser Therapie liegt demnach auch nicht in einem über den Tanz gestalteten Gefühl oder Zustand, bei dem jede Bewegung nach ihrem Sinn abgefragt wird, sie liegt in einer zurückgewonnenen körperlichen Präsenz. Deshalb erhält auch die einzelne Bewegung keine spezielle Bedeutung, sondern das Insgesamt aller Bewegungen führt zu einem Verlauf, innerhalb dessen sich Dinge langsam verändern. So kann die Patientin zunächst nicht rennen, später kann sie es, obwohl ihre Motorik zu Beginn der Therapie nicht minder funktionsfähig ist wie später. Im Zusammenhang mit dem schnellen Tempo steht ihre Angst, die sie bekommt, wenn ich schnell auf sie zurenne. Lange Zeit muß sie ausweichen, dann geht sie zum Angriff über und kann auch meinen Angriffen standhalten.

Aber ehe sie das tun kann, muß sie viel Zeit damit verbringen, sich über die körperliche Bewegung ihres Körpers wieder zu versichern. Dazu wählt sie sich Bewegungen aus, die sie gerne machen möchte – dem spanischen Tanz abgeschaute Bewegungen –, und über lange Zeit bewegen wir uns in einem gemäßigten Tempo. Alle schnellen Bewegungen verträgt sie nicht und vermeidet sie auch. Wenn man bedenkt, daß sich die

Patientin Monate vor ihrer Einweisung in die Klinik nicht mehr gewaschen, ihre Kleider samt Schuhen nicht mehr ausgezogen hatte, fast nur noch im Bett lag in einem Zimmer, das einer Müllkippe glich, dann wird einfühlbar, warum sie mit ihrem Körper vorsichtig umgehen und z. B. schnelle Bewegungen vermeiden muß. Ihr Körper ist ihr fremd geworden, sie verfügt nicht mehr über ihn und damit auch nicht mehr über ihre Bewegungen. Und umgekehrt können ihre Bewegungen nicht mehr ausreichend Einfluß nehmen auf ihren Köprer und das Verhältnis zum Körper verbessern. Erst als ihr im Lauf der Zeit ihr Körper wieder vertrauter wird, kann sie riskieren, schnellere Bewegungen auszuführen. Und erst als ihr auch die schnelle Fortbewegung vertraut ist, kann sie tun, was sie gerne möchte: Sie kann auf mich zukommen, mich anstoßen, anrempeln, wegdrängen, und das auch in einem schnellen Tempo und mit heftigen Bewegungen. Unsere Arbeit ist beendet, als die Patientin wieder ein akzeptables Verhältnis zum Körper hat.

Wir sehen, daß ich der körperlichen Bewegung eine große Bedeutung zuschreibe, wenn es darum geht, das Verhältnis zum Körper zu regulieren. Die körperliche Bewegung bildet nicht nur den Zugang zu diesem Verhältnis, sondern sie hat auch Einfluß darauf, und das unabhängig davon, ob sie eher tänzerisch oder eher sportlich ausgeführt wird. Der Tanz ist nichts anderes als eine Variante der körperlichen Bewegung, ihm kommt keine besondere Bedeutung für das Verhältnis zum Körper zu.

In einem nächsten Fallbeispiel spielt die sportliche Bewegung eine größere Rolle. Trotzdem geht es auch hier um die körperliche Bewegung als Medium der Therapie. Der Therapieverlauf beträgt diesmal ungefähr ein und ein halbes Jahr.

Der Patient, ein 36jähriger Zahntechniker, lehnt es das erste halbe Jahr ab, mit mir in meinen Arbeitsraum mitzukommen und sich mit mir zusammen zu bewegen. Als ich ihn das erste Mal anspreche, sagt er, daß er nicht mehr lebe und daß er nicht einmal mehr hinaus ins Gelände gehe. Ich suche ihn zweimal wöchentlich zu den Arbeitszeiten auf der Station auf und versuche, einen Kontakt zu ihm herzustellen. Manchmal liegt er im Bett und dreht sich einfach weg, wenn er mich sieht. Manchmal sitzt er gebeugt auf einem Stuhl und schüttelt, ohne aufzublicken, nur den Kopf. Manchmal verschwindet er, wenn er mich kommen sieht, aufs Männerklo. Ganz selten kann ich eine kleine Weile neben ihm sitzen bleiben, bis er aufsteht und weggeht. In dieser Zeit macht er ab und zu mit einem Pfleger der Station Spaziergänge im Klinikgelände. Er erzählt es mir sogar, und ich schlage ihm vor, daß er doch mal mitkommen und sich z. B. nur den Raum ansehen könne. *«Ich komme nur mit, wenn Sie mich drüben aufhängen»*, sagt er dazu, steht auf und geht weg. Manchmal laufe ich noch mit ihm schweigend den Gang auf und ab, bis er wieder auf dem Männerklo verschwindet. Wenn er überhaupt etwas sagt, dann *«Mich gibt's nicht mehr»* oder *«Ich bin auseinandergefallen»*.

Dann, nach fast einem halben Jahr, verändern sich sein Verhalten und sein Ausdruck um eine Spur. Er kommt zwar noch nicht mit, erzählt mir aber, daß er an diesem Tag schon alleine im Gelände war. Einmal ist er überhaupt nicht auf der Station. Eines Tages steht er plötzlich in der Tür – ich sitze gerade mit dem Team in einer Besprechung –, spricht mich mit Namen an, will sofort mitkommen und bewegt sich dazu halb tanzend im Türrahmen. Ich bitte ihn, sich noch eine Viertelstunde zu gedulden. Er ist aber sehr unruhig, und als er sich eine Sicherheitsnadel durchs Ohrläppchen steckt, bekommt er Medikamente. Als ich ihn aufsuche, liegt er fixiert auf dem Bett, mit verpflastertem Ohrläppchen, will unbedingt mitkommen und reißt an den Fixiergurten. Sein Zustand ist nicht so, daß ich mit ihm arbeiten könnte, und deshalb muß ich ihn auf das nächste Mal vertrösten. Wegen seiner großen Unruhe wird der Patient kurzzeitig auf die geschlossene Männeraufnahmestation verlegt. Als er wieder zurück ist, kommt er das erste Mal mit mir mit. Er ist sehr unruhig, spielt für sich Fußball, schießt Tore, spielt Handball, rennt im Raum herum, und fünf Minuten später ist er wieder weg. Ich habe keine Chance, irgendeine Bewegung mitzumachen, sondern muß aufpassen, daß ich nicht von seinen heftig geschossenen Bällen getroffen werde. In der nächsten Stunde bleibt er länger. Er spielt zunächst für sich Fußball, beginnt dann auf der Kreisbahn zu rennen, und ich renne einfach mit ihm mit. Er faßt mich an der Hand, und wir rennen schweigend ein paar Runden Hand in Hand. Dann möchte er auf das Trampolin. Er legt sich hin, ich stelle mich daneben und bringe das Trampolin zum Schwingen. Er genießt diesen Moment der Ruhe und der Entspannung, und als er geht, will er sich mit mir verloben.

In dieser Woche wird er wieder auf die geschlossene Männeraufnahmestation verlegt. Ich hole ihn von dort ab, und er kommt auch gerne mit. Alle Bewegungsvorschläge kommen von ihm. Ich mache einfach nur mit und gebe darauf acht, daß er sich nicht überanstrengt und die Stunde bezüglich anstrengender und entspannender Bewegungen ausgewogen ist. So halten wir eine Stunde zusammen aus.

Meist rennt er zu Beginn der Stunde auf der Kreisbahn. Ich renne entweder mit ihm mit oder renne in der anderen Richtung. Dann holt er sich einen Ball und beginnt, Elfmeter zu schießen, ich bin seine Torfrau. Er schießt die Bälle mit solcher Wut, daß ich sie nicht mehr auffangen kann, sondern in Deckung gehen muß. Ich ziehe mich zusammen und schütze meinen Kopf mit den Armen, während der Ball wie eine Billardkugel über mir an den Wänden abprallt. Ich versuche nun meinerseits, ihm den Ball so heftig ich kann zurückzuschießen, aber gemessen an seiner Kraft und Schießwütigkeit bin ich im Hintertreffen. Diesem Elfmeterschießen folgt meist eine höchst anstrengende Bodengymnastik mit Kniebeugen, Liegestützen, auf dem Rücken liegend die Beine gestreckt heben und senken, Kerze, Purzelbaum rückwärts oder vorwärts, wieder aus der Rückenlage zum Sitzen hochkommen und sich wie ein Taschenmesser nach vorne zusammenklappen und wieder hinlegen usw. Er gibt alle Übungen vor, auch wie oft und wie schnell sie gemacht werden müssen. Dann spielt er wieder Ball, diesmal mit der Hand, und wir gehen dabei im Zuwerfen des Balles auf der Kreisbahn weiter. Zum Schluß legt er sich aufs Trampolin, wählt sich Musik aus und läßt sich von mir schaukeln.

In einer der nächsten Stunden sucht er sich Musik von Elvis Presley heraus und beginnt zu tanzen. Erst tanzen wir im Raum weit voneinander entfernt, dann bittet er mich zu «It's Now or Never» zum Tanz. Wir stehen nun dicht beieinander und fassen uns wie beim Gesellschaftstanz an. So tanzen wir langsam und mit wenigen Schritten, bis das Musikstück zu Ende ist. In der nächsten Stunde wählt er Musik von Cat Stevens. Wir tanzen erst wieder in einem weiten Abstand voneinander. Er ist voller Bewegungseinfälle, tanzt mit Kraft und Intensität, und es macht mir Spaß, mich von seinen Bewegungen anregen zu lassen. Wir haben beide Freude an unserer Tanzerei. Zu «Morning Has Broken» tanzen wir wieder zusammen. Wieder faßt er mich behutsam an. Bedingt durch die langsame Musik bestehen unsere Bewegungen fast nur in einem Verlagern des Gewichts von einem Bein auf das andere. Zum Schluß bekomme ich nun einen Kuß auf die Wange.

Aber dann kommen wieder sehr unruhige Stunden, die äußerst anstrengend sind und in denen er mir wenig Chancen gibt, mich mit ihm zusammen zu bewegen. Er knallt dann meistens mit dem Ball herum, schießt auch in meine Richtung, macht Kraftübungen und wechselt sehr schnell von einer Bewegung zur nächsten. Einmal geht er aufs Trampolin und trampelt und hämmert wie wild darauf herum. Ich kann in solchen Stunden nur aufpassen, daß er sich nicht verletzt und auch ich nicht verletzt werde.

Ein Zwischenfall unterbricht jäh unsere gemeinsame Arbeit: Er hat, als er auf Ausgang ist, versucht, mit einem Karateschlag sein Auto zu zerteilen, und sich dabei die Hand gebrochen. Er darf nun die Station nicht mehr verlassen und soll sich wegen des Bruches vollständig ruhig halten. Dabei steht er vor mir, weint und lacht und will mit mir tanzen, zieht den eingegipsten Arm aus der Schlinge und tanzt vor mir herum. Ich muß fast fluchtartig wieder gehen und kann ihm nur hilflos versprechen, ihn wieder zu besuchen. Die nächsten Treffen verlaufen ähnlich qualvoll, er will unbedingt mitkommen und bewegt seinen Gipsarm ohne Rücksicht auf den Bruch. Er erhält jetzt Glianimon und torkelt und tanzt vor mir herum. Ich kann ihm nur versprechen, mit ihm, so schnell es sein Bruch zuläßt, wieder zu arbeiten. Dann kann ich eines Tages wenigstens mit ihm im Gelände spazierengehen und bekomme, als wir uns auf der Station verabschieden, wieder einen Kuß auf die Wange. Aber die Spaziergänge werden seltener, weil er entweder zu müde ist oder schläft. Er liegt jetzt meistens im Bett, wenn ich komme, spricht aber noch mit mir. Eines Tages dreht er mir schweigend den Rücken zu, und ein andermal, als er mich kommen sieht und gerade auf dem Gang steht, verschwindet er wieder auf dem Männerklo. Das Gefühl, daß meine Besuche ihn stören und ich auch keine Chance mehr habe, an unsere gemeinsamen Arbeit anzuknüpfen, bringt mich dazu, die Therapie zu beenden. Ich hatte inzwischen fünf Monate lang versucht, wieder in Kontakt mit ihm zu kommen.

Erinnern wir uns an die Beispiele aus der Tanztherapie. Dort sollte der Klient im Zustand der Depression an seinem Gewicht arbeiten und seine Wut über Stampftechniken tänzerisch gestalten. Mein Patient befindet sich zunächst ebenfalls im Zustand schwerer Depression, später ist er unruhig, erregt und auch voller Wut. Die Vorstellung, daß ich ihm anbiete, doch seinen depressiven Zustand tänzerisch zu gestalten unter Berücksichtigung des Faktors Gewicht, verbietet sich, denn der Patient entzieht sich allen meinen Versuchen, ihn auch nur zum Mitkommen zu bewegen. Der Zustand, in dem er sich dann befindet, als er endlich mitkommt, ist auch nicht so, daß er im nachhinein seine Depression hätte tänzerisch gestalten können und wollen. Er spielt Fußball, schießt Elfmeter auf mich, tanzt mit mir zusammen, und das alles ganz, wie er gerade Lust hat. Ich kann nur versuchen, so gut es geht mitzumachen und aufzupassen, daß weder er noch ich zu Schaden kommen. An irgendwelche Techniken, die ich hätte anwenden können, ist wiederum nicht zu denken. Als er wieder in sein Schweigen zurückfällt, habe ich überhaupt keine Chancen mehr.

Die körperliche Bewegung ist auch bei diesem Fallbeispiel Medium der Therapie, die tänzerischen Momente rechtfertigen den Begriff Tanz nicht, sondern gehören zur Vielfalt der Bewegungsmöglichkeiten. Aber dieses Beispiel zeigt noch etwas anderes. In der Tanztherapie ist der Therapeut der Beobachter. In manchen Stunden blieb auch mir nichts anderes übrig, als dazustehen und zuzuschauen, was der Patient machte. Aber ich war dann nicht die Beobachterin, sondern wurde vom Patienten gewissermaßen in die Ecke gestellt, er wollte mit mir nichts zu tun haben. Diese Stunden blieben aber die Ausnahme im Vergleich zu den Stunden, in denen er sehr wohl etwas mit mir anzufangen wußte. Die charakteristischen Momente waren dann die mit großer Wucht auf mich geschossenen Elfmeter und die Nähe beim Tanzen. Beide Bewegungseinfälle konnte er nur verwirklichen, weil ich mitmachte.

Die Notwendigkeit, die Bewegungen des Patienten mitzumachen, ergibt sich aus dem Zustand, in dem der Patient sich befindet. Begreift man Psychosen als einen Zustand, in dem das Verhältnis zum Körper verfremdet ist, psychotische Dimensionen angenommen hat, dann ist es nicht mehr damit getan, dem Patienten Bewegungen vorzugeben oder ihn einen Tanz gestalten zu lassen. Der Patient braucht ein Gegenüber, das sich mit ihm zusammen bewegt und das die Bewegungen mitmacht, die der Patient gerne machen möchte. Patienten brauchen mein Mitmachen, weil ich ein Gegenüber bin, dessen Verhältnis zum Körper nicht psychotisch verfremdet ist. Sie brauchen das Bild eines sich mit ihnen zusammen bewegenden anderen, um wieder zu einem eigenen Bild vom Körper zu kommen. Die Bewegung ist Vermittlerin in diesem Prozeß, sie wirkt zurück auf den eigenen Körper, wendet sich aber gleichzeitig dem Körper des anderen zu. In der Tanztherapie bleibt der Patient mit seinem Tanz allein. Die beiden Patienten, mit denen ich arbeitete, hatten ein psychotisch verfremdetes Verhältnis zu ihrem Körper. Das zeigte sich bei der Patientin darin, daß sie sich lange Zeit nur in einem eher langsamen Tempo bewegen konnte und schnelle Bewegungen vermeiden mußte, und bei dem Patienten, daß er zunächst alle Bewegungen vermied und dann viel zu viele Bewegungen machte. Man kann es sich meines Erachtens in der Therapie mit psychotischen Patienten nicht leisten, sie mit ihren Bewegungen allein zu lassen. Die Tanztherapie erscheint mir wie ein Luxus, den sich psychotische Patienten nicht mehr leisten können. Für sie kommt der Tanz als Medium der Therapie nicht in Frage, sondern allein die körperliche Bewegung, auf die sie in einer sehr existentiellen Weise angewiesen sind.

Das Mitmachen der Bewegungen des anderen ist der zentrale Begriff meines methodischen Vorgehens, die körperliche Bewegung Medium der Therapie. Medium und Methode bedingen einander – die körperliche Bewegung macht ein solches Vorgehen möglich. Sie ist ein Medium, das sich eignet, die Bewegungen des anderen mitzumachen. In der Abgrenzung zur Tanzpädagogik werde ich nun versuchen, diese Gedanken weiter auszuführen.

2
Abgrenzung zur Tanzpädagogik

In der Tanzpädagogik wird der Körper trainiert. Was heißt das? Trainiert wird mit Hilfe einer Tanztechnik. Die Tanztechnik orientiert sich an den anatomischen Gegebenheiten des Körpers, und ihre Begriffe bezeichnen bestimmte Bewegungen, Schritte oder Schrittfolgen. Weil die Tanztechnik vorgibt, wie eine Bewegung richtig auszuführen ist, gibt es in der Tanzpädagogik richtige und falsche Bewegungen. Falsche Bewegungen sind dann technisch nicht richtig ausgeführte Bewegungen. Weil es nun technisch richtige und falsche Bewegungen gibt, muß der Tanzpädagoge die Bewegungen korrigieren. Der Körper hat, wenn man ihn trainiert, die Tendenz, es sich bequem zu machen und seinen Schwierigkeiten auszuweichen. Diese Tendenz steht den technischen Anforderungen im Weg, und deshalb muß korrigiert werden. Zudem sind die wenigsten Körper so veranlagt, daß sie alle Voraussetzungen, die die Technik an den Körper stellt, erfüllen, und brauchen schon von daher Korrekturen.

Nachdem nun schon so oft von der Tanztechnik die Rede war, möchte ich näher darauf eingehen und beschreiben, was Tanztechniken sind und wie sie den Körper trainieren. Tanztechniken – das sind z. B. die Ballettechnik als älteste Tanztechnik oder Modern-dance-Techniken als neuere Tanztechniken – sind festgelegte, aber aus Grundbewegungen zu kombinierende komplexe Bewegungsfolgen. Diese Bewegungsfolgen bauen aufeinander auf, aber so, daß das Training mit kleinen Bewegungen beginnt und der Körper erst einmal weich und geschmeidig gemacht wird, ehe zum Schluß der Stunde die großen Bewegungen wie Sprünge oder hohe Beine kommen. Vermieden werden mit solchem Vorgehen Verletzungen, wie überhaupt Tanztechniken nicht auf momentane Hochleistung trainieren, sondern sich über Jahre erstrecken, um den Körper nicht vorschnell abzunutzen. Die Unterschiede zwischen den verschiedenen Tanztechniken beziehen sich darauf, was vorrangig trainiert werden soll. So trainiert z. B. die Ballettechnik die Senkrechte, währen die modernen Tanztechniken auch die Möglichkeit der Wirbelsäule, sich zu runden, nutzen und zum Bestandteil ihrer Technik machen. Die Jazz-dance-Technik trainiert vorrangig einzelne Körperteile.

Allen Tanztechniken ist gemeinsam, daß sie die gleichen Prinzipien, wie ein Körper richtig zu trainieren ist, vertreten. Ich hatte weiter vorne schon erwähnt, daß Tanztechniken sich an Gegensätzen wie Bewegung und Gegenbewegung, Kraft und Gegenkraft, Schwerkraft und Schwerelosigkeit orientieren. Was man sich darunter vorzustellen hat, möchte ich an ein paar einfachen Beispielen veranschaulichen. Ein z. B. im Hüftgelenk ausgedrehtes Spielbein braucht als Gegenkraft ein ausgedrehtes Standbein, welches seine Position nicht verändern darf, unabhängig davon, was das Spielbein alles ausführt. Eine senkrechte Haltung wird u. a. dadurch erreicht, daß der Körper in der Taille hochgezogen wird, die Schultern aber dagegen wieder nach unten gedrückt werden, man also zwei gegensätzliche Bewegungen zur gleichen Zeit macht. Wenn ich mit dem Rücken auf dem Bogen liege, die Beine senkrecht nach oben gestreckt halte und sie gestreckt auf den Boden legen möchte, muß ich gleichzeitig einen Druck auf die Wirbelsäule ausüben, die flach am Boden bleiben soll und sich nicht vom Gewicht der Beine in ein Hohlkreuz ziehen lassen darf. Zur Bewegung, dem Senken der Beine, bildet also der Druck auf die Wirbelsäule die Gegenbewegung. Ein anderes Prinzip wäre, daß eine Muskelspannung im Körper nicht auf alle Muskelgruppen übertragen werden darf, es dürfen immer nur die für die auszuführende

Bewegung notwendigen Muskelgruppen gespannt werden. Wenn ich also die Muskelspannung des Beckens und der Beine benötige, darf ich nicht gleichzeitig Schultern und Arme anspannen bzw. verkrampfen. Noch ein anderes Prinzip bezieht sich auf die Ausgewogenheit der Bewegungen innerhalb des Trainings. Anstrengenden Bewegungsabläufen folgen meist weniger anstrengende Bewegungsabläufe, schnellen Bewegungen langsame Bewegungen usw. Zu dieser Ausgewogenheit gehört auch, daß ein Bewegungsablauf nicht zu lang sein darf, damit die Muskeln nicht überanstrengt werden und der Körper sich verkrampft, so daß es als Folge zu Verletzungen kommen kann.

In der Abgrenzung zur Tanzpädagogik möchte ich mein methodisches Vorgehen in der Therapie genauer beschreiben. Da in einer Therapie der Körper nicht trainiert wird, stellt sich die Frage, wozu ich die Tanztechniken brauche. Die Tanztechniken selber kann ich nicht anwenden – da ich den Körper nicht traniere, gibt es auch nichts zu korrigieren. Es gibt in der Therapie keine richtigen oder falschen Bewegungen, da die Bewegungen ohne Technik ausgeführt werden. Meine selbstverständliche Fähigkeit, mich bewegen zu können, genügt.

Tanztechniken schulen allerdings den Blick, so daß ich die Bewegungen des Patienten auch in ihrem technischen Ablauf erfassen kann. Über das technische Erfassen der Bewegung bekomme ich Einblick in seine körperlichen Veranlagungen und Eigenheiten. In der Therapie entstehen Situationen, wo ich auf genau dieser Ebene Hilfestellung geben muß. Es geht dann allerdings nicht darum, korrigierend einzugreifen und die Bewegung auf ein technisch richtiges Niveau zu bringen, sondern z. B. um die Bewegungsidee eines Patienten, der sich beim Ausführen seiner Bewegung ungeschickt anstellt und nun glaubt, daß er die Bewegung nicht machen könne. Ein Patient meint z. B., er müsse unbedingt den Schneidersitz beherrschen. Er holt sich eine Matte, setzt sich und zieht mit den Händen beide Füße ganz dicht an sein Becken heran. Dabei rollt er nach hinten und ist nun überzeugt, daß er den Schneidersitz nicht schafft. Ich habe gesehen, daß seine Knie sich nicht sehr flach Richtung Boden öffnen, sondern eher Richtung Ohren stehen. Das zeigt, daß seine Hüftgelenke über keine besonders große Auswärtsdrehung verfügen. Ferner habe ich gesehen, daß sein Rücken sich im Sitzen rundet. Das wiederum zeigt, daß er keine besonders biegsame Wirbelsäule hat und auch wenig gedehnte Bein- und Rückenmuskeln. Da der Patient aber darauf besteht, daß ein Mann den Schneidersitz können müsse, versuche ich ihm zu einem Schneidersitz zu verhelfen, den er im Einklang mit seinen körperlichen Gegebenheiten ausführen kann. Ich setze mich ihm mit lang ausgestreckten Beinen gegenüber, stütze die Hände hinter meinem Rücken auf, ziehe erst ein Bein an, lasse aber einen Abstand zwischen Fuß und Becken, ziehe dann das andere Bein an, ohne den Abstand zwischen Fuß und Becken zu verringern. Jetzt sind die Beine in ihrer Position. Nun gilt es noch, freihändig zu sitzen. Dazu müssen wir das Gewicht von hinten nach vorn verlagern, dann können wir die Hände lösen und auf die Knie legen. Für einen kurzen Moment sitzen wir im Schneidersitz, dann streckt der Patient seine Beine wieder aus, weil ihm die Lage zu anstrengend geworden ist und er nun nach anderen Bewegungen sucht.

Die Kenntnis der Tanztechnik ermöglicht mir einen Zugang zum sich bewegenden Körper des anderen. In der Tanzpädagogik wird über die Tanztechnik der Körper trainiert und korrigiert, es gibt technisch richtige und falsche Bewegungen. In der Therapie genügt meine selbstverständliche Fähigkeit, mich bewegen zu können, alle Bewegungen sind gleichermaßen richtig. Trotzdem muß ich auch in der Therapie mitunter Hilfestellung geben, wie ich überhaupt den sich bewegenden Körper einschätzen muß. Dazu verhilft mir die Kenntnis der Tanztechnik, die ich am eigenen Leib in meiner Tänzerausbildung erfahren habe, ehe ich sie pädagogisch einsetzte. In der Therapie kann ich solche Erfahrungen gut gebrauchen, denn ich muß auch jetzt mit den Gegebenheiten und Veranlagungen eines Körpers zurechtkommen.

In der Tanzpädagogik gibt der Tanzpädagoge vor, welche Bewegungen zu machen sind. Er kann sich auf die Stunde vorbereiten und sich Übungen und Schrittfolgen ausdenken, die er dann seinen Schülern beibringen möchte. In meiner Therapie sollen die Patienten ihre Bewegungen selber finden, sie sollen improvisieren. Ich kann mich nicht auf die Stunde vorbereiten, ich weiß zu Beginn der Stunde genausowenig wie die Patienten, wie sie verlaufen und enden wird. Jede Stunde beginnt mit der Frage: «Was sollen wir heute machen?» Kommt die Anwort: «Gar nichts», ist auch das ein Hinweis, und ich kann daraus einen Vorschlag entwickeln. So kann ich z. B. anregen, im Liegen mit entspannenden Bewegungen zu beginnen oder aber mit einem einfachen und wenig anstrengenden Ballspiel. An der Reaktion der Patienten sehe ich, welcher meiner Vorschläge ihnen gefallen hat, und damit können wir anfangen. Oder die Patienten überlegen sich nun doch etwas und machen eigene Vorschläge, wie z. B. lieber mit dem Luftballon spielen als mit dem Ball. Immer entsteht ein kurzes Gespräch zu Beginn, in dem wir verabreden, wie wir anfangen möchten. Meine Hilfestellung bezieht sich aber nicht auf einen vorgegebenen Stundenablauf, sondern ich bin mitbeteiligt, wenn es darum geht, was wir denn heute so machen könnten. Die Bewegungseinfälle der Patienten haben Vorrang vor meinen, wie ich mich auch mit meinen Einfällen immer an den Äußerungen der Patienten orientiere. Irgend etwas gibt es immer zu sehen, wenn die Patienten im Raum sind, und das ist meist schon genug, um wenigstens beginnen zu können. Ein Beispiel soll zeigen, wie eine Stunde verläuft, in der ich es mit Patienten zu tun habe, die zwar gekommen sind, aber nun die Schultern zucken, wenn es darum geht, eigene Bewegungsideen zu äußern.

Es handelt sich um eine Frau und zwei Männer. Die drei Patienten sind heute ausgesprochen schweigsam, und im Raum breitet sich diese Schweigsamkeit als träge und bewegungslose

Stimmung aus, die noch durch einen schwülen Sommertag unterstützt wird. Auf meine Frage, was wir denn heute so machen könnten, kommt denn auch keine Antwort, es ist, als ob ich gar nichts gesagt hätte. Ich wiederhole meine Frage, und endlich schlägt einer der beiden Männer «bißchen Ballspielen» vor. Ich hole einen großen Ball, und nun können wir wenigstens anfangen. Wir haben mit dem Ball einen Gegenstand zwischen uns, den wir bewegen können, ohne uns selber allzuviel bewegen zu müssen und der zudem ein Geräusch macht, wenn man ihn prellt, und somit die schweigsame Atmosphäre ein bißchen unterbricht. Entgegen der eher bewegungslos wirkenden Stimmung verläuft unser Ballspiel durchaus nicht eintönig. Ohne mein Zutun variieren die Patienten das Spiel, mal werfen wir uns den Ball zu, mal prellen wir ihn, mal schlagen wir mit der Faust drauf, dann spielen wir Fußball. Während des Ballspiels setzt sich einer der Männer hin, weil ihm schwindelig ist, und als er wieder mitmacht, setzt sich der andere Mann aus dem gleichen Grund hin. Ich nehme diese Unterbrechung zum Anlaß und mache den Patienten einen neuen Vorschlag, nämlich mit dem Ballspielen aufzuhören und uns nun alle auf den Boden zu setzen. Die Patienten sind einverstanden, und im Sitzen denken wir uns Bewegungen für die Füße aus, dann für die Hände, dann für die Beine. Wir sitzen im Kreis, und nacheinander schlägt jeder eine einfache Bewegung vor, die die anderen mitmachen. Fällt jemandem nichts ein, kommt einfach der nächste an die Reihe. Fällt niemandem mehr eine Bewegung ein, wechseln wir die Stellung. Wir legen uns auf den Rücken und denken uns in dieser Lage Bewegungen aus, danach legen wir uns auf den Bauch, mit dem Kopf zur Kreismitte. Die Bewegungen, die wir in dieser Lage machen, sind sehr anstrengend, und als die Patienten zunehmend lustloser werden, hole ich den noch im Raum liegenden Ball. Wir bleiben zunächst auf dem Bauch liegen und rollen uns den Ball zu, dann wechseln wir die Lage und spielen uns den Ball im Sitzen mit den Füßen zu. Inzwischen ist die schweigsame und bewegungslose Stimmung, die zu Beginn zwischen uns herrschte, einer spielerischen und bewegungsfreudigeren Stimmung gewichen. Einer der Patienten beginnt jetzt, mit dem Ball zu experimentieren. Er rollt seinem auf dem Rücken liegenden Gegenüber den Ball so zu, daß dieser über die Fußspitzen des anderen dessen ganzen Körper entlangrollt, bis er ihn gefangen hat. Da dies nicht immer klappt und der Ball zur Seite rollt, bekommt das andere Paar, das sich gegenübersitzt, ebenfalls den Ball. Ehe wir uns versehen, ist die Stunde um, und die Patienten verlassen wenigstens wacher und beweglicher den Raum, als sie ihn zu Beginn betreten haben.

Die körperliche Bewegung erfordert immer eine gewisse Aktivität. Das ist die Hürde, vor der ich stehe, wenn die Patienten zwar gekommen sind, dann aber so recht keine Lust auf die Bewegung haben. Ohne ein Minimum an Anstrengung kann ich mich nicht bewegen. Diese Anstrengungen möchten die Patienten meiden. Es gilt, in solchen Stunden zu einer Bewegungsart zu finden, die dem Rechnung trägt. Das Trampolin mit seinem schwingenden Boden ist eines meiner Hilfsmittel dabei. Der schwingende Boden erleichtert alle Bewegungen, ich muß selber gar nicht viel tun, ich werde bewegt. Das Bewegtwerden ist ein guter Kompromiß zwischen dem Anspruch, mich einerseits bewegen zu sollen, was mir aber andererseits zu anstrengend ist. Ein Beispiel soll das veranschaulichen.

Gekommen sind zwei Patienten, eine Frau und ein Mann. Der Patient legt sich sofort auf die Liege, er sei heute so müde, meint er dazu. Auch der Patientin fällt jede Bewegung schwer, aber sie beginnt trotzdem. Sie rennt auf der Kreisbahn, und ich renne mit, aber nach kurzer Zeit hört sie damit auf und möchte nun Übungen für die Bauchmuskeln machen. Wir holen uns Matten und legen uns darauf. Der Patient kommt dazu, aber nach der ersten Übung legt er sich wieder auf die Liege, dreht uns den Rücken zu, und so bleibt er bis zum Schluß der Stunde liegen. Die Patientin gibt erst ein paar Übungen vor, die ich mitmache, dann mache ich ein paar Übungen vor, die sie mitmacht. Dann, fast erleichtert, schlägt sie vor, daß wir nun auf das Trampolin gehen könnten. Es ist ihr von anderen Stunden her vertraut. Wir setzen uns im Schneidersitz gegenüber. Ich habe einen Luftballon aufgeblasen, mit dem wir nun spielen. Jede Bewegung, die wir ausführen, überträgt sich auf den schwingenden Boden des Trampolins, der uns auf diese Weise in einer ständigen Schaukelbewegung hält. Aber nach einer Weile hat die Patientin genug und legt sich hin. Das tue ich auch, aber ich halte das Trampolin in einer ständigen Schaukelbewegung, indem ich mit dem Körper kleine Wippbewegungen ausführe. So liegen wir für den Rest der Stunde, und es wird sehr ruhig im Raum. Als die Stunde zu Ende ist, meint die Patientin, daß ihr das gutgetan habe. Den Patienten muß ich fast wecken, damit auch er mitbekommt, daß die Stunde zu Ende ist.

In dieser Stunde bleibt der Patient auf der Liege liegen, ohne sich zu beteiligen. Ich lasse ihn dort auch in Ruhe, denn ich sehe, daß es ihm nicht gutgeht, und rechne ihm hoch an, daß er überhaupt gekommen ist. An Hand eines anderen Stundenverlaufes möchte ich eine ähnliche Situation bechreiben, aber diesmal gelingt es, alle Anwesenden zu beteiligen. Gekommen sind zwei Frauen, aber die eine sitzt nun abwesend und in sich versunken auf der Liege und gibt auch auf meine Frage, was sie denn gerne machen möchte, keine Antwort. Dagegen ist die andere Patientin voller Ideen und macht eine Menge wechselnder Vorschläge. Ich beginne, sie in die Tat umzusetzen. So stellen wir gemeinsam das Trampolin auf, weil sie gerne Trampolin springen möchte, dann hole ich den Plattenspieler und die von ihr vorgeschlagenen Schallplatten, denn sie möchte sich zur Musik bewegen, schließlich hole ich noch einen Ball und einen Luftballon, weil sie auch Ball und Luftballon spielen möchte. Sie geht zuerst auf das Trampolin und beginnt zu springen, während ich unten stehe und zuschaue. Als ich sehe, daß sie gut alleine zurechtkommt, gehe ich und lege eine Schallplatte auf, nehme dann den Luftballon und versuche, ihn der anderen Patientin zuzuspielen, die immer noch in sich versunken auf der Liege sitzt. Sie bleibt zwar in dieser Haltung sitzen, spielt mir aber den Luftballon zurück. Das geht so eine Weile hin und her. Unterdessen hat sich die erste Patientin den Ball geholt und spielt nun für sich auf dem Trampolin mit dem Ball. Ich unterbreche mein Luftballonspiel, klettere zu der Patientin aufs Trampolin, und wir beginnen, uns im Springen den Ball zuzuwerfen. Nach einer Weile gehe ich wieder zu der Patientin, die auf der Liege sitzt, und spiele mit ihr weiter Luftballon. Da wirft uns die Patientin vom Trampolin aus den Ball zu, und tatsächlich entwickelt sich nun ein Ballspiel zu dritt. Die eine Patientin spielt sitzend von der Liege aus, die andere Patientin stehend auf dem Trampolin und ich stehe ebenfalls, aber auf dem Boden und in ungefähr gleichem Abstand zu den beiden Patientinnen, so daß wir ein Dreieck bilden. Wir werfen uns den Ball auf die verschiedenste Weise zu, die Stimmung wird locker, und die Stunde beginnt Spaß zu machen. Als die Patientin vom Trampolin klettert, löst sich unser Dreieck auf. Dafür holt sie sich nun den Luftballon, legt sich auf den Rücken, wir legen uns dazu und spielen uns, auf dem Rücken liegend, mit Armen und Beinen den Luftballon zu, bis die Stunde zu Ende ist.

Diesmal gehen alle Bewegungsvorschläge von einer Patientin aus, ich brauche nur mitzumachen und zu versuchen, die andere Patientin zum Mitspielen zu bewegen. Das gelingt, wenn auch nicht sofort, so doch im Verlauf der Stunde. Am Schluß sind wir alle beteiligt.

Das Trampolin ist nicht nur Hilfsmittel, wenn es darum geht, Patienten zu bewegen, die eigentlich keine Lust auf Bewegung haben, aber trotzdem gekommen sind, sondern vielen Patienten macht es auch Freude, darauf allerhand Kunststücke auszuprobieren. Eine Patientin hatte großen Spaß daran. Zu Beginn der Stunde möchte sie aufs Trampolin und dort alleine springen. Dabei erweckt sie den Eindruck, als ob sie flöge und auch nie wieder aufhören wolle. Nach einer ganzen Weile des Springens und Fliegens ist sie dann doch außer Atem und legt sich, Arme und Beine von sich streckend, ins Trampolin. Jetzt bittet sie mich herauf, und während sie sich ausruht, darf ich sie schaukeln. Ich stehe dazu und bringe mit den Beinen das Trampolin in eine schwingende Bewegung. Das Quietschen der Federn, mit denen das Trampolin gespannt ist, liebt die Patientin besonders, denn es erinnert sie an das Quietschen von Schaukeln und an die Geräusche von Schiffen, auf denen sie als Kind größere Reisen gemacht hat. Aber dann steht sie wieder auf, schickt mich vom Trampolin und beginnt wieder zu springen. Diesmal variiert sie ihr Springen, indem sie sich auf die Knie fallen läßt und wieder auf die Füße kommt. Dann kommt sie aus dem Springen zum Sitzen und wieder auf die Füße. Das wiederholt sie ein paarmal, dann springt sie aus dem Sitzen auf die Knie und wieder zum Sitzen und wieder auf die Knie usw., bis sie außer Atem ist und sich hinlegt. Jetzt darf ich wieder dazukommen und sie schaukeln, während sie sich ausruht. Als sie sich genügend erholt hat, möchte sie, daß ich einen Ball hole, den ich ihr von unten aus zuwerfen soll, während sie oben springt. Wir müssen nun in einen gemeinsamen Rhythmus kommen, sie muß möglichst gleichmäßig springen und ich muß ihr den Ball möglichst gleichmäßig zuwerfen, damit unser Ballspiel auch klappt. Da es gut geht, variiert sie dieses Spiel, indem sie im Fangen des Balles auf die Knie fällt und mir im Hochkommen den Ball zuwirft. Dann springt sie ein paarmal, bevor ich ihr den Ball wieder zuwerfe und sie wieder auf die Knie fällt. Darauf versucht sie, nur noch auf die Knie zu kommen und wieder auf die Füße und gleichzeitig den Ball zu fangen und zu werfen. Ein paarmal klappt es, dann ist sie verschwitzt und außer Atem und klettert vom Trampolin herunter. Jetzt möchte sie Musik haben und dazu mit einem großen Luftballon spielen. Das tun wir eine ganze Weile, indem wir uns den Luftballon zuschlagen, mit dem Kopf oder mit dem Knie zuspielen.

Einmal gehen wir auf der Kreisbahn, sie geht vorwärts, ich gehe in der gleichen Richtung in einem kleinen Abstand zu ihr rückwärts. Dabei tippt sie abwechselnd mit den Fingerspitzen der Zeigefinger im Takt der Musik auf den Luftballon, spielt mir dann den Luftballon zu, ich mache dasselbe und spiele ihn wieder zurück. Zum Schluß der Stunde möchte sie noch einmal aufs Trampolin. Dazu soll ich die Musik ganz laut aufdrehen, damit sie sie während des Springens hören kann. Sie möchte im Takt der Musik springen. Zu «An der schönen blauen Donau» springt und fliegt sie auf dem Trampolin, und es ist mir eine Freude, ihr zuzusehen.

Nicht nur das Trampolin ist ein Hilfsmittel bei der Arbeit mit der körperlichen Bewegung, auch Bälle und Luftballons in allen Größen sind es. Wir haben einen Gegenstand zwischen uns, den wir bewegen und auf den wir reagieren können. Manche Patienten verlegen auch, wie die soeben beschriebene Patientin, das Ballspiel auf das Trampolin. Das ist insofern komplizierter, als zwei unterschiedliche Bewegungsarten koordiniert werden müssen – die des Springens mit der des Ballwerfens. Ein Patient erfand auf dem Trampolin folgendes Ballspiel: Wir stehen uns gegenüber und springen beide im gleichen Rhythmus. Im Sprung dreht er sich in der Luft einmal um sich selbst, und beim Aufkommen wirft er mir den Ball zu. Ich bin die ganze Zeit weitergesprungen. Der Patient muß nun wieder im Rhythmus mitspringen und ich darf, obwohl ich den Ball auffangen muß, nicht aus dem Rhythmus kommen. Dann bin ich mit dem gleichen Ablauf an der Reihe. Oder wir sind zu viert auf dem Trampolin, zwei sitzen sich an den Schmalseiten gegenüber und lassen sich schaukeln, die beiden anderen stehen an den Längsseiten und springen. In dieser Lage versuchen die zwei Sitzenden, sich den Ball zuzuwerfen, wenn sie ihn verlieren, bekommen ihn die zwei Springenden, die ihn sich ebenfalls zuwerfen. Dann versuchen wir, den Ball im Kreis durchlaufen zu lassen. Es ist ein spannendes Unternehmen, weil wir den Rhythmus des Springens mit dem Rhythmus des Ballwerfens und -fangens in Einklang bringen müssen.

Aber auch auf dem Boden kann das Ballspielen spannend verlaufen. Ein Patient, der sehr gerne mit dem Ball experimentierte, erfand in einer Stunde eine Bewegung, bei der er in die Luft sprang, in der Luft die Beine öffnete und gleichzeitig den Ball von hinten durch die Beine dem anderen zuwarf. In einer anderen Stunde wünschte er Musik zu unserem Ballspiel. Zu den «Ungarischen Tänzen» von Brahms begannen wir, in einer tänzerisch-spielerischen Art uns den Ball zuzuwerfen und dabei auch auf die Musik einzugehen. Jeder, der den Ball bekam, improvisierte Bewegungen, ehe er ihn weitergab, und derjenige, der den Ball bekam, reagierte mit seinen Bewegungen auf den anderen. Da keiner von uns dabei genau zielen konnte, war es immer spannend, wie der Ball geworfen wurde und wie er beim anderen ankam. Aber wir waren mit Feuereifer dabei. In wieder einer anderen Stunde durften wir den Ball nur mit einer Hand auffangen, und der Körper mußte auf diese Auffangbewegungen reagieren, weil der Ball den Körper nicht berühren sollte. Es entstand ein langsames, behutsames Spiel, und der Ball schien sich in ein kostbares Porzellangebilde zu verwandeln. Ein andermal mußten wir wie die Zinnsoldaten stillstehen und durften erst in allerletzter Sekunde den Ball fangen, was uns zu roboterhaften Bewegungen verleitete und uns ziemlich komisch ausschauen ließ. Wieder ein andermal, als wir mit einem sehr großen Ball spielten und in einem weiten Kreis standen, durfte der Ball nur mit dem Knie weitergegeben werden und auf keinen Fall den Boden berühren. Wenn er einmal die Runde gemacht hatte, hatten wir das Spiel gewonnen. Wir schafften es aber nicht, weil bei irgendeinem der Ball immer herunterfiel. Ein Patient kommentierte: «Einer murkst immer.» Auf Wunsch dieses Patienten spielten wir auch Tischtennis. Er zeigte mir, wie ich den Schläger halten muß und wie man einen Aufschlag macht. Zum Ende solcher Stunden spielten wir dann «chinesisches Tischtennis». Derjenige, der den Aufschlag hat, muß sofort ans andere Ende der Tischtennisplatte rennen, dort warten, bis er wieder an der Reihe ist, um den Ball zurückzuschlagen, und dann erneut ans andere Ende der Platte rennen. Es entstand ein Rennen um die Platte herum, und je mehr Mitspieler ausschieden, weil sie den Ball nicht mehr erwischten, um so schneller mußten die noch am Spiel Beteiligten nach ihm rennen.

Von diesem Patienten lernte ich auch Fußballspielen. Er zeigte mir, wie ich den Ball mit der Fußspitze hochkicken muß oder mit der Ferse den Ball weitergeben kann, und er freute sich, wenn mir auch mal ein guter Schuß gelang. Er war nachsichtig, wenn ich mit den Händen den Ball berührte, weil ich mit den Füßen nicht so schnell nachgekommen war. Im Lauf der Jahre habe ich mir eine gewisse Übung im Fußballspielen erworben.

Der Luftballon fliegt anders als der Ball. Er ist leichter, bleibt länger in der Luft, fliegt aber ungerichteter. Ein Patient wählte einen großen Luftballon, spannte eine Schnur quer durch den Raum und spielte mir den Luftballon über die Schnur mit dem Kopf zu. Wir gingen dabei an der Schnur entlang von einem Ende zum anderen. Wenn wir an den Endpunkten des Seils die Richtung ändern mußten, wurde es spannend, weil wir den Luftballon nun in die andere Richtung bugsieren mußten, ihn aber auf keinen Fall verlieren durften. Der gleiche Patient ist in der nächsten Stunde, die ich beschreibe, zusammen mit noch einem Mann und einer Frau dabei.

Im Raum liegt ein sehr großer roter Luftballon, mit dem die Patienten zu spielen beginnen. Ich stelle mich dazu, aber so, wie die Patienten auch stehen, mit dem Rücken zur Kreismitte. Diese Formation hat sich aus dem zwanglosen Beginn ergeben, und so spielen wir nun auch eine geraume Zeit. Zunächst schlagen wir uns den Luftballon mit der Hand zu und hoffen, daß er auch dahin fliegt, wo er hin soll. Nach einer Weile drehen wir uns zur Kreismitte und machen mit, was einer der Patienten ausprobiert. Er versucht, den Luftballon von hinten mit der

Ferse nach vorn zu schlagen. Das ist nicht gerade einfach, aber wenn der Luftballon sein Ziel erreicht, rennt derjenige, der ihn bekommen hat, unter dem Luftballon durch, damit er den Luftballon wieder von hinten mit der Ferse nach vorne schlagen kann. Als uns das zu kompliziert wird, spielen wir eine Weile nur mit dem Fuß. Dann schlägt der andere Patient den Luftballon so mit der Hand, daß er sich im Weiterfliegen sehr schnell dreht. Danach experimentiert wieder der eine Patient mit dem Luftballon, indem er versucht, den Luftballon unter einem hochgehobenen Bein durchzuschlagen. Dazu muß er allerdings das Bein sehr hoch heben, weil der Luftballon ziemlich groß ist. Auch das ist einigermaßen kompliziert, weil der Luftballon nicht still liegt, sondern sich vom Platz wegbewegt. Aber wir machen alle mit, und jeder versucht, so gut er eben kann, diese Bewegung auszuführen, daß unser Spiel nicht abbricht. Dann denkt sich die Patientin eine andere Bewegungsart mit dem Luftballon aus. Wir spielen ihn uns erst mit dem Kopf zu, dann mit einer Schulter, dann mit dem Ellenbogen, dann mit dem Hinterteil. Als sich ein Patient auf den Boden legt, legen wir uns ebenfalls auf den Rücken und spielen nun mit Armen und Beinen weiter, nach einer Weile setzen wir uns auf und spielen im Sitzen weiter, dann legen wir uns auf den Bauch. Als der Luftballon einmal zu weit fliegt und ein Patient aufstehen muß, um ihn zu holen, bleibt er stehen, geht von einem zum anderen und rollt ihm den Luftballon über den Rücken. Wir wechseln uns ab, dann legt sich dieser Patient wieder auf den Rücken, hält den Luftballon über seinem Kopf fest und lehnt seinen Kopf an den Luftballon an. Wir legen uns dazu und bilden ein Kreuz, so daß der Luftballon nicht mehr mit den Händen gehalten werden muß, sondern nur noch von unseren Köpfen. Nach einer Weile setzen wir uns auf und lehnen uns nun mit dem Rücken gegen den Luftballon, lassen den Kopf nach vorne hängen und genießen unsere weiche und schlingernde Rückenlehne. So geht die Stunde zu Ende.

In dieser Stunde muß ich nicht mit eigenen Bewegungsvorschlägen aushelfen, sondern brauche nur mitzumachen, was die Patienten sich ausdenken. Daß das nicht immer so leicht geht, zeigt der nächste Stundenverlauf. Die Verfassung, in der sich die Patienten befinden, bestimmt wesentlich den Verlauf mit. In dieser Stunde habe ich es mit einem sehr unruhigen Patienten zu tun. Mit in der Gruppe sind noch zwei Patientinnen, die beide Verständnis für den Patienten haben, der uns immer wieder unterbricht, indem er einfach macht, was ihm gerade einfällt.

Der Patient holt sich gleich zu Beginn einen großen Ball, auf den er einschlägt, bis der Ball so hoch springt, daß er an die Decke stößt. Das ist dem Patienten aber zuwenig, der Ball soll wenigstens dreimal hintereinander die Decke berühren. Weil der Ball sehr groß ist, die Decke des Raumes nicht allzu hoch und er mit großer Kraft auf den Ball schlägt, schafft er das auch. Ich versuche es auch, komme aber nur auf zweimal. Die beiden Patientinnen, die müde sind, hatten sich eigentlich auf eine ruhig verlaufende Stunde eingestellt, doch nun kommt es anders. Sie stellen sich mit in den Kreis, schlagen auch auf den Ball, bringen aber nicht die Kraft auf, den Ball bis an die Decke springen zu lassen. Der Ball macht beim Prellen ein lautes Geräusch, so daß es im Raum nicht nur hoch, sondern auch laut zugeht. Völlig abrupt bricht der Patient dann das Ballspiel ab, nimmt sich eine Matte, zieht sie an den Rand des Raumes und legt sich hin. Eine kleine Weile spielen wir drei noch mit dem Ball weiter, nun aber ohne Ehrgeiz, den Ball bis an die Decke springen zu lassen, dann holen wir ebenfalls Matten und legen uns in einen Kreis. Eine der beiden Patientinnen beginnt im Liegen eine Bewegung mit den Beinen vorzumachen, da unterbricht sie der Patient mit einer ganz anderen Bewegung. Er versucht, die Beine hinter den Kopf auf den Boden zu legen und sagt zu mir, ich solle mal schauen. Das muß ich auch tun, weil er mit seinen Beinen hinter dem Kopf herumstrampelt und es so aussieht, als ob er auf Biegen und Brechen diese Übung hinbekommen möchte. Aber er kommt mit den Beinen nicht ganz auf den Boden und ich will verhindern, daß er sich weh tut. Also schlage ich erst einmal vor, daß wir als Vorübung eine Kerze machen. Auf diese Bewegung können wir uns einigen, und so stehen wir für einen kurzen Moment alle in der Kerze. Jetzt versucht sich die Patientin, die vorher unterbrochen wurde, wieder mit einer Bewegung. Aus dem Sitzen bei angezogenen Beinen rollt sie über die Wirbelsäule nach hinten und kommt, den Schwung ausnutzend, wieder zum Sitzen usw. Diesmal macht auch der Patient mit, aber dann schlägt er Purzelbaum vorwärts und versucht, nach dem Purzelbaum zum Stehen zu kommen. Das gelingt ihm nicht sofort, also wiederholt er diese Bewegung ein paarmal. Die beiden Patientinnen schauen zu, ich helfe ihm, auf die Füße und zum Stehen zu kommen. Aber dann verliert er die Lust an seinen Purzelbäumen und möchte nun unbedingt einen Lotussitz machen. Weil er seine Beine nicht genügend ausdrehen kann, schafft er das nicht. Ich schlage deshalb eine vorbereitende Übung vor, die alle mitmachen. Wir sitzen mit angezogenen und geschlossenen Beinen auf dem Boden, stützen die Hände auf und öffnen beide Knie, so daß sich die Fußsohlen berühren. Nun federn wir die Knie nach außen und in Richtung Boden. Aber dann haben wir genug von unseren Gymnastikübungen. Eine der Patientinnen schlägt vor, aufs Trampolin zu gehen, und alle sind einverstanden. Zuerst springt der Patient alleine, dann kommen die beiden Patientinnen an die Reihe. Der Patient tobt mit ziemlich wilden Sprüngen auf dem Trampolin herum, aber er bleibt auf dem dafür vorgesehenen Platz und gerät z. B. nicht in die Federn des Trampolins. Nachdem alle gesprungen sind, legen sich die Patienten in das Trampolin, und der Patient möchte nun bei Flaute von mir geschaukelt werden. Das tue ich auch, aber er geht bereits nach einer kleine Weile wieder vom Trampolin herunter. Ich hole einen Luftballon und spiele mit den beiden Frauen, die im Trampolin liegengeblieben sind. Als der Luftballon einmal zu weit wegfliegt, holt ihn der Patient, kommt dicht ans Trampolin, und nun spielen wir eine Weile zu viert mit dem Luftballon. Die beiden Patientinnen liegen im Trampolin, der Patient steht vor dem Trampolin, ich stehe auf dem Trampolin und halte es mit meinen Bewegungen in einer ständigen Schwingung. Zum Schluß der Stunde zerknallt der Patient den Luftballon. Er versucht es erst mit einem Karateschlag, aber dabei springt der Luftballon weg. Dann nimmt er ein kleines Kreuz zu Hilfe, das er aus der Hosentasche zieht, und nun schafft er es.

Mit einem anderen Stundenverlauf möchte ich noch einmal eine ähnliche Schwierigkeit aufzeigen. Diesmal kommen alle drei Patientinnen von der geschlossenen Frauenaufnahmestation, während in der soeben beschriebenen Stunde nur der Patient von der geschlossenen Männeraufnahmestation kam, die beiden Patientinnen aber bereits auf der offenen Station waren. Wieder geht es darum, einen unruhigen Teilnehmer in die Gruppe zu integrieren.

Auf dem Weg von der Station über das Klinikgelände zu meinem Arbeitsraum spricht die unruhige Patientin jeden an, der uns begegnet, und fragt nach einer Zigarette. Auch mich bittet sie andauernd darum. Die erste Viertelstunde verläuft daher ziemlich chaotisch. Die beiden Patientinnen möchten sich gerne bewegen, diese Patientin aber läuft unruhig zwischen Raum und Garderobe hin und her und weiß nicht, ob sie weggehen oder bleiben soll. Für mich bedeutet das, daß ich hinter ihr herlaufen muß, da sie nicht ohne Begleitung ins Gelände darf. Endlich bewältigen wir die Situation: Auf Vorschlag der beiden Patientinnen und mit Zustimmung der unruhigen Patientin schließe ich die Garderobentür ab. Die Patientin hat sich entschlossen zu bleiben, möchte aber erst einmal nicht mitmachen, sondern nur zuschauen. Wir haben nichts dagegen, und so legt sie sich auf die im Raum befindliche Liege und zieht sich den Pullover aus. Sie begleitet unsere Bewegungen – wir rennen nach der Anspannung erst einmal im Raum herum – mit Kommentaren wie: «Ihr seid ja verrückt.» «Das ist ja verrückt, was ihr macht.» Nachdem uns das Rennen außer Atem gebracht hat, möchte eine der beiden Frauen Ball spielen. Ich hole einen Ball, wir stellen uns in einen Kreis und beginnen. Nach einer kleinen Weile stellt sich die Patientin dazu. Sie ist zunächst unsicher im Fangen und Zuwerfen, aber sie bekommt von uns dreien soviel Zuspruch und Ermunterung, daß sie es sogar wagt, mit eigenen Einfällen unser Ballspiel zu verändern. Das Spiel verläuft einfallsreich und lustig, und die Patientin kann offensichtlich mit Vergnügen mitmachen. Dann haben wir genug davon. Die beiden Patientinnen möchten nun Gymnastikübungen machen, der unruhigen Patientin gefällt das nicht, und so setzt sie sich wieder auf die Liege und schaut zu. Als wir unsere Gymnastikübungen beendet haben, macht eine der beiden Patientinnen den Vorschlag, auf das Trampolin zu gehen. Alle sind einverstanden, und auch die unruhige Patientin kommt jetzt wieder dazu und macht mit. Sie klettert auf das Trampolin, macht ein paar Schritte und ist fasziniert von dem schwingenden Boden. Zuerst setzen wir uns ins Trampolin, hopsen im Sitzen und bringen es so zum Schwingen. Dann stellen wir uns in einen Kreis, halten uns an den Händen fest und springen. Dazu stellen wir uns vor, daß wir alle vier verrückt sind und auf den Mond fliegen. Als wir zum Schluß aus dem Rhythmus kommen und im Trampolin durcheinanderfallen, haben wir eine Bruchlandung auf dem Mond gemacht. Ich begleite die drei Patientinnen zurück zur Station.

In der nächsten Stunde, die ich beschreibe, treffen eine Frau – es ist die Patientin, mit der ich mich zur Musik von «Carmen» bewegt habe – und ein Mann – es ist der Patient, der mich zur Zielscheibe seiner Elfmeterbälle machte und dann sehr behutsam mit mir tanzte – zusammen. Mit beiden Patienten hatte ich zum Zeitpunkt dieser Stunde schon über einen längeren Zeitraum einzeln gearbeitet. Beide Patienten kennen sich, weil sie auf der gleichen Station liegen, und beide sind an einer gemeinsamen Stunde interessiert.

Da sie sich beide gerne zu Musik bewegen, einigen wir uns zu Beginn auf den «Schwanenkönig» der Gruppe Karat. Jeder tanzt zunächst für sich im Raum, aber bald beginnt der Patient, mit karateähnlichen Arm- und Beinbewegungen auf die Patientin zuzugehen, die halb lachend, aber doch erschreckt die Flucht ergreift, indem sie vor ihm wegrennt. Der Patient wendet sich nun mit seinen Karatebewegungen gegen mich. Ich pariere seine Bewegungen, indem ich zwar in seiner Linie bleibe, mich aber mit raschen Drehungen immer wieder seinen Angriffen entziehe. Dann läßt er von mir ab, wechselt die Bewegungsart, und jeder von uns dreien tanzt irgendwo im Raum für sich, bis die erste Seite der Platte zu Ende ist und dadurch eine Unterbrechung entsteht. Der Patient möchte nun Ball spielen, die Patientin möchte nicht, meint aber, da sie sowieso früher gehen müsse, könne ich ja dann noch mit dem Patienten allein Ball spielen. Sie möchte sich weiter zur Musik bewegen und sucht sich spanische Gitarrenmusik von Ypes aus. Die aber gefällt dem Patienten nicht, und er legt sich auf einen Stapel Matten und ruht sich erst einmal aus. Für eine Weile tanze ich nun mit der Patientin alleine, bis wir von dem Patienten unterbrochen werden, der gehen will, weil er angeblich einen Gesprächstermin hat. Als ich mich neben ihn auf die Matten setze und zu ihm sage: «Ich habe Sie nicht vergessen», ist er bereit zu bleiben, und wir legen zunächst einmal eine andere Schallplatte auf. Er tanzt jetzt wieder mit mir, während die Patientin auf der Bank sitzt, sich aber im Sitzen mitbewegt. Da beginnt er, sich aufs neue der Patientin zu nähern, aber diesmal sind seine Bewegungen weniger angriffslustig als vielmehr werbend. Der Patient und ich umwerben nun beide mit unseren Bewegungen die sitzende Patientin, die endlich lachend aufsteht und mit uns beiden tanzt. Nach einer Weile löst sich diese Situation auf, und wir tanzen mal jeder für sich, mal zu zweit. Aber die Stimmung ist jetzt gelöst, keiner von uns ist ausgeschlossen, auch wenn er gerade alleine tanzt. Als wir zusammen nach einer Stunde Schluß machen, bekomme ich von dem Patienten wie gehabt einen Kuß auf die Wange.

Beide Patienten versicherten mir im nachhinein, daß ihnen diese gemeinsame Stunde sehr gut gefallen hätte, daß sie aber an einer Wiederholung nicht interessiert seien, sondern es vorzögen, mit mir einzeln zu arbeiten. Tatsächlich fand ich unseren Versuch, zu dritt zu tanzen, auch schwierig. Obwohl beide Patienten an einer gemeinsamen Stunde interessiert sind und es auch einen gemeinsamen Nenner gibt, nämlich zu Musik zu tanzen, sieht es zu Beginn der Stunde so aus, als ob wir nicht über die Runden kämen. Zwar versucht der Patient, über die Bewegung einen Kontakt zu der Patientin herzustellen, aber seine Karatebewegungen sind für sie zu bedrohlich. So wendet sie sich ab, und er bleibt alleine. Ich versuche dann, für sie einzuspringen und mit ihm zu tanzen, aber dafür ist sie nun alleine. In der Folge erfindet jeder der beiden Patienten eine Ausrede, warum er früher gehen müsse. Als die Patientin mit mir – aber ohne ihn – zu der von ihr ausgewählten Musik tanzt und den Patienten aufs Ballspielen mit mir – aber ohne sie – vertröstet, sieht es so aus, als ob es nicht gelingen würde, uns auch zu dritt zu bewegen. Vor allem der Patient fühlt sich jetzt ausgeschlossen, und erst als ich ihm vermittle, daß mir auch an ihm gelegen ist, und erst als die Patientin mich eine kleine Weile für sich hatte, wird ein erneuter Versuch, uns zusammen zu dritt zu bewegen, möglich.

In allen beschriebenen Stunden gehe ich methodisch so vor, daß ich mich an den Vorschlägen und Einfällen der Patienten orientiere und daß ich alle Bewegungen mitmache. Ich gebe keine Bewegungen oder Übungen vor, ich korrigiere die Patienten auch nicht. Zu Beginn der Stunde halte ich mich zur Verfügung, wenn es um den Bewegungsvorschlag geht. Haben die Patienten eigene Bewegungseinfälle, brauche ich sie nur mitzumachen. Sind sie sich nicht klar, was sie gerne machen möchten, finde ich mit ihnen zusammen heraus, was ihnen heute am meisten entsprechen könnte. Delegieren sie alles an mich, muß ich mir einen Bewegungsvorschlag einfallen lassen. Ich versuche dann herauszufinden, welche Bewegungsart im Moment am besten geeignet ist. Dabei bekomme ich immer Hilfe von den Patienten, die entweder mit meinem Bewegungsvorschlag einverstanden sind oder nun mit einem Gegenvorschlag kommen. Haben wir einmal angefangen, können wir am Verlauf sehen, ob uns unsere Bewegungen Spaß machen oder nicht. Wenn nicht, ergibt sich meist aus diesen ersten Bewegungen der nächste Bewegungsvorschlag. Aber auch eine Bewegungsart, die Spaß macht, dauert nicht unbedingt eine Stunde lang. So ist nach einer anstrengenden Sequenz wie z. B. rennen auf der Kreisbahn oft der nächste Bewegungsvorschlag, nun etwas weniger Anstrengendes zu machen. Die körperliche Anstrengung ist überhaupt ein Maß, an dem wir uns orientieren.

In der Tanzpädagogik macht der Pädagoge die Bewegungen vor und korrigiert dann die des Schülers, um sie auf das technisch richtige Niveau zu bringen. In der Therapie mache ich die Bewegungen nicht vor, sondern ausschließlich mit. Die Bewegungen werden improvisiert und bleiben auf einem technisch einfachen Niveau, sie sind, wie sie eben im Moment sind. Das methodische Vorgehen in der Tanzpädagogik orientiert sich an dem Ziel, den Körper in einer Technik zu trainieren und seine Bewegungen über die Technik zu formen. Das methodische Vorgehen in der Therapie orientiert sich an dem Ziel, das Verhältnis zum Körper akzeptabler zu gestalten. Die körperliche Bewegung wird zum Regulator dieses Verhältnisses und bekommt dadurch eine zusätzliche Dimension. Ich kann sie nicht nur zu einem Körpertraining verwenden, sondern über sie kann ich Einfluß auf das Verhältnis zum Körper nehmen. Entsprechend ist in der Therapie methodisches Vorgehen und Umgang mit der körperlichen Bewegung etwas anderes als in der Tanzpädagogik. Ich orientiere mich an den Bewegungseinfällen der Patienten, die Bewegungen werden improvisiert und nicht korrigiert, und ich mache alle Bewegungen mit. Die körperliche Bewegung eignet sich hervorragend zum Mitmachen, und ihre Anwendung in der Therapie psychotischer Patienten erfordert das auch. Der psychotische Patient braucht ein Gegenüber, das seine Bewegungen mitmacht, da sein Verhältnis zum Körper verfremdet ist. Es ist, als ob psychotische Patienten im Spüren ihrer Muskeln und Sehnen und in der körperlichen Anstrengung auf fast schmerzhafte Weise wieder ein Gefühl für ihre Existenz suchten. Und es ist, als ob sie durch die körperliche Bewegung sich wieder in ihren eigenen Körper eingrenzen wollten. Eine Patientin veranschaulichte das sehr deutlich. Sie erfand Bewegungen, zu denen sie ihren Körper mit leichten Schlägen abtastete und dazu sagte: «Ich, ich, ich,...» Eine andere Patientin hängte sich, wenn sie den Raum betrat, als erstes an die Sprossenwand, wo sie die Beine hob und senkte und dazu zählte, wie oft sie es schaffte. Zehnmal mußte es immer sein. Sie wiederholte diese äußerst anstrengenden Übungen zwei- bis dreimal in der Stunde ungeachtet dessen, was die anderen Patienten und ich gerade taten. Trotzdem unterbrach ihr Tun die Stunde nicht, weil es für die Patienten und mich offensichtlich war, daß sie, um überhaupt anwesend sein zu können, diese Kraftübungen brauchte. Das war die Bedingung, unter der sie bleiben konnte.

Bei anderen Patienten entsteht der Eindruck, als ob sie sich ihrer Körperteile wie z. B. ihres Armes nicht ganz sicher wären, als ob unklar wäre, daß dieser Arm auch zu ihnen gehört. Über mein Mitmachen sieht der Patient meinen sich bewegenden Arm und holt sich gewissermaßen eine Bestätigung für seine Armbewegungen. Wieder andere Patienten sind sehr besorgt und ängstlich ihrem Körper gegenüber und geben allerhand Gebrechen an wie z. B. eine deformierte Wirbelsäule oder ein irgendwie angeschlagenes Kniegelenk. Solche Patienten wirken, als ob sie gläserne Körper hätten und tatsächlich jede heftige oder anstrengende Bewegung vermieden werden muß zum Schutz dieses fast schon zerbrechenden Körpers, dem auch meist fast alle Kraft abhanden gekommen ist. Über die Arbeit mit der körperlichen Bewegung versuche ich dann, diesen gläsernen Körper im Lauf der Zeit in einen Körper aus Fleisch und Blut zurückzuverwandeln.

Um in meinen Arbeitsraum zu gelangen, müssen die Patienten einen Weg über das Klinikgelände gehen. Diesen Weg gehe ich mit ihnen gemeinsam, egal ob sie von der geschlossenen oder offenen Station kommen. Ich gehe deshalb vor jeder Stunde auf die Station und spreche die Patienten an. Dabei ergeben sich unterschiedliche Situationen, von denen ich einige beschreiben möchte. Bisher habe ich Stunden beschrieben, zu denen die Patienten auch gekommen sind. Aber unregelmäßiges Kommen oder Nichtkommen ist ebenfalls eine Begleiterscheinung meiner Arbeit, befinden sich die Patienten doch oft in einer sehr schlechten Verfassung oder haben andere Gründe, die sie hindern, mitzukommen.

Eine Patientin der Frauenaufnahmestation meinte, als sie zum zweiten Mal mitkommen sollte, es wäre das letzte Mal so langweilig gewesen, und sie hätte keine Lust mehr auf Bewegungstherapie. Ich akzeptierte ihre Absage und meinte, sie könne gerne wieder dazukommen, wenn sie irgendwann einmal Lust auf Langeweile hätte. Die Patientin lachte, und immer, wenn sie mich auf der Station sah, erzählte sie mir von ihren Aktivitäten, die sie unternahm, um möglichst bald wieder entlassen zu werden.

Auf der Männeraufnahmestation ist Visite, und der Patient, mit dem ich arbeiten möchte, sitzt wartend mit anderen Patienten auf dem Flur vor der Tür, hinter der die Visite begonnen hat. Ich bitte ihn, mit mir zu kommen, aber er möchte lieber zuerst in die Visite gehen und dort über seine Entlassung reden. Die anderen Patienten schalten sich ein und reden ihm gut zu, er solle doch mit mir gehen, oder bieten sich gar selbst oder einen anderen Patienten als Ersatzteilnehmer an. Ich habe Mühe, mich der Angebote zu erwehren, und bestehe auf dem einen Patienten. Der meint dann endlich, ich solle schon mal vorgehen und Schallplatten aussuchen, er käme dann nach. Das tut er auch tatsächlich zehn Minuten vor Ende der Stunde.

Der Patient, mit dem ich diesmal arbeiten möchte, liegt in seinem Zimmer bäuchlings auf dem Bett und spielt offensichtlich an seinem Penis. Neben ihm beziehen zwei Schwestern das andere Bett und haben bereits versucht, ihn zum Aufstehen zu bewegen, weil sie sein Bett ebenfalls beziehen wollen. In diese Situation platze ich hinein, registriere erst einmal die Lage, muß lachen, weil sich nun drei Frauen um den immer noch daliegenden Patienten bemühen, und habe den Eindruck, daß die beiden Schwestern geflissentlich übersehen, womit der Patient beschäftigt ist. Endlich steht er auf, zieht sein Bett ab, bringt die Wäsche weg, während ich ihn nun bitte, mit mir mitzukommen. Er überlegt sich das auch, kommt aber dann zu dem Schluß, daß Bewegungstherapie nichts für ihn sei. Die beiden Schwestern versuchen, ihn vom Gegenteil zu überzeugen, aber auch das hilft nicht weiter. Endlich komme ich auf die Idee, ihn zu einem Spaziergang im Klinikgelände einzuladen. Diesmal willigt er ein, und wir landen im Verlauf dieses Spazierganges noch für wenige Minuten in meinem Arbeitsraum.

Ein anderer Patient, mit dem ich arbeiten möchte, liegt im Tagesraum auf drei zusammengeschobenen Stühlen und schläft. Er hat absolut keine Lust, sich zu bewegen, er möchte heute lieber liegen und schlafen. Dieser Patient, ein 19jähriger junger Mann, kommt eigentlich gerne zur Bewegungstherapie, und so beschließe ich, mich nicht so schnell wegschicken zu lassen. Nach einem kurzen Hin und Her biete ich ihm an, er könne ja auf der Liege in meinem Arbeitsraum weiterschlafen, da läge er zudem bequemer als auf den Stühlen. Er nimmt meinen Vorschlag an, kommt mit, legt sich auch zunächst auf die Liege und dreht uns den Rücken zu. Irgendwann schaut er zu, was die Patientin, die noch mitgekommen ist, und ich machen, irgendwann macht er auf seiner Liege unsere Bewegungen mit, und zum Schluß der Stunde steht er tatsächlich auf und beteiligt sich nun ganz und gar.

Eine letzte Situation geht nicht so gut aus. Wieder versuche ich, aus dem Tagesraum einen Patienten zum Mitkommen zu bewegen. Um diese Zeit sind die Zimmer der Patienten noch zugeschlossen. Als ich in den Tagesraum komme, wo die Luft wegen des Zigarettenrauches zum Schneiden dick und überhitzt ist, finde ich folgende Situation vor: Ein Patient sitzt in sich versunken vor dem einen Tisch, ein zweiter liegt in einer anderen Ecke auf Stühlen, und ein dritter liegt mit Armen und Kopf über einem anderen Tisch. Die Stimmung ist völlig bewegungslos, fast erstarrt. Meine Chancen, einen Patienten aus dieser Bewegungslosigkeit zum Aufstehen zu bringen, schätze ich sehr gering ein, und so kommt es auch. Der Patient, den ich anspreche, rührt sich nicht einmal, und als ich die Station verlasse, sehe ich aus den Augenwinkeln, wie er zwar den Tagesraum verläßt, aber nur, um sich außerhalb des Zimmers auf einen anderen Stuhl fallen zu lassen.

Manchmal ergibt es sich auf dem Weg von der Station zu meinem Arbeitsraum, daß ein Patient, vor allem, wenn er das erste Mal mitkommt, unsicher wird, was denn nun auf ihn zukommt. Nun kann ich auf Grund meines methodischen Vorgehens ja auch nicht sagen, wie die Stunde ablaufen wird, aber es gilt trotzdem, diesen Patienten für den Moment zu beruhigen. Das tue ich, indem ich ihm sage, daß es bei meiner Arbeit nicht um richtige oder falsche Bewegungen geht, auch nicht um Hochleistungen, sondern daß ich nur mache, was ihm auch Spaß bringt, daß wir vielleicht ein bißchen Ball spielen können oder ein paar Gymnastikübungen versuchen oder daß er das Trampolin ausprobieren kann, wenn er möchte. Ich sage ihm auch, daß er selber Bewegungsvorschläge entwickeln kann, aber daß, wenn ihm nichts einfällt, mir schon etwas einfallen wird. Wenn er mich fragt, wie lange denn die Bewegungstherapie dauert, antworte ich ihm, daß wir sechzig Minuten Zeit haben, aber daß wir jederzeit, aus welchem Grund auch immer, die Arbeit beenden können, wenn wir eben meinen, daß es genug ist. Meistens ist der Patient dann soweit beruhigt, daß ich mit der Arbeit beginnen und ihm ohne viel Worte zeigen kann, wie einfach die Sache ist, bzw. er mir nun zeigt, was er bereit ist, daraus zu machen.

Den Rückweg gehen die Patienten ohne mich, es sei denn, es sind Patienten der Aufnahmestation, die nur in Begleitung ins Gelände dürfen. Mit ihnen gehe ich nach der Stunde den Weg zur Station zurück.

Bevor ich dieses Kapitel mit drei Falldarstellungen abschließe, schildere ich eine Begebenheit, in die ich außerhalb des Klinikgeländes geraten bin.

Es ist ein naßkalter, grauer Novembertag, als ich an der Bushaltestelle vor der Klinik stehe und auf den Bus warte. Zwei Patientinnen der Frauenaufnahmestation, die ich beide kenne, kommen des Wegs und gesellen sich zu mir. Ich erfahre, daß die eine von beiden zum Zahnarzt müsse und die andere sie dahin begleite. Die Patientin, die zum Zahnarzt muß, hat von der Station 10 DM für das Fahrgeld mitbekommen und die Adresse des Zahnarztes, aber sie weiß nicht genau, wie sie fahren und wo sie aussteigen muß. Die ganze Situation wirkt so eigenartig, daß ich mich, als der Doppeldecker-Bus kommt, mit den beiden Frauen nach oben begebe, was den beiden auch recht ist. Kaum ist der Bus abgefahren, wird es der begleitenden Patientin irgendwie komisch und sie gesteht, daß sie eigentlich noch keinen Ausgang habe, sondern einfach abgehauen sei. Jetzt bereut sie das, fühlt sich bedrängt und überfordert von der plötzlichen Reizfülle und wäre am liebsten wieder in der Abgeschlossenheit ihrer Station – aber nun sind wir bereits unterwegs. Ich rede ihr gut zu, und wir beschließen, daß ihr wohl nichts anderes übrigbleibt, als einfach durchzuhalten. Wir besprechen dann den Fahrweg der beiden; wo sie in welchen Bus mit welcher Nummer umsteigen müssen, daß sie sich dann beim Busfahrer nach der genauen Haltestelle, an der sie schließlich aussteigen müssen, erkundigen sollen. Kurzfristig überlegen sie, ob sie nicht der Einfachheit halber meinen Weg mitfahren sollen, aber sie bemerken dann selber, daß ihr Ziel woanders liegt. Darauf beratschlagen sie, daß sie auf dem Rückweg die Fahrt unterbrechen wollen, um bei Tchibo eine Tasse Kaffee zu trinken und einen Kuchen zu essen. Jetzt beginnt eine Rechnerei, denn sie haben ja zusammen nur 10 DM und müssen auch das Fahrgeld davon bestreiten. Weil ich nicht möchte, daß die beiden in Schwierigkeiten kommen und weil ich nun einmal während dieser Fahrt in ihre Probleme involviert bin, gebe ich ihnen noch Geld dazu, so daß sie sich Kaffee und Kuchen kaufen können, aber trotzdem noch Fahrgeld für die Rückfahrt haben. Ab und zu bemerke ich, wie sich Fahrgäste verstohlen nach uns umdrehen, denn die beiden Frauen reden sehr laut. Sie beginnen nun, ihre Diagnosen zu besprechen. Die, die zum Zahnarzt muß, weiß, daß sie eine manisch-depressive Psychose hat, und überlegt nun laut, ob sie derzeit eher manisch oder depressiv sei. Sie beschließt, sie sei im Moment depressiv und fragt mich, was ich dazu meine. Die andere Patientin weiß, daß sie eine paranoid-halluzinatorische Psychose hat, erzählt das ebenfalls laut und blickt mich fragend an. Als ich einmal zum Fenster hinausschaue, bemerke ich, daß der Bus nicht wie üblich nach rechts abbiegt, sondern geradeaus weiterfährt. Ich sehe im Vorbeifahren ein Straßenschild, auf dem «Freiheit» steht, wende mich verunsichert an die beiden Frauen und sage ihnen, daß der Bus sich offenbar verfahren hat. Die kümmert das aber gar nicht, und ich bleibe mit meiner Verunsicherung, wer hier eigentlich spinnt, alleine, bis endlich die anderen Fahrgäste auch unruhig werden, der Busfahrer sein Versehen bemerkt und umkehrt. Als wir an der Endhaltestelle alle drei umsteigen, ich in die U-Bahn, die Patientinnen in einen anderen Bus, frage ich sie noch einmal ihre weitere Fahrstrecke ab und wünsche ihnen viel Glück. Als ich sie anderntags auf der Station wiedertreffe, erzählen sie mir, daß sie ihr Abenteuer gut und wie geplant überstanden haben.

Den Abschluß dieses mehr der Praxis gewidmeten Teils bilden drei Fallbeispiele. Es ging mir in diesem Teil darum, die Praxis einsehbar zu machen und das Interesse der Patienten an der körperlichen Bewegung aufzuzeigen. Dieses Interesse findet seine Entsprechung in den vielfältigen Bewegungseinfällen.

Beim ersten Fallbeispiel handelt es sich um einen Therapieverlauf im Zeitraum von einem Jahr, ich treffe die Patientin zweimal wöchentlich für eine Stunde.

Kurz vor dem Abitur ließ sich die Patientin aus ihrem Wohnungsfenster im fünften Stockwerk fallen. Sie überlebte den Sturz, kam auf die Intensivstation, wo sie noch einmal durch Herausziehen aller Schläuche einen Selbstmord versuchte, und lag dann zunächst für ein paar Jahre im Krankenhaus, um ihre vielen Verletzungen auszukurieren. Von dort wurde sie mit der Diagnose einer katatonen Schizophrenie in eine Nervenklinik überwiesen. Von ihren vielen Verletzungen war äußerlich nichts zu sehen, zurückgeblieben war einzig ein kürzeres Bein, als dessen Folge sie hinkte. Da es bei meiner Arbeit weder um sportliche Leistung geht noch Kategorien wie richtige oder falsche Bewegungen eine Rolle spielen, kam es also nur darauf an, wie sie sich mit ihrem kürzeren Bein in der Bewegung zurechtfand.

Die Gruppe, in die sie kam, hatte eine Vorliebe für Phantasiereisen auf dem Trampolin entwickelt. Diese Reisen sahen so aus, daß wir uns aufs Trampolin legten, setzten oder stellten und, angeregt durch die schaukelnde Bewegung, Phantasiereisen erfanden. Meist reisten wir in einem Boot mit wechselndem Seegang in ferne Länder, aber manchmal wurde das Trampolin auch zu einer Rakete, und wir flogen auf den Mond.

Zur ersten Stunde kommt die Patientin tatsächlich mit. Wir beginnen, indem wir uns in einen Kreis setzen und erst Bewegungen für die Füße, dann für die Hände, dann für die Schultern erfinden. Die Gruppe besteht zu diesem Zeitpunkt aus drei jungen Männern, der Patientin und mir. Jeder von uns macht eine einfache Bewegung vor, die anderen machen sie mit. Als die Patientin an die Reihe kommt, wird es spannend. Sehr zögernd und eher andeutungsweise probiert sie eine kleine Bewegung mit den Füßen. Wenn sie die Bewegungen der anderen mitmacht, bleiben ihre Bewegungen ebenfalls klein und eher angedeutet. Aber sie macht immerhin mit, und das ist für den Anfang ja genug. Obwohl sie verschlossen wirkt, sieht es doch so aus, als ob sie Interesse an der körperlichen Bewegung und am Erkunden ihres Körpers nach all den vielen Verletzungen hat. Später erzählt sie mir einmal, daß sie in der Schule gut in Sport war und sich immer gern bewegt hat.

Aber nun liegen die Dinge anders. Das wird sichtbar, als die Patienten auf der Kreisbahn gehen und rennen möchten und dabei allerhand andere Bewegungsarten wie Hüpfen, Springen, Rückwärtsrennen usw. ausprobieren. Schon im Gehen hinkt die Patientin, und rennen kann sie gar nicht. Aber wieder macht sie mit, so gut sie kann, auch wenn es im Moment nur ein hinkendes Gehen ist. Weil ich mitgehe, kann ich ihr vermitteln, wie großartig ich ihre Versuche finde, und sie ermutigen, doch weiterzumachen. Zum Schluß der Stunde spielen wir noch Ball. Dazu stehen wir im Kreis und werfen uns den Ball zu. Diese Bewegungsart kann sie verständlicherweise besser ausführen als Gehen und Rennen. So geht die erste Stunde zu Ende.

Die zweite Stunde beginnen wir wieder sitzend im Kreis. Diesmal sind Übungen für die Beine an der Reihe. Die Patientin beteiligt sich wie das vorige Mal auch. Dann spielen wir wieder Ball, und dann möchten die Patienten aufs Trampolin. Die Patientin bleibt vor dem Trampolin stehen und traut sich nicht hinauf. Alle Aufforderungen und Hilfsangebote fruchten nichts, sie bleibt unten stehen. Wir beginnen unsere Reise auf dem Trampolin und reisen nun einfach zu ihr. So beteiligt sie sich zwar nicht an unseren Bewegungen, ist aber auch nicht ausgeschlossen.

In der nächsten Stunde helfen ihr die Patienten ins Trampolin, und sie läßt das auch mit sich geschehen. Unsere Reise geht nach Australien, der Seegang ist wechselnd. Die Patientin sitzt mit zwei Patienten im Trampolin, während es der dritte Patient und ich im Stehen zum Schwingen bringen. Je nach Seegang springen wir stärker oder weniger stark. Die sitzenden Patienten werden entsprechend hoch oder nicht so hoch geworfen. Die Patientin macht alles mit, auch als wir zum Schluß der Reise alle im Stehen Hand in Hand springen und uns dabei im Kreis weiterbewegen. Die nächste Stunde verläuft ähnlich. Erst sitzen wir im Kreis und machen Körperübungen, dann spielen wir Ball, und dann gehen wir aufs Trampolin. Die Patientin wird wieder von einem Patienten aufs Trampolin gehoben. Diesmal geht die Reise nach Entenhausen.

Zu den folgenden Stunden kommt die Patientin nicht. Sie hat Zahnarzttermine, und manchmal ist sie einfach nicht auf der Station. Als sie wieder kommt, gehen wir spazieren, weil in unserem Arbeitsraum eine zerbrochene Fensterscheibe ausgewechselt wird. Sie geht mit und erscheint auch zur nächsten Stunde. Als wir aufs Trampolin wollen, meint sie, daß sie ein bißchen Angst davor habe. Wir spielen statt dessen mit dem Ball. Zu den nächsten Stunden kommt sie unregelmäßig und erklärt, daß sie keine Lust habe. Einmal sitzt sie in der vor dem Raum liegenden Garderobe und wagt sich nicht herein.

Als ich nach einer vierwöchigen Ferienpause zurück bin, sind die drei Patienten entlassen worden. Ich wäre nun mit ihr alleine und beschließe, das auch so zu lassen, um mich besser, als das bisher möglich war, auf sie einstellen zu können. Aber sie kommt nicht. Ich suche sie auf der Station auf, und es zeigt sich nun, daß sie sich als Störenfried und als jemand, der alles nur schlecht macht, in der Gruppe erlebt hat. Ob ich ihr böse sei, fragt sie mich, weil sie nicht komme. Nach ungefähr drei Wochen, in denen ich sie aber immer zu unseren Arbeitszeiten auf der Station aufgesucht und meist schweigend eine kleine Weile neben ihr gesessen habe, kommt sie zum ersten Mal wieder mit. Sie wirkt sehr unsicher, aber nach wie vor vermittelt sie auch den Eindruck, daß sie bereit ist, ihren Körper zu erkunden und neu zu entdecken. Schüchtern und verlegen wie zuvor probiert sie Bewegungen aus: Wir sitzen auf dem Boden und erfinden

Bewegungen mit den Händen. Jede kommt an die Reihe, die andere macht jeweils die Bewegungen mit. Oder sie versucht sich an einer Kerze, die ihr auch gelingt, und trägt so ihrer sportlichen Vergangenheit Rechnung. Im Stehen erfinden wir Armbewegungen, und auf der Kreisbahn probieren wir Gehen, schneller Gehen und Rennen aus. Sie meint zwar, daß sie nichts könne und mir eine Last sei, aber dem steht für mich eindrucksvoll ihre Freude am Ausprobieren von Bewegungen gegenüber. So versucht sie, auf der halben Spitze zu gehen, was ihr wegen ihres kürzeren Beines nicht leicht fällt. Aber sie probiert auf diese Weise aus, was sie noch alles machen kann, und entdeckt mehr, als sie geglaubt hat. Einmal, als das Wetter sehr schön ist, möchte sie spazierengehen. Sie entführt mich, wie sie es nennt, in den die Klinik umgebenden Wald, und wir hüpfen und rennen zwischen den Bäumen hindurch.

Nach den Weihnachtsferien ist die Patientin verändert. Sie ist sehr unruhig, ist stark geschminkt und auffallend gekleidet. Sie erzählt nun viel von ihrem Selbstmordversuch, daß sie fliegen wollte und alle Stockwerke beim Herunterfallen gezählt habe. Dazu hat sie sich ins Trampolin gesetzt, und ihre Erzählung wird von den schaukelnden Bewegungen des Trampolins begleitet. Sie möchte jetzt von sich aus aufs Trampolin, und viele unserer Bewegungen spielen sich von nun an dort oben ab. So versuchen wir z. B. im Sitzen zu hopsen und so das Trampolin zum Schwingen zu bringen; oder wir bringen es, ebenfalls im Sitzen, zum Schwingen, indem wir mit den Händen, dann mit den Füßen darauf einschlagen. Oder wir verlegen unsere Körperübungen, die wir früher sitzend auf dem Boden gemacht haben, nun ins Trampolin. Danach möchte die Patientin meist springen. Dazu stehen wir auf, halten uns an den Händen fest, und ich versuche, in einem gemeinsamen Rhythmus mit ihr zu springen, indem ich mich ihren Bewegungen anpasse. Wegen des elastischen Bodens kann die Patientin diese Bewegungsart, trotz ihres kürzeren Beines, gut ausführen. Auf dem Trampolin spricht sie immer wieder von ihrem Fenstersprung, dem Moment, als sie das Fenster aufmachte, sich auf die Fensterbank setzte und sich zu weit nach hinten lehnte, von dem Gefühl des Fliegens und daß sie ab einem bestimmten Punkt wieder zurück wollte, dem Aufprall am Boden, den sie bei vollem Bewußtsein miterlebt hatte, und dem Kissen, das ihr jemand unterlegte. Wir springen dazu Hand in Hand, während sie sich immer wieder diesen Moment des Fliegens und des Fallens zurückholt.

Ihr Geburtstag fällt mit einer Stunde bei mir zusammen. Sie bringt eine Schallplatte mit, die sie von der Station geschenkt bekommen hat – es sind die «Bee Gees» –, und wir fangen an, zusammen zu tanzen. Sie gibt alle Bewegungen vor. Wir beginnen, uns im Sitzen tänzerisch zu bewegen, dann im Liegen, dann im Stehen und zu guter Letzt auch in der Weiterbewegung.

Die Arbeit mit ihr wird nun dadurch unterbrochen, daß sie ab und zu abhaut. Sie bekommt dann Stationsgebot, aber in meiner Begleitung darf sie die Station verlassen. Sie ist in den Stunden aktiv mit eigenen Vorschlägen dabei, und zusammen mit zwei anderen Patienten bilden wir wieder eine Gruppe. Immer wieder möchte sie aufs Trampolin, wo sie nun ihrerseits große Reisen unternimmt und Geschichten und Bewegungen erfindet. So reisen wir einmal, als einer der Patienten nicht mitmacht, sondern sich auf die Matten gelegt hat, zu ihm auf seine Insel, während wir in einem Boot sitzen, das von wechselnd hohen Wellen bewegt wird. Wir steigen, als wir auf der Insel angekommen sind, aus unserem Boot und gehen zu dem Patienten auf die Matten. Aber daneben schlägt sie auch Ballspiele vor oder Bewegungen, die den Körper trainieren. In der Weiterbewegung versucht sie mit verschiedenen Gangarten und Tempowechseln, ihre eigenen Fortbewegungsmöglichkeiten auszuprobieren und zu erweitern. Sie kann nun gleichmäßig hüpfen und stellt selber fest, daß sie gut auf ihren Beinen stehen und gut und sicher gehen kann. In derselben Stunde versucht sie zum ersten Mal, ganz alleine im Stehen auf dem Trampolin zu springen. Sie ist ängstlich und gespannt, aber sie schafft es, während ich ihr von unten nicht minder gespannt zusehe und aufpasse, daß sie sich nicht überfordert und nicht danebentritt.

Im Verlauf der nächsten Wochen versucht sie immer wieder, alleine auf dem Trampolin zu springen, und wird auch immer sicherer dabei. Sie probiert nun Kunststücke aus. Sie springt hoch, fällt auf die Knie und kommt mit der nächsten Bewegung wieder auf die Füße. Oder sie springt hoch, kommt zum Sitzen und wieder zum Stehen. Das erste Kunststück schafft sie bald, das zweite erst einmal nicht. Nach dem Sitzen kommt sie nicht auf die Füße, sondern landet auf dem Rükken. Sie steht aber wieder auf und versucht es von neuem. Dazu erzählt sie, daß sie während ihres Falles aus dem Fenster die Vorstellung gehabt habe, daß unten jemand stehe, der sie auffange – ihr Vater oder ihr Großvater, die aber beide Selbstmord verübt haben.

In der letzten Stunde vor ihrer Entlassung wünscht sie sich zunächst, auf der Kreisbahn zu gehen, das Tempo zu verändern und verschiedene Gangarten auszuprobieren. Dann möchte sie alleine aufs Trampolin, ich stehe wie immer unten und passe auf. Wieder versucht sie, aus dem Sitzen zum Stehen zu kommen. Vom Rand des Trampolins aus helfe ich ihr mit entsprechenden pantomimischen Bewegungen und indem ich im Rhythmus mitspreche und sie in dem Moment, wo sie vom Sitzen zum Stehen kommen soll, anfeuere. Tatsächlich schafft sie es in der letzten Stunde zum ersten Mal, vom Sitzen wieder auf die Füße zu kommen. Vor Freude wiederholt sie ihre neu errungene Fähigkeit, sich fallen zu lassen und wieder aus eigener Kraft auf die Füße zu kommen, ein paarmal. Wir verabschieden uns sehr herzlich voneinander, bemerken, daß wir eine gute Zeit zusammen verbracht haben, und ich drücke ihr die Daumen für ihr Leben außerhalb der Klinik. Als sie Jahre später wieder für einige Zeit in die Klinik muß, ist das erste, was sie bei mir machen möchte, aufs Trampolin gehen, springen, zum Sitzen kommen und wieder auf die Füße. Ein paarmal muß sie üben, dann schafft sie es wieder.

Zu Beginn der Therapie befindet sich die Patientin in keinem guten Zustand: Auf Grund der vielen Verletzungen ist ihr ihr Körper fremd geworden, ihr Verhältnis zum Körper hat sich verfremdet. Die Patientin hat sich lange Zeit nicht mehr bewegen können, und als sie sich wieder bewegen kann, ist alles neu und unvertraut für sie. Sie muß ihren Körper neu entdecken, muß herausfinden, welche Bewegungen ihr noch möglich sind und welche sie nicht mehr so selbstverständlich ausführen kann wie früher. Gehen, rennen, hüpfen kann sie zunächst gar nicht bzw. nur hinkend. Bewegungen, die am Platz bleiben, führt sie entsprechend besser aus. Wenn wir im Sitzen oder Liegen Körperübungen machen, stört ihre Behinderung am wenigsten, und später zeigt sich auch, daß viel von ihrer früheren Gelenkigkeit erhalten geblieben ist. Auf dem Trampolin hat sie zunächst Angst, also bleibt sie sitzen, oder wir halten sie im Stehen fest. Trotzdem kann sie wegen des elastischen Bodens springen, eine Bewegungsart, die sie auf dem Fußboden wegen ihrer Behinderung nicht auszuführen vermag. Sie wird immer vertrauter mit dem Trampolin, verliert ihre Angst und gewinnt in dem Maß, wie sie auch alleine springen und Kunststücke vollführen kann, ihre körperliche Sicherheit und Vertrautheit zurück. Sie hat erfahren, wie ihre Behinderung sich in der Bewegung auswirkt, was sie trotzdem noch alles machen kann und was nicht mehr so selbstverständlich ist wie früher. Ich stehe ihr bei ihren Bewegungsversuchen durch mein Mitmachen bei. Sie hat ein Gegenüber, an dem sie sich orientieren kann. Diese Orientierung braucht sie, denn ihr Verhältnis zum Körper ist nicht nur wegen ihrer vielen Verletzungen verfremdet, sondern hat auch psychotische Dimensionen angenommen. Ihre Bewegungen sind in der ersten Zeit nur klein und angedeutet, obwohl sie sich bewegt, vermeidet sie eher, sich zu bewegen. Es stellt sich auch bald heraus, daß die Situation in der Gruppe eine Überforderung für sie ist, sie zieht sich zurück und kommt nicht mehr. Es dauert eine Weile, bis sie wieder erscheint. Diesmal ist sie mit mir alleine, und ich kann mich ganz auf sie einstellen. Sie gewinnt wieder Vertrauen und probiert mit mir zusammen Bewegungen aus. Als ihre Stimmung umschlägt, wird das Trampolin zum bevorzugten Gegenstand ihres Interesses. Sie kann dort oben trotz ihrer Behinderung springen und wiederholt wie in einer Art symbolischer Handlung ihren Fenstersprung. Zunächst ist es das Moment des Fliegens, das sie beim Springen fasziniert, später, als sie sicher springen kann, ist es das Moment des Fallens und Wieder-auf-die-Füße-Kommens, das sie interessiert. Das Fallen – aus dem Springen zum Sitzen kommen – geht leicht, und sie kann es auch gut machen, aber um wieder auf die Füße und zum Stehen zu kommen, muß sie geraume Zeit üben. Wenn sie auf dem Trampolin springt und dabei von ihrem Fenstersprung erzählt, bin und bleibe ich die Zuhörerin. Ihre Worte sind immer gekoppelt an unsere Bewegungen, und ich habe diesen Vorgang auch nie durch Fragen unterbrochen, die uns möglicherweise von der Bewegung weggebracht hätten. In ihrer Bemerkung, daß sie gut auf ihren Beinen stehen und sicher gehen kann, zeigt sich ein zurückgewonnenes gutes Verhältnis zum Körper. Sie hat ihren Körper wieder kennengelernt, sie hat wieder stehen und gehen gelernt. Auf dem Trampolin hat sie zu einer für sie höchst bedeutungsvollen Bewegungsart gefunden – dem Springen. Im Springen verarbeitet sie ihren Fenstersprung, dessen Folge ist, daß sie eigentlich nicht mehr springen kann. Aber sie hat sich auch diese Bewegungsart zurückerobert. Sie schafft es in der letzten Stunde, zu springen, sich fallen zu lassen und wieder auf die Füße zu kommen, auf denen sie ja mittlerweile wieder gut stehen kann.

Der nächste Therapieverlauf erstreckt sich über einen Zeitraum von einem Vierteljahr. Der Patient, ein 39jähriger Psychologe, ist schon aus beruflichen Gründen mit verschiedenen Therapierichtungen in Berührung gekommen. Darüber hinaus hat er aber eine Fülle anderer Fortbildungen gemacht wie Gestalttherapie, Primärtherapie, Bioenergetik, Yoga, Eurythmie usw., offenbar in dem Versuch, einerseits durch grenzüberschreitende Erfahrungen sich selbst kennenzulernen und andererseits über Körperübungen eine Kontrolle über seine Gefühlswelt zu erlangen. Trotz dieser vielen Erfahrungen mit Körper- und Psychotechniken kommt er mit, einfach weil er sich gerne bewegt und sich auch sehr gut bewegen kann. Er fügt sich gut in die Gruppensituation und macht erst einmal mit, was ihm geboten wird. Es macht ihm auch nichts aus, daß ich keine Übungen vorgebe, die die Gefühlswelt kontrollieren sollen. Statt dessen beteiligt er sich an unserer improvisatorischen Arbeit und kann auf diese Weise seine Übungen, die er in verschiedenen Körpertherapien gelernt hat, an den Mann bzw. an die Frau bringen. Mit ihm zusammen sind noch eine Frau und ein Mann in der Gruppe. Wenn der Patient an der Reihe ist, eine Bewegung vorzumachen, probiert er denn auch seine Übungen mit uns aus: Wir stehen mit geöffneten Beinen im Kreis, heben beide Arme über den Kopf und machen Fäuste. Nun beugen wir uns mit Schwung nach unten und schlagen unsere Arme durch die geöffneten Beine hindurch, kommen wieder hoch, werfen uns wieder mit Armen und Oberkörper nach unten usw. Diese Übung, so meint der Patient, diene der Aggressionskontrolle. Ich finde, sie ist zumindest eine brauchbare Gymnastikübung. Ein andermal übt er mit uns das Sonnengebet aus dem Yoga, dann führt er uns einen Schrei vor, auf den er sich durch tiefes Atmen vorbereitet. Wieder ein andermal müssen wir uns auf den Rücken legen und dazu brummen, so daß die durch das Brummen erzeugte Vibration noch an den Beinen zu hören ist. Er legt auch sein Ohr an mein Bein und ist ein bißchen enttäuscht, als er nichts hört, obwohl ich mir, wie die Patienten auch, alle Mühe gebe, mittels eines Brummtones meine Beine zum Vibrieren zu bringen. Dann sollen wir mit angezogenen und geöffneten Beinen auf dem Rücken liegen und durch ein zeitlupenhaft langsames

Heben der Arme zu den Gefühlen gelangen, die wir als Neugeborene gehabt haben. Wir versuchen zwar mitzumachen, aber es ist offensichtlich, daß weder die Patienten noch ich irgendwelche tieferen Erlebnisse dabei haben. Aber wenn wir Ball spielen oder auf dem Trampolin sind oder gar auf dem Trampolin Ball spielen, kann der Patient seine Körpertechniken vergessen und sich durchaus mit Spaß und Freude am Spielen beteiligen und auch mit spontanen Einfällen auf die jeweiligen Situationen reagieren. Er fängt nun an, Freude an heftigen Ballspielen zu entwickeln. Er holt sich einen sehr großen Ball, auf den er mit den Fäusten oder den Handflächen schlägt und den er so den anderen zuspielt. Einmal ergibt es sich, daß er alleine auf dem Trampolin steht und sich von den unten Stehenden – das sind noch eine Patientin, ein Patient und ich – mit dem Ball beschießen läßt. Dazu hat er jedem von uns einen großen Ball gegeben, die er nun mit großer Geschicklichkeit auffängt und mit noch größerer Treffsicherheit zurückschießt. Er meint dazu, er müsse ausprobieren, wie gut er abwehren könne. Bei mir entsteht der Eindruck, daß er solche Spiele überschätzt, indem er ihnen eine Bedeutung gibt, die ihnen nicht zukommt.

Die letzte Stunde vor seiner Entlassung möchte der Patient mit mir alleine verbringen. Zu «Also sprach Zarathustra» von R. Strauss möchte er etwas in der Bewegung ausprobieren, was er bei einem alten Stadtindianer kennengelernt habe. Er wählt die aus dem Film «2001 – Odyssee im Weltraum» bekannte Stelle der Musik aus, stellt sich zur Sonne, die an diesem Tag in den Raum scheint, und beginnt mit langsamen Atemzügen und getragenen Bewegungen, mir seinen Tanz vorzuführen. Er bleibt dabei am Platz und der Sonne zugewendet. Dann fordert er mich auf, es ihm nachzutun. Ich bewege mich ebenfalls zu dieser Musik, während er nun zuschaut. Ich stelle mich zur Sonne und versuche in meinen Bewegungen die Feierlichkeit seiner Bewegungen zu übernehmen. Dann möchte er, daß wir uns beide zu dieser Musik bewegen. Erst stehe ich vor ihm und er versetzt hinter mir, dann tauschen wir die Plätze. Immer bewegen wir uns in einer Art Sog zur Sonne, zum Licht hin.

Die Arbeit mit diesem Patienten wird deshalb möglich, weil er mir nicht verübelt, daß ich keine Körperübungen parat habe, von denen ich meine, daß sie seinen Problemen Abhilfe schaffen könnten. Er läßt sich auf die improvisatorische Arbeit mit mir ein und kann nun in diesem Rahmen seine Kenntnisse und Erfahrungen anbringen. Das tut er auch gerne, und die anderen Patienten und ich sind willige Schüler. Aber ich versuche auch, ihn zu spontanen Bewegungen zu verführen. Beim Ballspielen gelingt das ganz gut. Offenbar ist Ballspielen eine Bewegungsart, die in seinen vielen Selbsterfahrungstrainings nicht vorkam, so daß er über kein Raster verfügt, wie wir zu spielen haben und was das zu bedeuten hat. Er kann einigermaßen unbelastet Ball spielen und sich über seine heftig geschossenen Bälle freuen. In diesem wechselseitigen Versuch, sich jeweils auf das Bewegungsniveau des anderen einzulassen, sehe ich den Sinn unserer gemeinsamen Arbeit. In der letzten Stunde, die ich mit dem Patienten verbringe, bekomme ich eine Ahnung davon, in welche Isolierung ihn alle seine Erfahrungen gebracht haben und wie wichtig es für ihn ist, daß ich seine Bewegungen mitmache, obwohl ich an vielen Stellen diesen Bewegungen nicht die gleiche Bedeutung gebe.

Der nächste Therapieverlauf erstreckt sich über einen Zeitraum von einem halben Jahr. Die Patientin, eine 26jährige Friseuse, hat die Diagnose einer schizoaffektiven Psychose.

Ich lerne die Patientin auf der geschlossenen Frauenaufnahmestation kennen, und sie will sofort mit mir tanzen. Sie ist sehr aufgedreht und unruhig und redet auf dem Weg von der Station zu meinem Arbeitsraum pausenlos auf mich ein. Alle uns entgegenkommenden Männer macht sie an, und die meisten scheint sie bereits zu kennen. Im Raum angekommen, sucht sie sich Musik von Elvis Presley aus und beginnt zu tanzen. Ich tanze irgendwo im Raum mit, aber nach einer kleinen Weile hört sie auf und bedeutet mir, daß sie lieber alleine tanzen möchte. Ich soll mich hinsetzen, und sie tanzt mir zu einem Stück von Elvis Presley einen Tanz vor. Sie kreuzt ihre Arme vor der Brust, senkt den Kopf und setzt sich in der Position des sterbenden Schwanes auf den Boden. Sie sitzt auf einem abgebeugten Unterschenkel, während das andere Bein nach vorn gestreckt auf dem Boden liegt, und beugt sich über ihr ausgestrecktes Bein. Dann steht sie auf, dreht sich ein bißchen und geht an die Sprossenwand, an der sie sich mit einer Hand festhält, während sie den anderen Arm seitlich wegstreckt. Nun wirft sie das Spielbein hoch in die Seite und versucht dabei, ihren Arm zu erreichen. Dann läßt sie die Sprossenwand los und tanzt mit federnden Schritten und Drehungen, wie sie zu solcher Musik üblich sind, im Raum herum. Ich bin sehr berührt von ihrem Tanz und sage ihr, als sie fertig ist, wie gut er mir gefallen hat. Das freut sie, aber sie möchte nun etwas anderes machen, nämlich mit mir im Gelände spazierengehen. Ich bin einverstanden, und zwischen Raum und Garderobe erzählt sie mir, sie liege in Gedanken immer mit zwei Männern im Bett, ihrem Freund und ihrem Vater, und ich solle es nicht weitersagen.

Kurz darauf wird die Patientin auf die offene Station verlegt. Sie kommt nun in eine Gruppe, die aus zwei jungen Männern und einer jungen Frau besteht. Die Patientin ist immer noch aufgedreht und unruhig und schlägt als erstes Bewegungen zur Musik vor. Vor allem die beiden Männer möchten aber zunächst unsere bislang entwickelten Luftballonspiele weitermachen. Wir einigen uns, erst mit dem Luftballonspiel zu beginnen und dann Musik auszusuchen und uns danach zu bewegen. Für unser Luftballonspiel spannen wir eine Schnur quer durch den Raum und spielen uns einen großen Luftballon auf die verschiedenste Weise über die Schnur zu. Sehr bald zeigt sich, daß die Patientin wenig Freude an diesem Spiel hat. Wenn der Luftballon auf sie zufliegt, dreht sie den Kopf weg und packt den Luftballon mit beiden Händen an, als ob er ein schwerer Gegenstand wäre. Sie hat auch Schwierigkeiten, ihn über die Schnur zurückzuspielen. Nach kurzer Zeit hört sie auf, setzt sich auf die am Rand stehende Liege und kommentiert von dort aus in der Art eines Sportberichterstatters laut unser Spiel. Dann geht sie aufs Klo, und als ich nach einer Weile nach ihr schaue, sitzt sie im Vorraum bei den Physiotherapeuten und raucht und redet. Sie kommt aber wieder mit mir zurück, und wir stellen uns nun beide an meinen Platz. Wir spielen wie eine Person, d. h. sie führt die Bewegungen aus, während ich dicht neben ihr stehe und ihr mit Worten und Bewegungen beistehe. Das geht auch eine kleine Weile gut. Sie verliert aber wieder die Lust und legt sich diesmal so auf die Liege, daß sie uns den Rücken zudreht. Wir beenden kurz darauf unser Luftballonspiel, und zusammen mit der Patientin einigen wir uns auf «The Wall» von Pink Floyd. Ein Patient beginnt, Bewegungen vorzumachen, während die anderen mitmachen. Er bewegt sich dazu auf der Kreisbahn und erfindet allerhand Schritte. Als er fertig ist, kommt die Patientin an die Reihe, und ich bin gespannt, was nun kommen wird. Aber sie macht ihre Sache ganz ausgezeichnet, was heißt, daß wir ihre Bewegungen gut mitmachen können. Ihre Bewegungen sind eher langsam, sie kreist die Hände, öffnet und schließt die Arme, setzt sich langsam auf den Boden, legt sich langsam auf den Rücken, bewegt die Beine im Liegen in der Luft, kommt wieder zum Sitzen und zum Stehen. Nach ihr kommt die andere Patientin an die Reihe, dann noch der Patient, dann möchte sie wieder Bewegungen vormachen. Diesmal bricht sie aus, und just als die Musik spielt «We Don't Need No Education», kommandiert sie uns mit Anweisungen und höchst anstrengenden Gymnastikübungen herum. Ein Patient setzt sich hin, wir anderen halten mit ihr durch.

In einer der nächsten Stunden geht sie zum ersten Mal aufs Trampolin. Sie ist sehr ängstlich und aufgeregt und klammert sich an mich, aber sie möchte diese Bewegungsart unbedingt ausprobieren. Wir stehen uns gegenüber, ich halte sie an den

Händen fest und beginne vorsichtig erst zu wippen, dann zu springen. Ein Gemisch aus freudiger Erregung und ängstlichem Angespanntsein zeichnet sich in ihrem Gesicht ab, und sie wirkt insgesamt sehr unsicher. Während des Springens heben sich unsere Haare wie kleine Dächer ab. Sie bemerkt es bei mir und ich bei ihr, und wir können uns darüber amüsieren. Dann bitte ich sie, sich ins Trampolin zu legen und sich auszuruhen. Ich wippe im Stehen weiter, während sie die schaukelnde Bewegung im Liegen nun mit offensichtlicher Freude genießt.

In der nächsten Zeit wird das Trampolin immer mehr zu ihrem Refugium, denn sie wird lustloser und müder. Sie versucht zwar, sich immer wieder mit den anderen zu bewegen, aber die Bewegung macht ihr offensichtlich keinen Spaß mehr. So liegt sie viel im Trampolin und schaut zu, was die anderen Teilnehmer und ich machen. Oder sie liegt da und wartet, bis ich hochkomme und sie für eine kleine Weile schaukle. Manchmal verbinde ich das mit einem Ballspiel. Ich stehe oben und schaukle die Patientin, während die anderen Patienten unten stehen und mir den Ball zuwerfen, den ich ihnen von oben aus wieder zurückwerfe. Aber des öfteren sind wir auch alle im Trampolin und wechseln uns beim Schaukeln ab. Nur die Patientin bleibt immer liegen.

Nach den Weihnachtsferien sind die anderen Patienten entlassen, und ich bin mit ihr alleine. Da sich die Patientin in keinem guten Zustand befindet, arbeite ich einzeln mit ihr weiter. Wenn ich auf die Station komme und sie abhole, liegt sie meistens im Bett oder sitzt zusammengekauert auf einem Stuhl, wenn die Zimmer noch abgeschlossen sind. Obwohl ihr nun jede Bewegung schwerfällt, kommt sie doch sofort mit, wenn sie mich kommen sieht oder auch nur meine Schritte hört. Sie steht wie von einem Magneten angezogen auf, geht mit und hängt sich auf dem Weg bei mir ein. Sie bekommt keine Medikamente, aber trotzdem sind ihre Bewegungen gebunden. Sie hält ihre Arme in einer angewinkelten Position fest und kann sie beim Gehen nicht locker mitschwingen lassen. Einmal zieht sie in der Garderobe ihre Jacke nicht aus, sondern steht nur da. Ich habe den Eindruck, als ob die dafür nötigen Bewegungen zu schwer für sie seien, und helfe ihr beim Ausziehen.

Die Patientin hat nur noch einen Wunsch: «Trampolin». Sie liegt im Trampolin, und ich schaukle sie im Stehen eine Stunde lang. Meistens hat sie die Augen geschlossen, aber ab und zu lächelt sie mich an und sagt «Schön». Zum Schluß der Stunde, sozusagen um sie aufzuwecken, springe ich heftiger, helfe ihr dann auf die Beine, und wir springen Hand in Hand noch eine ganz kleine Weile. Dann klettern wir vom Trampolin herunter und müssen – im Vergleich zum schwingenden Boden des Trampolins – auf den harten Fußboden zurück. Sie bedauert jedesmal das Ende und hat das Gefühl, daß doch erst fünf Minuten vergangen seien. Ich teile mit ihr dieses Gefühl der Zeitlosigkeit. Obwohl ich sechzig Minuten lang die gleiche federnde Bewegung ausführe, habe ich am Schluß der Stunde wie sie auch eher ein Fünf-Minuten-Gefühl und muß mich ebenso wie sie mit den ersten Schritten an den harten Boden des Raumes gewöhnen. Dieses Phänomen der Zeitlosigkeit teilen wir, solange ich sie auf dem Trampolin schaukle. Als eines Tages der Raum ziemlich kühl ist, gebe ich ihr meine Strickjacke, und sie deckt sich damit zu. Das möchte sie nun jedesmal so.

Dann bekommt sie Saroten. Die Patientin meint selber, daß sie nun wieder mehr machen könne, wie z. B. in die Beschäftigungstherapie gehen. Ihre gebundenen Bewegungen lockern sich auf, und sie versucht nun manchmal, auf dem Trampolin zu wippen und zu springen, bevor sie sich hinlegt. Aber die meisten Stunden möchte sie nach wie vor bewegt werden. Trotzdem beschließen wir, uns einmal wieder im Stehen und auf dem Fußboden zu bewegen. Die Patientin möchte tanzen und sucht sich dazu Musik von Elvis Presley aus. Diesmal darf ich mit ihr zusammen tanzen. Wir stehen uns in einiger Entfernung im Raum gegenüber. Die Patientin bewegt sich mit eher kleinen Bewegungen und bleibt dabei am Platz, ich stelle mich auf ihre Bewegungen ein und erfinde auch nur kleine Bewegungen wie federn mit den Knien und dazu die Arme locker schwingen, mit denen ich am Platz bleibe. Nach einer Weile holt sie sich einen Luftballon, der im Raum liegt. Sie spielt ihn mir mit dem Zeigefinger zu, und ich spiele ihn ihr zurück. Dann möchte sie aber aufs Trampolin und geschaukelt werden. Zum Schluß dieser Stunde springen wir zusammen. Da wir sehr hoch springen, fliegen unsere Haare mit und stehen für einen Moment waagerecht ab. Wieder amüsieren wir uns darüber. Als die Patientin vor Ostern entlassen wird, bedauert sie sehr, daß nun auch unsere Zusammenarbeit aufhört. Ich tröste sie mit ihrer Entlassung aus der Klinik, sie bedankt sich und wünscht mir alles Gute für meine weitere Arbeit.

Ich lerne die Patientin in einem Zustand kennen, in dem sie sehr unruhig ist und viel zu viele Bewegungen machen muß. Mein Mitmachen ähnelt eher einem Hinter-ihr-Herlaufen, als daß wir uns viel zusammen bewegen könnten. Dann, nach einer kurzen Zeit, in der ich versuche, sie in eine Gruppe zu integrieren, geht ihr Bewegungsdrang zurück, und sie möchte nur noch bewegt werden. Das Erstaunliche ist, daß sie trotz ihres Zustandes mitkommt und nicht einfach nur im Bett liegen bleibt und sich meiner Arbeit entzieht. Das Bewegtwerden bedeutet ihr so viel, daß sie sogar ohne Zögern mitkommt, obwohl ihr der Weg von der Station zu meinem Arbeitsraum mitunter sehr schwer fällt und sie auch manchmal Mühe hat, überhaupt Schuhe und Jacke auszuziehen. Als sie Saroten bekommt, hilft ihr das Medikament, wieder aktiver zu werden. In meinen Stunden probieren wir deshalb Bewegungen aus, wie wir sie zu Beginn der Therapie gemacht hatten, nur sind ihre Bewegungen jetzt so, daß ich sie gut mitmachen kann. Im Gegenteil, jetzt bin ich es, die sie zu mehr Bewegungen anregt, und für eine kleine Weile macht die Patientin auch mit. Aber dann möchte sie wieder bewegt werden. Ihre Entlassung kommt für meine Arbeit zu früh, aber dem steht ein zu bewältigendes Leben außerhalb der Klinik entgegen.

Die körperliche Bewegung ist der Zugang zum Verhältnis zum Körper, sie nimmt Einfluß auf dieses Verhältnis. Sie macht aber auch sichtbar, wie desolat es um dieses Verhältnis steht. Die Patientin macht zuerst viel zu viele Bewegungen, dann vermeidet sie die Bewegung. Weder die vielen Bewegungen noch zu wenige Bewegungen helfen ihr, sich ihres Körpers zu versichern. Nur wenn sie bewegt wird, hat sie ein angenehmes Verhältnis zu ihrem Körper. Diese Bewegungsart wünscht sie sich ausschließlich, als sie in einen Zustand fast völliger Bewegungslosigkeit verfällt, aber doch noch so viel Bewegung aufbringt, daß sie in meinen Arbeitsraum mitkommt. Das Bewegtwerden ist die Grundlage, auf der wir später versuchen können, Bewegungen auszuprobieren, die die Patientin gerne machen möchte und an denen sie auch Spaß hat. Von diesen Bewegungen nehme ich an, daß sie der Patientin zu einem akzeptablen Verhältnis zum Körper verhelfen, daß sie ein anderes Maß haben, als die zu vielen oder die zu wenigen Bewegungen. Aber diesen Teil der Arbeit kann ich nicht mehr leisten, da das Saroten mir vorgreift und die Patientin bald darauf entlassen wird.

Die körperliche Bewegung, der sich bewegende Körper, das Körpererleben sind Begriffe, die das Verhältnis zum Körper beschreiben und aufteilen. Einsehbar geworden ist bis jetzt der Einfluß, den die körperliche Bewegung auf das Verhältnis zum Körper hat. Wenn ich mich jetzt dem sich bewegenden Körper zuwende, möchte ich dem Körpererleben nachgehen, das bis jetzt im dunkeln geblieben ist.

3
Die eigene und die trainierte Bewegung

Wenn ich auf einen anderen Körper blicke, der sich bewegt, möchte ich ihm das Körpererleben absehen. Ich nehme an, daß körperliche Bewegung und Körpererleben in einem Zusammenhang stehen, daß die körperliche Bewegung eine äußere, sichtbare Bewegung ist, das Körpererleben dagegen eine innere, unsichtbare. Die körperliche Bewegung könnte mein Wegweiser sein, der mir hilft, den Weg von außen nach innen zu finden, um, wenn es ins Dunkel der inneren Vorgänge geht, nicht ganz orientierungslos zu sein. Mein Versuch, über den sich bewegenden Körper das Körpererleben zu begreifen, geht in zwei Richtungen: Einmal soll mich die körperliche Bewegung zu einer inneren Bewegung, dem Körpererleben führen, zum anderen wird sich das Körpererleben in der körperlichen Bewegung ausdrücken.

Wenn ich also auf einen anderen Körper blicke, suche ich in dem, was ich sehe, sehr viel mehr. Zunächst registriere ich das Äußere: Größe, Figur und die Proportionen. Über Größe, Figur und Proportionen lassen sich meßbare Aussagen machen, aber die interessieren mich nicht im Moment des Sehens. Ich bin, wenn ich das Äußere registriere, angezogen von den Bewegungen eines Menschen, ich setze sein Äußeres in Bezug zu seinen Bewegungen. Diese aber werden über den Körper vermittelt. Größe, Figur und Proportionen eines Körpers sind nicht mehr als Gegebenheiten, die zum Ausdruck des Körpers gehören bzw. ihn mitbedingen. Was mich interessiert, sind all die Bewegungen, die unwillkürlich und wie zufällig geschehen, all die vielen großen und kleinen, schnellen und langsamen Bewegungen, deren Gesamtheit die Eigenheit einer Person ausmachen. Diese Bewegungen nenne ich *eigene* Bewegungen.

Diesen eigenen Bewegungen möchte ich nachgehen. Von Körpertraining und Tanztechnik war schon öfter die Rede und damit implizit von trainierten Bewegungen. Wie lassen sich aber die Bewegungen beschreiben, denen keine Technik unterliegt, sondern die ich in aller Selbstverständlichkeit ausführen kann? Und was heißt Selbstverständlichkeit?

Eigenen Bewegungen unterliegt, wie gesagt, keine spezielle Technik. Sie können ausgeführt werden, ohne daß ich weiß, was ich tue. Auch die Koordination der eigenen Bewegungen geschieht unwillkürlich, nicht bewußt. Wenn ich z. B. gehe, kann ich das tun, ohne einen Gedanken daran zu verschwenden. Wenn ich aber darüber nachdenke, zeigt sich, wie schnell meine selbstverständliche Fähigkeit, Bewegung zu koordinieren, durcheinandergeraten kann. Zur Veranschaulichung ein Beispiel aus der Tanzpädagogik. Ich wähle es, da es sich in meiner tanzpädagogischen Arbeit so oft wiederholt hat, daß sich daran zeigen läßt, wie störbar die Koordination ist.

Gegen Ende einer Gymnastikstunde mit einer Gruppe von Erwachsenen gab ich oft die Anweisung, daß einer nach dem anderen über die Diagonale des Raumes gehen sollte. Die nächste Anweisung war, die Arme während des Gehens locker und im Rhythmus des Gehens vor- und zurückschwingen zu lassen und diese Armbewegung ein kleines bißchen zu vergrößern. Regelmäßig passierte es nun, daß die Koordination von rechtem Bein zu linkem Arm und linkem Bein zu rechtem Arm durcheinandergeriet durch eben dieses Stück Bewußtmachen der ansonsten nicht bewußten oder selbstverständlichen Koordination von Armen zu Beinen beim Gehen. Die Teilnehmer verhedderten sich mit ihren Armen und Beinen, und die meisten gingen nun ihren Weg im Paßgang, d. h. zum rechten Bein nahmen sie den rechten Arm vor und zum linken Bein den linken Arm. Sie verloren für diesen Augenblick ihre Koordination beim Gehen, weil sie sich einen ansonsten nicht bewußten, sondern selbstverständlichen Vorgang bewußt machten.

Obwohl die Teilnehmer nichts anderes tun sollten als zu einer selbstverständlichen Bewegung – dem Gehen – die dazugehörende Armbewegung vergrößern, gerieten die meisten mit ihrer Koordination durcheinander. Sie gingen nun auf eine Weise, wie sie das nicht tun würden, wenn sie auf dem Niveau ihrer selbstverständlichen Fähigkeit, sich bewegen zu können, geblieben wären.

Halten wir also fest: Die Fähigkeit zur Koordination von Muskeln und Gelenken bedingt die Fähigkeit, sich bewegen zu können. Die Koordination ist üblicherweise nicht bewußt und geschieht selbstverständlich, sie bringt Bewegungen hervor, die einen ähnlichen Grad von nicht bewußter Selbstverständlichkeit haben. Die Bewegungen, die dieses Merkmal aufweisen, bezeichne ich als eigene Bewegungen. Sie sind vor allem durch den nicht bewußten Gebrauch der Muskulatur gekennzeichnet.

Ich gehe noch einmal zurück zu meinem Beispiel mit den Personen, die im ersten Anlauf durch Bewußtmachen der Bewegung ihre selbstverständliche Koordination beim Gehen verloren. Nach einer kleinen Weile der Verwirrung und des Trainierens gewannen sie ihre Koordination zurück und nahmen wieder zum rechten Bein den linken Arm vor und zum linken Bein den rechten Arm. Nur war diese Koordination jetzt bewußt und blieb es so lange, wie die Übung dauerte. Deshalb umfaßt die körperliche Bewegung nicht nur die eigenen Bewegungen, sondern den eigenen Bewegungen stehen die trainierten Bewegungen gegenüber.

Unter trainierten Bewegungen verstehe ich, daß die Koordination von Muskeln und Gelenken auf eine bestimmte, für die Ausführung der Bewegung notwendige Weise trainiert und die Bewegung dann mit diesen so koordinierten Muskeln und Gelenken ausgeführt wird. Der Vorgang des Trainierens schafft aber zwangsläufig einen Grad von Bewußtheit. Man könnte z. B. die Ausbildung zum Tänzer auch so beschreiben, daß in ihr über das Training von Tanztechniken versucht wird, einen möglichst hohen Standard bewußt ausgeführter Bewegungen zu erreichen. Diese Bewegungen setzen eine bewußte Koordination der Muskeln und Gelenke voraus, in deren gekonntem Zusammenspiel sich die trainierte Bewegung zeigt. Trainiert wird also über die Bewegung die Koordination der Muskeln und Gelenke, mit denen körperliche Bewegung ausgeführt wird. Man könnte auch sagen, daß eine Tänzerausbildung ein Überführen von nicht bewußter Bewegung in bewußt ausgeführte Bewegung ist.

Ich gehe noch einmal zurück zu meinem Beispiel, an Hand dessen ich die nicht bewußte Koordination von Muskeln und Gelenken von der bewußten Koordination unterschieden habe. Ich habe gesehen, wie die nicht bewußte Koordination beim Gehen durch Bewußtmachen zunächst verloren gehen kann, dann aber durch den Vorgang des Trainings wieder zurückgewonnen wird. Nun gehe ich noch einen Schritt weiter und stelle mir vor, daß es sich um ein intensives Training handelt, z. B. um ein Tänzertraining. Dann kommt notwendig eines Tages der Punkt, wo die bewußte Koordination gerade durch den Vorgang des kontinuierlichen Trainings nicht bewußt wird, die trainierte Bewegung also wie selbstverständlich ausgeführt wird. Dies ist aber eine andere Selbstverständlichkeit, als sie sich in der eigenen Bewegung zeigt. Sie ist artifiziell, und es unterliegt ihr immer eine vorgegebene Technik. Den eigenen Bewegungen aber unterliegt keine spezielle Technik, sie schaffen sich im Gegenteil ihre Technik selber, man könnte sogar sagen, daß jede Person bis zu einem gewissen Grad ihre eigene Bewegungstechnik entwickelt. Die eigenen Bewegungen sind somit die Alltagsbewegungen einer Person, aber ich verwende weiterhin den Begriff eigene Bewegungen, weil ich ihn klarer gegen die trainierten Bewegungen setzen kann.

Nun könnte man noch einwenden, daß auch die eigene Bewegung durch den Vorgang der Wiederholung zu einer trainierten Bewegung wird, denn das Trainieren von Bewegung ist immer an ein Wiederholen gebunden, und das Wiederholen der Bewegung ist immer auch ein Trainieren. Aber diesem Trainieren durch Wiederholen unterliegt keine Technik, die darauf abzielt, den Körper auf ganz spezielle Fertigkeiten hin zu trainieren, sondern diesem Trainieren unterliegt die Alltagstechnik, die die Alltagsbewegungen möglich macht.

Es zeigt sich also, daß die Aufteilung der körperlichen Bewegung in eigene und trainierte Bewegungen durchaus Sinn macht. Die beiden Bewegungsarten unterscheiden sich in der Anwendung von Technik. Die eigenen Bewegungen benötigen keine spezielle Technik, während den trainierten Bewegungen immer eine spezielle Technik unterliegt. Sie unterscheiden sich ferner in der Art der Koordination von Muskeln und Gelenken, die bei den eigenen Bewegungen nicht bewußt im Sinn von selbstverständlich und bei den trainierten Bewegungen bewußt im Sinn von trainiert ist. Ich bleibe bei dieser Charakterisierung der trainierten Bewegung und klammere die professionelle Selbstverständlichkeit in der Ausführung der Bewegung aus, denn um diese zu erhalten, muß der Körper immer wieder trainiert werden, und um dieses Moment geht es mir. Training aber bedeutet, daß die Bewegung über eine spezielle Technik trainiert wird, d. h. die für die Ausführung der Bewegung nötige Koordination von Muskeln und Gelenken wird bewußt geübt und trainiert. Die eigene Bewegung übt sich durch den Vorgang der Wiederholung ebenfalls ein, aber dieser Wiederholung unterliegt keine spezielle Technik, und deshalb bezeichne ich sie auch nicht als Training.

Es besteht aber noch ein Unterschied zwischen eigener und trainierter Bewegung, der sich ebenfalls auf den Gebrauch der Muskulatur bezieht. Bewegung wird so trainiert, daß bestimmte Körperteile oder Körperpartien herausgegriffen und isoliert oder bevorzugt trainiert werden. Das macht Sinn, denn nur so gelange ich zu einer größtmöglichen Körperbeherrschung. Mit dieser Technik, den Körper partiell zu trainieren, verbindet sich noch eine andere Besonderheit. Um einzelne Körperteile oder Körperpartien isoliert oder bevorzugt trainieren zu können, bedarf es zweier unterschiedlicher Muskelspannungen im Körper – gespannte Muskelpartien für die zu trainierende Körperpartie und gelöste Muskeln für den Rest des Körpers. Die Muskelspannung, die für einen Teil des Körpers gebraucht wird, darf nicht als Verspannung in einer anderen Körperpartie auftauchen. Zum Beispiel darf sich die Spannung der Bein- und Beckenmuskulatur nicht in die Schulter- und Armpartie übertragen und dort zur Verkrampfung werden, sondern der einen Muskelspannung steht eine andere, eine gelöste Spannung gegenüber. Trainiert wird also über die Bewegung immer auch ein Beherrschen von zwei unterschiedlichen Muskelspannungen, die gleichzeitig vorhanden sind und den Körper aufteilen. Der Eindruck der Körperbeherrschung ist also letztlich nichts anderes als eine beherrschte Muskelspannung und das Training einzelner Körperpartien.

Anders sieht es für die eigene Bewegung aus. Dort hatte ich die Fähigkeit zur Koordination der Muskulatur als selbstverständlich und damit als nicht bewußt beschrieben. Trotzdem führt auch die eigene Bewegung durch den Vorgang der Wiederholung zu einer Körperbeherrschung. Nur unterscheidet sich diese Körperbeherrschung von der Körperbeherrschung der trainierten Bewegung dadurch, daß sie, technisch gesehen, auf einem einfachen Niveau bleibt. Wegen des nicht bewußten Gebrauchs der Muskulatur bezieht die eigene Bewegung tendenziell alle Muskeln ein, was zur Folge hat, daß die Muskeln in nur einer Spannung bleiben. Warum das so ist, will ich an Hand eines Beispiels aus der Tanzpädagogik aufzeigen. Versucht man, einzelne Körperteile zu trainieren, wie z. B. Kopf, Schultern, Arme, Hände, Oberkörper, Becken, Beine, Füße, stellt sich die immer gleiche Schwierigkeit ein. Es ist viel schwerer, den Körper unbewegt zu halten und nur diesen einen

Körperteil zu bewegen, als zu diesem einen Körperteil den ganzen Körper irgendwie mitzubewegen. Der untrainierte Körper hat die Tendenz, immer alles mitzubewegen und alle Körperteile einzubeziehen, während der trainierte Körper die Bewegung und damit die Muskulatur so beherrscht, daß er Körperteile voneinander getrennt und unbewegt halten kann. Für die eigene Bewegung ist also typisch, daß alle Muskeln in etwa der gleichen Spannung bleiben.

In der Anwendung von Technik, in der Art der Koordination der Muskeln und Gelenke und im Gebrauch der Muskulatur und der daraus resultierenden Muskelspannung unterscheiden sich demnach die beiden Bewegungsarten.

Training bedeutet, um es nochmals zu sagen, Bewegungen auszuführen, wie sie in dieser Form im Alltag nicht üblich sind. Ich benutze andere Muskeln, und ich benutze viel mehr Muskeln. Da die eigenen Bewegungen aber keiner speziellen Technik folgen, also unwillkürlich ausgeführt werden, ist irgendwie immer der ganze Körper beteiligt. Das ist er bei der trainierten Bewegung auch, aber in anderer Weise. Er ist niemals irgendwie beteiligt, sondern die Bewegungen werden kontrolliert und bewußt ausgeführt.

Diese Unterschiede führen dazu, daß die Bewegung einen bestimmten Ausdruck erhält. Im Fall der eigenen Bewegung ist dieser Ausdruck – da er nicht bewußt ist – ein unmittelbarer. Die eigene Bewegung drückt aus, was direkt von der Person kommt: Sie ist *ihr eigen, persönlich*. Für die trainierte Bewegung gilt dagegen, daß sie sich, da sie bewußt ist, mittelbar ausdrückt. Sie wird dem Körper antrainiert. Das, was sie ausdrückt, kommt nicht direkt von der Person, sondern trägt den Stempel des Trainierten.

Ich habe mit dem Ausdruck einer Bewegung ein Kriterium gewonnen, dem ich weiter nachgehen möchte. Die körperliche Bewegung wirkt auf den Körper zurück. Sie tut das in bezug auf die Muskulatur, sie tut es aber auch, wie ich meine, in bezug auf das Erleben vom Körper. Die eigene Bewegung mit ihrem nicht bewußten Gebrauch der Muskulatur erlaubt es, den Körper als etwas Persönliches, Zu-Mir-Gehörendes zu erleben. Die trainierte Bewegung, mit ihrem bewußten Gebrauch der Muskulatur, erlaubt es, den Körper als etwas Zu-Beherrschendes zu erleben. Den Körper als etwas Persönliches, Zur-Person-Gehörendes zu erleben ist so selbstverständlich, daß es nicht bewußt wird. Ich *vergesse*, daß ich einen Körper habe. Durch das Training aber erlebe ich meinen Körper, den ich zu beherrschen lerne, bewußt. Ich *weiß*, daß ich einen Körper habe.

Über den Ausdruck der Bewegung bin ich zum Körpererleben vorgedrungen. Der Gebrauch der Muskulatur, ob nun bewußt oder nicht bewußt, ist der körperlichste Aspekt der Bewegung. Anders der Ausdruck der Bewegung, der zwar über den sich bewegenden Körper vermittelt wird, aber bereits nicht mehr so dingfest zu machen ist wie der Gebrauch der Muskulatur. Das Körpererleben führt in den Bereich innerer Vorgänge, aber da die körperliche Bewegung auf diesem Weg mein Wegweiser war, steht es in Verbindung mit der körperlichen Bewegung und ist auf diese Weise an den sich bewegenden Körper gebunden.

Indem ich die körperliche Bewegung aufgeteilt und versucht habe, sie über den Ausdruck zu begreifen, bin ich zum Körpererleben vorgedrungen. Ich habe zwei Formeln gefunden, in die ich das Körpererleben fasse. Die eine lautet: Ich *vergesse*, daß ich einen Körper habe, die andere: Ich *weiß*, daß ich einen Körper habe. Ich möchte das an Hand von zwei Beispielen veranschaulichen. Für die trainierte Bewegung wähle ich eine Gymnastikstunde und für die eigene Bewegung eine Therapiestunde. Aus der Gymnastikstunde nehme ich eine Gymnastikübung heraus, beschreibe sie und kommentiere sie unter Anwendung meiner Kriterien. Dasselbe gilt für die Therapie, wo ich die Bewegungen, die diesmal improvisiert werden, zunächst beschreibe, ehe ich sie kommentiere.

Meine Gymnastikübung sieht so aus, daß ich mit parallel geschlossenen Beinen und seitlich ausgestreckten Armen am

Boden auf dem Rücken liege. Meine Füße sind gestreckt, die Becken- und Beinmuskulatur ist gespannt. Ich ziehe nun beide Beine soweit in Richtung Brustbein an, wie die Wirbelsäule flach am Boden liegenbleiben kann, strecke sie dann senkrecht nach oben und lege sie langsam und gestreckt wieder auf den Boden.

Die Bewegungstechnik, die ich anwende, ist eine moderne Tanztechnik. Deshalb achte ich auch darauf, daß ich meinen ganzen Körper unter Kontrolle habe, und zwar bis in die Fingerspitzen. Meine Arme liegen so am Boden, daß sie einen sanften Bogen bilden. Die Schultern sind der höchste Punkt, die Ellenbogen liegen ein kleines bißchen tiefer und die Handgelenke wiederum ein bißchen tiefer als die Ellenbogen. Nur der kleine Finger berührt mit der Außenkante der Hand und des Armes den Boden, und ich achte darauf, daß meine Finger lang sind und daß meine Hand die Verlängerung des Armes bildet. Während ich die Übung ausführe, passe ich auf, daß sich nichts an meiner Haltung verändert, selbst die Anstrengung darf meiner Haltung nichts anhaben. So sollte das Gewicht der Beine meinen Rücken nicht ins Hohlkreuz ziehen. Ich muß also gleichzeitig mit dem Senken der Beine einen Druck auf die Wirbelsäule ausüben, damit sie, wenn die Beine wieder am Boden liegen, nicht mehr als üblich gewölbt ist. Das Senken der Beine ist der Moment der größten Anstrengung. Ich muß darauf achten, daß ich mich währenddessen nicht verkrampfe, indem ich z. B. die Finger spreize, die Handgelenke abknicke, die Schultern hochziehe oder irgend sonst etwas an meiner Haltung verändere. Das heißt aber nicht, daß die Partien des Körpers, die sich nicht bewegen dürfen, wie z. B. die Arme mit den Händen, nun wie abgestorben daliegen sollen. Auch wenn ich mich auf die Bewegung der Beine und des Rückens konzentriere, muß ich wissen, daß ich Schultern, Arme und Hände habe. Ich muß sie innerlich kontrollieren.

Die Muskeln bleiben im Bereich von Becken- und Beinpartie gespannt, während die Schulterpartie mit Armen und Händen in einer gelösten Spannung verbleibt. Die Muskelpartie, die mit dieser Übung vorrangig trainiert wird, sind die Bauchmuskeln.

Die Koordination dieser Gymnastikübung ist, weil es sich um eine trainierte Bewegung handelt, bewußt. Ich muß an vielen Stellen meines Körpers unterschiedliche kleine Bewegungen aufeinander abstimmen und miteinander koordinieren, will ich bei der Ausführung meiner Übung den Anforderungen der Technik gerecht werden. So kann ich nicht einfach nur die Beine senken, sondern ich muß diese Bewegung koordinieren mit einem Druck auf die Wirbelsäule, mit gespannten Becken- und Beinmuskeln, mit gelöst daliegenden Armen und Händen. Die bewußte Koordination einer Bewegung besteht im Zusammenspiel verschiedener kleiner Bewegungen, die nötig sind, um die eine Bewegung, die Gymnastikübung, technisch richtig auszuführen. Da mit der Technik Kriterien wie richtig und falsch dazukommen, muß dieses Zusammenspiel kontrolliert werden und erhält im Moment des Trainings einen Grad von Bewußtheit. Ich *weiß*, daß ich einen Körper habe. Der Ausdruck meiner Bewegung ist der der Trainiertheit, und ich erlebe meinen Körper als etwas Zu-Beherrschendes.

Mein zweites Beispiel bezieht sich auf die eigenen Bewegungen und kommt aus meiner klinischen Arbeit. Über das Mitmachen der Bewegung des anderen bin ich in einen Bewegungsablauf eingebunden. Es geht diesmal also nicht um eine Einzelbewegung, sondern um Bewegungen, die sich zwischen zwei Personen abspielen. Das stört aber nicht, denn die Eigenheit der Bewegung läßt sich genausogut an vielen Bewegungen aufzeigen. Es geht um ein Ballspiel, eine Bewegungsart, die bekannt ist, man wirft sich den Ball hin und her. Klar ist, daß der Patient und ich uns nicht an irgendwelchen Ballspielregeln orientieren, sonst würden wir im Sinn eines Trainings Ball spielen.

Der Patient, mit dem ich arbeite, sucht sich drei gleich große Bälle aus. Nur mit einem Ball zu spielen, ist ihm zu langweilig, und so beginnen wir mit zwei Bällen, die wir uns gleichzeitig zuwerfen, fangen und wieder zuwerfen. Kleine Tempoänderungen, die entstehen, weil der Ball mal kürzer oder mal länger geworfen wird, machen das Spiel spannend, weil der andere reagieren muß, wollen wir im Spiel bleiben. Nach einer Weile beginnen wir mit drei Bällen, bringen aber unser Spiel nicht in den vorgestellten Ablauf, weil einer von uns immer zwei Bälle hat, während der andere immer einen hat. Ich verstehe, daß, wenn der Patient, der zu Beginn beide Bälle hat, mir einen Ball zuwirft, ich ihm nicht meinen Ball gleichzeitig zuwerfen darf, sondern erst kurz danach, bzw. kurz bevor ich seinen Ball fange. Auf diese Weise hat jeder immer nur einen Ball in der Hand, während der dritte Ball in der Luft ist. So hat es sich der Patient auch vorgestellt. Unsere nächste Schwierigkeit ist die, daß wir die Bälle nicht gleichmäßig werfen, was unser Tempo verändert, so daß wir immer schneller werden, bis wir die Bälle verloren haben. Wir üben aber mit Begeisterung und freuen uns, wenn wir es geschafft haben, für ein paar Minuten die Bälle nicht zu verlieren.

Die Art, wie der Patient und ich unsere Muskeln gebrauchen, ist unwillkürlich und spontan. Wir bewegen immer irgendwie den ganzen Körper, denn keiner von uns beiden ist auf einen solchen Bewegungsablauf hin trainiert. Wir können unsere Bewegungen nur über unsere Alltagstechnik kontrollieren, oder besser gesagt, eben nicht kontrollieren. Die Koordination der Muskulatur geschieht selbstverständlich und nicht bewußt, was heißt, daß wir keine Ahnung haben von den vielen kleinen Bewegungen, die nötig sind, um das Ballspiel zu ermöglichen. Wir wollen es auch nicht wissen. Entsprechend ist der Ausdruck unserer Bewegungen ein persönlicher, eigener. Wir verfügen über keine spezielle Technik, sondern wir müssen uns die Technik dieses Bewegungsablaufes selber zusammensuchen, wollen wir die Ideen des Patienten verwirklichen. Wir erleben unseren Körper als etwas Persönliches, Zu-uns-Gehörendes und vergessen, daß wir einen Körper haben.

Dieses Vergessen verblüfft, denn in der Arbeit mit der körperlichen Bewegung steht ja der sich bewegende Körper im Mittelpunkt, und es fällt schwer, sich vorzustellen, daß genau diese Arbeit ein solches Körpererleben auslösen soll. Meine beiden Formeln für das Körpererleben sind aber ideale Punkte, denn sie sagen, daß ich, wenn ich die Bewegung trainiere, ein Erleben vom Körper habe, das in die Worte gefaßt werden kann: Ich weiß, daß ich einen Körper habe, und daß ich in Alltagssituationen, wenn ich meine eigenen Bewegungen mache, ein Erleben vom Körper habe, das in die Worte gefaßt werden kann: Ich vergesse, daß ich einen Körper habe. Die Arbeit mit der körperlichen Bewegung, ob nun die Bewegung trainiert oder improvisiert wird, ist aber insofern keine Alltagssituation, als die körperliche Bewegung alle Aufmerksamkeit bekommt und zum Medium des Trainings oder der Therapie wird. Auch wenn ich die Bewegungen improvisiere, komme ich nicht umhin, den Körper zu trainieren, einfach weil ich die Bewegungen wiederhole. Der Patient und ich üben ja unser Ballspiel eine Stunde lang, und wir können gar nicht verhindern, daß wir am Ende sehr wohl wissen, daß wir einen Körper haben. Im Verlauf der Stunde nähern sich die beiden Punkte, die das Körpererleben bezeichnen, einander an. Der Patient und ich vergessen *und* wissen, daß wir einen Körper haben. Ebenso verhält es sich bei einem Training. Im Verlauf einer Stunde weiß *und* vergesse ich, daß ich einen Körper habe. Ich vergesse ihn dann, wenn ich über das Training an den Punkt gekommen bin, wo die Bewegungen wieder die Selbstverständlichkeit bekommen, die sie haben, wenn ich meine eigenen Bewegungen ausführe.

Der Patient und ich beziehen einen Teil des Spaßes bei unserem Ballspiel aus dem Versuch, uns die Technik dieses Ballspiels anzueignen. In einer der nächsten Stunden arbeiten wir weiter an ihrer Verbesserung. Wir üben das gleichmäßige Hin- und Herwerfen mit zwei Bällen und stellen fest, daß der Patient mir den Ball von oben her zuwirft, während ich ihm den Ball von unten her zuwerfe. Ich wechsle und werfe ihm den Ball nun ebenfalls von oben her zu. Dann bemerken wir, daß wir einen günstigeren Anfang haben, wenn einer von uns beiden alle drei Bälle zu Beginn hat und diese einen nach dem anderen abgibt. Wir versuchen auch, hoch zu werfen, um zu verhindern, daß unser Tempo immer schneller wird und wir so möglichst lange keinen Ball verlieren. Aber all diese Versuche zur zirkusreifen Akrobatik bleiben auf einfachem technischen Niveau und geben unserem Ballspiel den Ausdruck des Eigenen, Persönlichen.

Machen wir, hier angekommen, eine Bestandsaufnahme: Ich habe die körperliche Bewegung aufgeteilt in eigene und trainierte Bewegungen und mir von dieser Aufteilung versprochen, eine begriffliche Vorstellung von den inneren Vorgängen eines sich bewegenden Körpers zu bekommen. Diese begriffliche Vorstellung habe ich mit dem Körpererleben gefunden. Gleichzeitig hat sich gezeigt, daß die körperliche Bewegung nicht nur ein Wegweiser ist, der mich zu den inneren Vorgängen eines Körpers führt, sondern daß die körperliche Bewegung in Verbindung mit dem Körpererleben steht, beide sind voneinander abhängig und bedingen einander. Dieses Wechselspiel zwischen körperlicher Bewegung und dem Erleben vom Körper ist Teil des Verhältnisses zum Körper. Damit habe ich einen Zusammenhang herstellen können zwischen zwei Begriffen, die das Verhältnis zum Körper beschreiben. Am sich bewegenden Körper spielt sich dieses Verhältnis ab, das ich als ein Wechselspiel zwischen Innen und Außen, zwischen Körpererleben und körperlicher Bewegung begreife. Da das Körpererleben mit der körperlichen Bewegung in Zusammenhang steht, bezieht es sich auf den sich bewegenden Körper. Es läßt sich in zwei Formeln fassen, die jeweils einen idealen Punkt bezeichnen. Für die eigenen Bewegungen gilt, daß ich vergesse, daß ich einen Körper habe, für die trainierten Bewegungen gilt, daß ich weiß, daß ich einen Körper habe.

Üblicherweise wird das Verhältnis zum Körper erst dann bemerkt, wenn sich das Bedürfnis einstellt, einmal wieder etwas für seinen Körper zu tun. Das bedeutet, daß mich meine Alltagsbewegungen meinen Körper haben vergessen lassen. Mit einer sportlichen oder tänzerischen Unternehmung hole ich mir meinen Körper wieder näher heran, ich nehme ihn darüber wieder in Besitz. Ich weiß wieder, daß ich einen Körper habe. So gesehen ist die körperliche Bewegung ein Muß. Ich muß mich bewegen, weil die körperliche Bewegung Teil meines Verhältnisses zum Körper ist und ich über sie dieses Verhältnis regle. Erst im Tod, wenn die körperliche Bewegung wegfällt, ist dieses Verhältnis beendet. Dann habe ich keinen Körper mehr, dann bin ich mein Körper.

Die körperliche Bewegung regelt das Verhältnis zum Körper, sie ist Teil dieses Verhältnisses. In ihrer Rückwirkung auf den Körper löst sie das Erleben vom Körper aus. Versteht man dieses Erleben als inneren Vorgang, findet die sichtbare körperliche Bewegung ihre Fortsetzung in einer unsichtbaren inneren Bewegung. Auf ihrem Weg von außen nach innen passiert die körperliche Bewegung die Körpergrenze, die Inneres von Äußerem scheidet, Körpererleben von körperlicher Bewegung trennt. Weil aber Innen und Außen miteinander in Verbindung stehen, ist diese Grenze durchlässig, so daß sich die innere Bewegung in der äußeren ausdrückt und die äußere Bewegung wieder rückwirkt auf die innere Bewegung.

Wenn aber, wie in der Psychose, diese Körpergrenze zu durchlässig geworden ist, die körperliche Bewegung nicht mehr vom Körpererleben getrennt werden kann, verfremdet das Verhältnis zum Körper und zieht die körperliche Bewegung in Mitleidenschaft. Dann können weder die trainierten Bewegungen das Verhältnis zum Körper regeln, noch können es die eigenen Bewegungen. Das Wechselspiel zwischen Körpererleben und körperlicher Bewegung ist unterbrochen, der sich bewegende Körper Vermittler eines fremden, psychotischen Ausdrucks. Der psychotische Patient kann weder seinen Körper vergessen, noch weiß er, daß er einen Körper hat. Das ist sein Dilemma. Um aber wieder zu einem vertrauteren Verhältnis zum Körper zu kommen, muß sich der Patient bewegen. Dazu braucht er das Bild eines sich bewegenden Gegenübers, dessen Bewegungen nicht psychotisch verfremdet sind und das seine Bewegungen mitmacht.

Mit der Körpergrenze habe ich einen weiteren Begriff gefunden, der das Verhältnis zum Körper beschreibt. Auf diesen Begriff bin ich gekommen, weil zwischen körperlicher Bewegung und Körpererleben ein Austausch stattfindet. Trotz dieses Austausches bleibt die körperliche Bewegung ein insgesamt äußerer und das Körpererleben ein insgesamt innerer Vorgang. Die Körpergrenze trennt Körpererleben und körperliche Bewegung, ist aber gleichzeitig so durchlässig, daß ein Austausch stattfinden kann.

An Hand eines Fallbeispiels aus meiner klinischen Arbeit, das ich zuerst darstelle und danach kommentiere, versuche ich nun, meine neu gewonnenen Einsichten anzuwenden. Da in meiner klinischen Arbeit der Körper und die körperliche Bewegung im Mittelpunkt stehen, ich aber ohne spezielle Bewegungstechniken arbeite, sind die eigenen Bewegungen Ausgangspunkt der Therapie. Bei dem Begriff eigene Bewegungen kann ich auch bleiben, denn die Patientin, um die es geht, ist für meinen Blick zu keinem Zeitpunkt ihres Klinikaufenthaltes mit ihrem Verhältnis zum Körper in einem so desolaten Zustand, daß ihre Fähigkeit, sich abzugrenzen, verloren gegangen wäre und ihre Bewegungen darunter gelitten hätten.

Da es bei psychotischen Patienten mitunter durchaus so ist, daß die Bewegungen nicht mehr zum Trainieren verwendet werden können, weil das Verhältnis zum Körper so verfremdet ist, daß es nichts mehr zu beherrschen gibt, haben die eigenen Bewegungen in meiner klinischen Arbeit eine größere Bedeutung als die trainierten Bewegungen. Sie sollen dazu führen, den Körper als etwas Eigenes, Zu-Mir-Gehörendes zu erleben, ohne daß vergessen wird, daß man einen Körper hat. Das heißt nicht, daß ich einen Körper habe wie im Moment des Trainings, aber ich eigne mir meinen Körper im Verlauf der Therapie langsam wieder an und mache mich mit seiner Eigenheit vertraut. Das ist ein anderes Vorgehen, als wenn ich über ein Training meinen Körper wieder in Besitz nehme.

Dieses andere Vorgehen soll in meinem Fallbeispiel veranschaulicht werden. Wie schon erwähnt, ist das Verhältnis der Patientin zu ihrem Körper nach meinem Eindruck zu keinem Zeitpunkt ihres Klinikaufenthaltes so verfremdet, daß nicht auch ein Training möglich gewesen wäre. Um so erfreulicher ist es, daß sie sich nicht nur auf mein Angebot, die Bewegung zum Körpertraining zu verwenden, einläßt, sondern ihren Bewegungsideen nachgeht und dadurch Bewegungen möglich werden, wie sie bei einem Training nicht hätten entstehen können. Ich arbeite mit der Patientin zweimal wöchentlich für eine Stunde; die Therapie erstreckt sich über einen Zeitraum von acht Monaten.

Die Patientin, eine 26jährige Studentin der Sinologie, kommt in die Bewegungstherapie, weil sie die durch ihren Klinikaufenthalt unterbrochene krankengymnastische Behandlung hier weiterführen möchte. Ich frage sie in der ersten Stunde nach den bereits gemachten Übungen, aber sie hat sie vergessen, und so beginne ich, ausgehend von ihrem Wunsch nach Gymnastikübungen für die Wirbelsäule, ihr diese vorzugeben und darauf zu achten, daß sie sie auch möglichst korrekt ausführt. Wir arbeiten meist im Liegen nebeneinander. Sie hat Freude an diesen Gymnastikübungen und macht sie sehr konzentriert und genau mit. Zur Auflockerung schlage ich vor, anschließend Ball zu spielen, was sie gerne annimmt. So geht das eine Zeit, bis sie das im Raum stehende Trampolin entdeckt und ausprobieren möchte. Sie springt sehr sicher und mit großer Freude, während ich zunächst nur unten stehe und zuschaue. Da ich sehe, daß sie sich sicher auf dem Trampolin bewegt, hole ich einen Ball und werfe ihn ihr von unten aus zu. Sie fängt ihn im Springen auf und wirft ihn mir im Springen wieder zurück. Daraus entsteht ein Ballspiel mit zwei Rhythmen. Ein Rhythmus wird durch ihr Springen vorgegeben und ein zweiter entsteht durch den Rhythmus unseres Ballspiels. Sie ist mit Begeisterung dabei und will gar nicht mehr aufhören. Durch die ständige Wiederholung dieses Bewegungsablaufes wiegt sie sich wie in die Bewegung ein. Als sie dann außer Atem ist, legt sie sich ins Trampolin, ich stelle mich neben sie, bringe mit den Beinen das Trampolin zum Schwingen und schaukle sie so. Sie genießt das sehr. Nach einer Weile werfe ich ihr erneut den Ball zu. Sie fängt ihn im Liegen, während ich nun im Stehen wippe und so das Trampolin in Bewegung halte. Wieder entsteht ein rhythmisches Ballspiel, das uns durch die ständige Wiederholung in seinen Rhythmus einwiegt und ein Gefühl von Endlosigkeit entstehen läßt.

Die Patientin, die in den ersten Stunden viel erzählt hat, so z. B., daß sie sich dick wie ein Nilpferd fühle, ist von dem Zeitpunkt an, wo sie das Trampolin entdeckt hat, eher schweigsam. Die Gymnastikübungen, die sie sich in der ersten Zeit gewünscht hat, machen ihr nun keinen Spaß mehr, und so hören wir damit auf. Statt dessen experimentiert sie mit dem Trampolin und den sich dadurch ergebenden Bewegungsmöglichkeiten. Sie springt darauf, vollführt Kunststücke wie auf die Knie zu fallen und wieder zum Stehen zu kommen oder sich hinzusetzen und wieder auf die Füße zu kommen. Oder sie möchte das Ballspiel mit mir wiederholen. Immer wieder wiegt sie sich in den Rhythmus des Bewegungsablaufes ein und genießt, bei aller körperlichen Anstrengung, diesen Zustand ganz offensichtlich. Manchmal, zum Ende der Stunde, holt sie sich einen riesengroßen Ball, mit dem sie alleine spielt. Der Ball erzeugt ein lautes Geräusch, wenn er auf den Boden geprellt wird. Sie schafft sich so einen hörbaren Rhythmus, während sie auf den Ball schlägt und ihn von hoch oben wieder herunterholt, und zwar mit einer Geschmeidigkeit und Anmut in den Bewegungen, die mich begeistern. Manchmal schließt sie dazu die Augen und wirkt dann ganz hingegeben an die Bewegung und an deren Rhythmus.

Wenn sie außer Atem ist, legt sie sich ins Trampolin, und ich schaukle sie. Mit der Zeit und in dem Maß, wie sie in der Stimmung müder und lustloser wird, möchte sie nur noch im Trampolin liegen und bewegt werden. Es gibt nun ganze Stunden, in denen ich sie ausschließlich schaukle. Sie liegt dabei auf dem Rücken lang ausgestreckt oder sie zieht in der Rückenlage die Beine an. Manchmal rollt sie sich ganz ein und dreht sich auf die rechte Seite. Zu diesen Stunden wünscht sie sich als Begleitung Musik und sucht sich von Tangerine Dream die Schallplatte «Stratosfear» aus oder von Jarre «Oxygene». Manchmal bringt sie eigene Kassetten mit, auf denen chinesische Musik oder moderne japanische Musik zu hören ist. Manche dieser Stunden verlaufen schweigsam, aber es gibt auch Stunden, in denen sie mir von ihrem Leben erzählt, von ihren Aufenthalten in Asien, vor allem in Taiwan, von ihren Begegnungen mit Chinesen, von ihrer Teilnahme an einem chinesischen Chor in Taiwan. Sie erzählt mir von ihren Erfahrungen mit der fremden Kultur und wie sie die eigene Kultur erst in der fremden Kultur verstanden hat. Durch meine eigenen Auslandsaufenthalte sind mir solche Erfahrungen vertraut, und ich kann sie mit ihr teilen. Als sie wegen der Pekinger Studentenunruhen schlaflose Nächte hat, bekommt sie Fluanxol. Dieses Medikament nimmt sie bis zu ihrer Entlassung.

Einmal, als sie wieder auf dem Trampolin liegt und sich schaukeln läßt, erzählt sie mir, wie gut ihr die Bewegungstherapie tut und daß sie sich nach solchen Stunden wohl fühlt in ihrem Körper. Sie erzählt mir dann, daß sie gerne getanzt hat und daß sie durchaus aufgefallen sei mit ihrer Art zu tanzen. Das nächste Mal möchte sie mir etwas vortanzen. Sie läßt sich zuerst auf dem Trampolin bewegen, dann klettern wir herunter, und sie tanzt mir zwei Tänze vor, den einen zur Musik von Santanas «Black Magic Woman» und den anderen zur Musik von Temptations' «Law of the Land». Sie begeistert mich wieder durch ihre geschmeidigen Bewegungen, durch die Art, wie sie sich ihnen hingibt, und durch eine sehr eigene und differenzierte Koordination zwischen Becken- und Beinbewegungen und Oberkörper- und Armbewegungen. Wir beschließen, daß, wenn sie wieder Lust aufs Tanzen hat, ich beim nächsten Mal mitmachen darf.

Schon in der nächsten Stunde möchte sie wieder tanzen und hat dazu auch Kassetten mitgebracht. Wir tanzen die ganze Stunde lang, meistens jede für sich alleine, und wir nehmen nur hin und wieder eine Bewegung vom anderen auf. Am Ende der Stunde hat ihr zwar das Tanzen gefallen, aber sie beklagt sich über ihre ständige Selbstkontrolle und ist sehr unzufrieden mit sich. Ich schlage ihr deshalb vor, daß wir beim nächsten Mal stärker aufeinander bezogen tanzen könnten, und sage ihr, daß sie, wenn sie auf mich schaut, vielleicht von sich abgelenkt wird. Die nächste Stunde verbringt sie auf dem Trampolin, aber in der übernächsten Stunde möchte sie wieder tanzen. Sie hat eine Kassette mit langsamer Musik mitgebracht. Ich versuche, die sehr eigene Koordination ihrer Bewegungen nachzumachen und mitzumachen. Dazu stehen wir uns gegenüber, und ich übernehme erst ihre Bein- und Beckenbewegungen. Als ich mir darin sicher bin, nehme ich ihre Arm- und Oberkörperbewegungen dazu. Sie hilft mir bei meinem Versuch, und ehe wir uns versehen, sind wir mitten drin im Tanzen und beginnen nun, unsere Ausgangsbewegung zu variieren. Es gibt Momente in dieser Improvisation, in denen wir uns in unsere gemeinsame Bewegung einwiegen und diese endlos wiederholen, bis einer von uns beiden eine Veränderung passiert, indem sie z. B. für eine Sekunde eine andere Gewichtsverlagerung hat und deshalb einen zusätzlichen Schritt machen muß und die andere dann diese Bewegung aufgreift und nun daraus eine neue Bewegung entsteht. Oder wir spielen mit den Raumwegen, tanzen aufeinander zu und gehen wieder voneinander weg, tanzen umeinander herum oder gehen aneinander vorbei. Aber die größte Freude hat sie dann, wenn wir uns wie endlos in einen Bewegungsablauf eintanzen. Sie könne dann ewig so weitermachen, erzählt sie mir am Schluß. Die nächsten Stunden verbringt sie nur noch zum Teil auf dem Trampolin. In der übrigen Zeit tanzen wir. Einmal möchte sie Geräte ausprobieren. Vor allem ein Gerät in der Art eines fahrbaren Untersatzes hat es ihr angetan, und sie experimentiert darauf mit großem Vergnügen. Ein andermal bringt sie ihr Federballspiel mit, und wir spielen Federball.

Unsere Arbeit wird unterbrochen, als ich für drei Wochen in die Ferien fahre. Als ich wieder zurück bin, kommt sie zur erwarteten Zeit nicht, und ich suche sie auf der Station auf. Sie liegt im Bett und schläft. Sie hat den Termin vergessen, meint dann, sie wäre heute durch den Wind, käme aber Donnerstag wieder – was sie auch tut. Die nächsten Stunden verbringen wir ausschließlich auf dem Trampolin, wo sie liegt und ich sie schaukle. Sie wählt sich dazu Musik von Cat Stevens, Mike Oldfield, Peter Paul and Mary, Simon and Garfunkel, The Moody Blues. Sie wirkt schwer und müde im Ausdruck, hat auch elf Kilo zugenommen, wie sie mir gesteht. Dann bringt sie eines Tages ihr Federballspiel wieder mit und will mit mir Federball spielen. Da es ein sonniger und fast windstiller Tag ist und da die Decke in meinem Arbeitsraum sehr niedrig ist, schlägt sie vor, im Freien zu spielen. Wir gehen auf den Sportplatz und finden dort eine von Bäumen umgrenzte kleine Rasenfläche, die sich gut eignet. Ich sehe sie heute seit meinen Ferien das erste Mal wieder in der Bewegung und bemerke ihre Schwerfälligkeit. Sie hört nach einer halben Stunde auf zu spielen, weil sie nicht mehr kann und weil sie sich den gehabten Spaß nicht durch Überanstrengung verderben möchte. Wir setzen uns noch für den Rest der Zeit auf eine Mauer in die Sonne und sprechen miteinander. Sie wünscht sich wieder mehr Bewegung, aber diese Bewegung soll nicht so anstrengend sein, daß ihr der Körper danach weh tut, und auch nicht nur ein Liegen und Bewegtwerden sein. Das Tanzen zur Musik wäre ihr im Moment zuviel. In der nächsten Stunde mache ich ihr folgenden Vorschlag: Eine von uns beiden soll eine Bewegung vorgeben, während die andere zuschaut. Dann hört die eine auf und die andere beginnt sich zu bewegen, soll sich aber von der gesehenen Bewegung anregen lassen. Als Standort schlage ich ihr den Boden des Raumes oder das Trampolin vor. Sie entscheidet sich für das Trampolin, und wir setzen uns vis-à-vis an das jeweils äußerste Ende. Ich soll die erste Bewegung vormachen und beginne mit einer einfachen Armbewegung, die ich ein paarmal wiederhole. Dann ist sie an der Reihe, sie greift meine Armbewegung auf, verändert sie aber ein bißchen. Die ersten Minuten dieser Improvisation sind noch sehr angespannt, aber dann sind wir mitten drin und nur noch konzentriert auf den nächsten Bewegungseinfall. Sie ist mit Feuereifer dabei, und manchmal schaut es aus, als ob sie ihren Körper gerade jetzt neu entdecke. Sie experimentiert mit der Bewegung, mit ihren Armen und Beinen, die sich ineinander verschlingen und verknoten oder sich manchmal zu verdoppeln scheinen. Ihre Bewegungen sind sehr ausdrucksvoll, und ich habe keine Mühe, mich von ihnen anregen zu lassen. Auch ihr fällt immer etwas zu meinen Bewegungen ein, und so kommt es, daß wir, als wir nach einer halben Stunde aufhören, ziemlich verschwitzt und außer Atem sind. Für den Rest der Stunde schaukle ich sie noch. Sie möchte diese Bewegungsimprovisation wiederholen, aber sie wünscht sie sich weniger anstrengend. Deshalb schlage ich in der nächsten Stunde vor, daß wir eine sehr langsame Musik, z. B. die «Gnossiennes» von Satie, dazu auflegen in der Hoffnung, daß uns die langsame Musik auch zu langsamen Bewegungen verleitet. Sie ist einverstanden, möchte aber zuerst bewegt werden, ehe sie sich selber bewegt. In der nun folgenden Improvisation gelingt es uns, die Anstrengung so auszubalancieren, daß wir nicht überfordert, aber auch nicht unterfordert sind. Wir sitzen wieder auf dem Trampolin vis-à-vis und bewegen uns so behutsam, daß wir diesmal das Trampolin durch unsere Bewegungen nicht zum Schwingen bringen. Wir vermeiden auch alle Geräusche mit den Füßen, die leicht entstehen, wenn man im Sitzen die Beine auf dem Boden des Trampolins entlangführt. So entstehen schwebende und luftige Bewegungen, mit denen wir auch versuchen, dem schwebenden Charakter der Musik gerecht zu werden. Die nächsten Stunden verlaufen ähnlich, nur möchte sie sich jetzt zuerst bewegen und dann erst bewegt werden. Dann möchte sie sich auch nicht mehr auf dem Trampolin bewegen, sondern im Stehen auf dem Boden des Raumes. Das Trampolin benutzen wir nur noch zum Schluß der Stunde zum Bewegtwerden. Ich schlage ihr nun vor, daß wir uns auch so bewegen könnten, daß die eine die Bewegungen der anderen ebenfalls mitmacht. Sie ist einverstanden, möchte aber einen Gegenstand dazu nehmen. Sie sucht sich einen Reifen aus und gibt mir einen anderen. In der nun folgenden Improvisation, bei der wir uns gegenüberstehen, hat die Patientin große Freude an schwingenden Bewegungen, die sie mit dem Reifen in der Hand ausprobiert, und die sie, nach ihren Worten, stundenlang ausführen könnte. Wie schon zu Beginn der Therapie wiegen wir uns wieder in eine sich rhythmisch wiederholende, diesmal schwingende Bewegung ein, und wieder entsteht zwischen uns ein Gefühl von Endlosigkeit.

In der nächsten Stunde ist sie zum ersten Mal seit geraumer Zeit nicht mehr auf dem Trampolin. Sie möchte nicht mehr bewegt werden, sondern sich selber bewegen, und so bleibt es auch bis zum Ende der Therapie. Es beginnt nun eine Zeit, in der sie wie ein neugieriges Kind alles ausprobiert, was ihr einfällt. Sie inspiziert dazu den Geräteraum und läßt sich auch durch die Gegenstände, die im Raum stehen, anregen. Während der Improvisation probieren wir das jeweils von ihr ausgesuchte Gerät in alle Richtungen seiner Brauchbarkeit aus und sind beide nach der Stunde immer wieder erstaunt, was und wieviel uns doch eingefallen ist. Wir verwenden nun ausschließlich ein Musikstück, das sich für unsere Improvisationen sehr gut eignet und das wir auch nicht über werden zu hören: «Edges of Illusions» von John Sureman. Die Arbeit ist konzentriert und anstrengend, macht aber soviel Spaß, daß die körperliche Anstrengung von der Patientin nicht als Überanstrengung empfunden wird.

In der nächsten Stunde, in der sie ebenfalls nicht mehr aufs Trampolin geht, wiederholt sie zunächst die Bewegungen mit dem Reifen. Wir stehen uns im Raum gegenüber, eine von uns beginnt mit einer Bewegung, die die andere mitmacht und umgekehrt. Nach einer Weile hat sie genug vom Reifen und holt für jeden von uns einen Stock. Wir erfinden Bewegungen, bei denen wir die Stöcke gegeneinander schlagen. Dann beginnen wir, den Stock auf einer Handfläche zu balancieren. Dabei entstehen Raumwege, da wir, um die Balance des Stockes möglichst lange zu halten, durch das Gehen versuchen, den Stock auszubalancieren. Danach stehen wir uns wieder gegenüber und klopfen mit dem Stock Rhythmen auf den Boden. Daraus ergibt sich, daß jede für sich durch den Raum geht, wir aber verbunden sind durch die Rhythmen, die wir mit unseren Stöcken klopfen. Ganz zum Schluß der Stunde hechtet sie vom Kasten auf die davor stehende Liege, und ich passe auf, daß sie sich nicht weh tut. Dann geht sie zur Tafel, die im Raum hängt, und schreibt auf chinesisch darauf, daß es ihr Spaß gemacht hat. Ich stehe fasziniert und gerührt daneben und bitte sie, ebenfalls auf chinesisch dazu zu schreiben «mir auch» – was sie gerne tut.

Die nächste Zeit ist angefüllt mit Experimenten. Sie kommt in die Stunde und möchte jedesmal etwas anderes ausprobieren. Zu fast allen Improvisationen stehen wir uns im Raum gegenüber. Jede hat einen Gegenstand in der Hand, und wir machen jeweils die Bewegungen der anderen mit. Wir kommen meist mit einem einzigen Gegenstand aus und wundern und freuen uns oft danach, was wir alles damit haben machen können. Entweder lassen wir uns von dem Bewegungseinfall der anderen anregen, oder es fällt uns etwas zu diesem Gegenstand ein, was wir ausprobieren möchten, oder die Patientin erinnert sich an früher gemachte, aus der Schulzeit stammende Bewegungsfolgen, die sie wiederholen möchte. Das Trampolin benutzen wir nicht mehr.

Da ihr die Improvisation mit den Stöcken so gut gefallen hat, möchte sie noch einmal mit diesem Gegenstand arbeiten. Wir stehen uns gegenüber und erfinden Bewegungen, bei denen wir den Stock im Sitzen und Liegen über den Körper rollen lassen, oder wir erfinden rudernd-schwingende Bewegungen im Stehen, oder der Stock wird so gehalten, daß er durch schnelles Greifen von der einen zur anderen Hand wie in der Luft stehen bleibt. In einer anderen Stunde möchte sie noch einmal mit dem Stock improvisieren und die schlagenden Bewegungen weiter ausprobieren. Dabei entsteht eine Art Stocktanz. Zunächst hält jede von uns ihren Stock mit beiden Händen fest, und wir schlagen die Stöcke gegeneinander. Dann nimmt jede ihren Stock in eine Hand. Dabei ergibt sich, daß wir durch den Raum gehen, sie vorwärts, ich rückwärts, immer in Spannung vor einem Schlag bzw. davor, den Schlag abzufangen.

Mit dieser Stunde endet die Improvisation mit den Stöcken, aber ihre Lust am Experimentieren ist noch nicht befriedigt, denn zur nächsten Stunde sucht sie sich wieder den riesengroßen Ball aus, mit dem sie auch früher schon gerne gespielt hat. Es findet sich für mich ein ähnlich großer Ball, und nachdem wir erst die Bälle neben uns hergerollt haben, dann mit dem Fuß versucht haben, den einen Ball mit dem anderen zu treffen, legt sich die Patientin bäuchlings auf ihren Ball. Wir balancieren auf den Bällen und erfinden allerhand Bewegungen mit Armen und Beinen, die aber so sein müssen, daß wir nicht vom Ball fallen. In der nächsten Stunde improvisieren wir noch einmal mit Bällen, diesmal sind die Bälle aber nur so groß, daß wir sie in die Hand nehmen können. Zum Schluß möchte sie den Ball gegen die Wand spielen. Ich schlage vor, daß eine den Ball gegen die Wand wirft, die andere ihn auffängt usw. Dann nehmen wir noch den zweiten Ball dazu, und wieder, wie auch schon früher, entsteht ein rhythmisches Zusammenspiel, das spannend ist und in das wir uns einwiegen und das endlos dauern könnte.

In einer anderen Stunde improvisieren wir mit Tüchern, die Stunde darauf schlägt die Patientin vor, daß wir in jeder Hand ein Tuch halten sollen. Auch das geht gut. Dann möchte sie balancieren. Wir drehen die im Raum stehenden beiden Turnhallenbänke um und schieben sie auf eine Linie. Nun haben wir eine Art Schwebebalken, auf dem wir die Stunde verbringen. Jede von uns fängt mit ihrer Bewegung am äußersten Ende der Bank an, wenn wir uns in der Mitte treffen, gehen wir entweder rückwärts zurück, oder wir drehen uns um und gehen dann vorwärts wieder ans Ende der Bank. Zum Schluß dieser Stunde meint sie, daß sie nun alles ausprobiert habe. Im gleichen Atemzug erwähnt sie, daß sie dieses Jahr – es ist Ende November – noch in der Klinik verbringen wolle. Zur nächsten Stunde kommt sie das erste Mal seit langer Zeit ohne eigenen Vorschlag. Wir reden ein bißchen miteinander und kommen dann darauf, daß wir uns unter der Vorstellung bewegen, wir hätten einen Gegenstand zwischen uns, mit dem wir spielen, den wir uns zuwerfen oder übergeben, der klein oder groß werden kann, schwer oder leicht usw. Diese Improvisation endet mit einer pantomimischen Schlacht im Sandkasten, wir bewerfen uns mit Sand, jagen uns durch den Raum und sind am Schluß völlig außer Atem. Die nächsten Stunden fallen aus, mal ist sie krank, dann hat sie die Stunde verschlafen, einmal bin ich verhindert. Als sie wieder kommt, schlägt sie vor, aufs Trampolin zu gehen. Ich mache ihr einen Gegenvorschlag: die Therapie zu beenden. Sie ist erleichtert, dann aber traurig, weil ihr die Arbeit mit mir Spaß gemacht hat. Sie sieht aber ein, daß es passend ist, nun aufzuhören, und beschließt, nicht gleich auf die Station zurückzukehren, sondern spazieren zu gehen. Auf meine Frage, ob sie mich mitnehme, reagiert sie erfreut, und wir machen, lebhaft miteinander redend, einen schönen Spaziergang zusammen.

Die Arbeit mit der Patientin beginnt mit Gymnastikübungen, also mit den Körper trainierenden Bewegungen. Sehr schnell entdeckt sie aber, daß sie in der Zusammenarbeit mit mir auch eigene Bewegungsideen verwirklichen kann, daß ich bereit bin, mit ihr zusammen diese Ideen auszuprobieren. Sie läßt sich vom im Raum stehenden Trampolin anregen und verläßt damit die strenge Form der Gymnastikübungen. In diesem Moment, in dem sie die trainierenden Bewegungen zugunsten eigener Bewegungen aufgibt, entstehen rhythmische Bewegungsfolgen, in die sie sich mit Genuß einwiegt und in deren Bann sie mich mitzieht. Gleichzeitig fällt mir ihre Hingabe an die Bewegung auf, die verbunden ist mit einer Geschmeidigkeit in der Ausführung. Einmal von den Gymnastikübungen weggekommen, genießt sie auch das Bewegtwerden und läßt es sich nach sehr anstrengenden Sequenzen gerne gefallen.

Allmählich bekommt aber das Bewegtwerden die Oberhand. Ihre Freude am Ausprobieren von Bewegungen geht zurück, das Bewegtwerden tritt an die Stelle. Damit wird die körperliche Bewegung ausgeschaltet, ihr Körper wird nur noch vom Auf und Ab des Trampolins bewegt. In diesem Zustand, in dem der sonst übliche Austausch von äußerer und innerer Bewegung auf ein Minimum reduziert ist, ist sie ganz entspannt und fühlt sich in ihrem Körper wohl und zu Hause. So verschafft sie sich nun über das Bewegtwerden ein gutes Verhältnis zum Körper, während sie dies vorher über das Sich-Selber-Bewegen getan hat.

Aber es dauert nicht lange, da erwacht ihre Neugier von neuem. Zunächst ist es ihr wichtig, daß die körperliche Anstrengung nicht in eine Überanstrengung ausartet. Dann, als wir uns auf ein für sie erträgliches Maß eingependelt haben, braucht sie das Bewegtwerden nicht mehr, sondern läßt ihrer Lust am Experimentieren freien Lauf. Ich, die ich ihre Einfälle und Bewegungen mitmache, lasse mich immer wieder von ihrer Freude an der Bewegung anstecken, und umgekehrt gelingt es mir, sie mit meinen Einfällen und Bewegungen anzuregen. Als ihre Neugier befriedigt ist, wir sozusagen für diesen Moment alle Bewegungen gemacht haben, findet die Therapie ihr Ende.

Ich gehe noch einmal zurück zum Beginn der Therapie und zu dem Wunsch der Patientin nach Gymnastikübungen. Damit drückt sie aus, daß sie über ein Training ihren Körper kennenlernen möchte. Sie lernt mit Hilfe der Gymnastikübungen ihre körperlichen Veranlagungen kennen, wie gelenkig ihre Wirbelsäule ist, wie gedehnt ihre Muskeln und Sehnen sind, wie kräftig ihre Bauchmuskulatur ist usw. Über die trainierte Bewegung versucht sie, zu einer Körperbeherrschung zu gelangen, der sich bewegende Körper wird als etwas Zu-Beherrschendes erlebt. Die Patientin weiß, während sie die Gymnastikübungen ausführt, daß sie einen Körper hat – schon weil hie und da dieser und jener Muskel schmerzt.

Anders wird es in dem Moment, in dem die Patientin die Gymnastikübungen aufgibt und in der Folge Bewegungen auftauchen, die durch ihre rhythmische Wiederholung und durch die Hingabe, mit der die Patientin sie ausführt, ein Gefühl von Endlosigkeit entstehen lassen. Später, als die Patientin sich auf dem Trampolin schaukeln läßt, genießt sie das rhythmische Auf und Ab des Trampolins nicht weniger, als wenn sie sich selber bewegt hätte. Nun schafft jede Bewegung durch den Vorgang der Wiederholung zwangsläufig einen Rhythmus, aber die Art, wie die Patientin sich immer wieder in ihre rhythmischen Bewegungen einwiegt, ist für sie sehr charakteristisch. Ihren Bewegungen unterliegt nun keine spezielle Bewegungstechnik mehr wie noch bei den Gymnastikübungen, sondern es ist ihre Alltagstechnik, mit der sie die Bewegungen ausführt. Dadurch erhalten sie einen eigenen persönlichen Ausdruck, sie erlebt ihren Körper als etwas Persönliches, Zu-Ihr-Gehörendes. Das Moment des Eigenen, Persönlichen wird noch dadurch verstärkt, daß es ihre Bewegungsideen sind, denen wir nachgehen. Da wir keine sprachliche Ebene haben, sondern der sich bewegende Körper im Mittelpunkt steht, kann ich nur insoweit davon sprechen, daß die Patientin vergißt, daß sie einen Körper hat, als sie über ihre Hingabe an ihre Bewegungen ihren Körper erst dann bemerkt, als die körperliche Anstrengung sie dazu zwingt. Durch mein Mitmachen ihrer Bewegungen gebe ich ihr darüber hinaus das Bild eines sich bewegenden Gegenübers. Ich teile mit ihr die Freude an der Bewegung, ich wiege mich mit ihr in den rhythmischen Ablauf ihrer Bewegungen ein, ich lasse mich von ihrer Neugier am Ausprobieren von Bewegungen anstecken, und ich entdecke mit ihr die Möglichkeiten der verschiedenen Gegenstände, die sie sich zum Bewegen aussucht. So hat sie immer meinen sich bewegenden Körper als Gegenüber. Deshalb mache ich auch zu Beginn die Gymnastikübungen mit, aber ich konzentriere mich dabei auf den technischen Ablauf der Bewegung. Über meinen Körper bekommt sie bei den Übungen das Bild von einer technisch korrekt ausgeführten Bewegung, während sie bei den improvisierten Bewegungen ein Bild von ihren eigenen Bewegungen vermittelt bekommt.

Eine Situation möchte ich herausgreifen. Es ist der auf dem Trampolin ruhende Körper, der nur noch durch das Auf und Ab bewegt wird. Die körperliche Bewegung, sonst mein Ausgangspunkt, wird nun ausgeschaltet. Dafür gibt es Körperstellungen, in denen der Körper sich bewegen läßt: Einmal die Rückenlage und zum anderen der zusammengerollte, auf der rechten Seite liegende Körper. Ganz offensichtlich genießt die Patientin das Bewegtwerden. Ihre Muskulatur ist entspannt, die Koordination ruht. Die körperliche Bewegung, auf ein kaum sichtbares Minimum reduziert, kann deshalb den sonst üblichen Austausch zwischen äußerer und innerer Bewegung nur sehr beschränkt anregen. Das bedeutet, daß das Verhältnis zum Körper ebenfalls ruht. Diese Untätigkeit des Körpers, der seine Arbeitsweisen fast eingestellt hat, macht den Zustand aus, den die Patientin genießt. Das rhythmische Bewegtwerden erhöht den Genuß und trägt zu ihrem Wohlgefühl bei. Sie weiß und vergißt gleichzeitig auf angenehme Weise, daß sie einen Körper hat. Die körperliche Bewegung wird durch das Bewegtwerden ersetzt.

In diesem Fallbeispiel gibt es eine klare Aufteilung zwischen trainierenden und eigenen Bewegungen. Die Patientin möchte in der ersten Zeit nur den Körper trainierende Bewegungen ausprobieren. Wäre sie bei dieser Bewegungsart geblieben, wäre meine Arbeit im Sinn von Gymnastikstunden verlaufen.

Ich hätte den Körper der Patientin trainiert und im Lauf der Zeit ihre körperlichen Fähigkeiten wahrscheinlich ein bißchen erweitern können. Sie hätte sich nach solchen Stunden ebenfalls wohl in ihrem Körper gefühlt, denn ihre Freude am Sich-Bewegen war von Anfang an da. Aber als sie einmal entdeckt hat, daß die körperliche Bewegung noch andere Möglichkeiten bietet, als nur zum Training verwandt zu werden, treibt ihre Neugier sie an andere Stellen. Diese Neugier, sichtbar geworden in ihrer Lust am Ausprobieren, führt uns durch die verschiedenen Phasen der Therapie. Die Bewegungen, denen sie nun nachgeht, sind ihre eigenen Bewegungen, die unmittelbarer, als es die trainierten Bewegungen sein können, Ausdruck ihrer Person sind. Diese Bewegungen führen sie zurück bis zum Bewegtwerden und von da aus wieder zum Sich-Selber-Bewegen. In einen solchen Verlauf wäre die Patientin mit reinen Gymnastikübungen nicht gekommen. Deshalb kommt den eigenen Bewegungen in der therapeutischen Arbeit eine größere Bedeutung zu als den trainierenden Bewegungen. Beide Bewegungsarten wirken auf das Verhältnis zum Körper, aber die eigenen Bewegungen haben einen Verlauf möglich gemacht, der, weil er nicht die Körperbeherrschung zum Ziel hat, die Patientin an Stellen gebracht hat, an denen sie ihr Verhältnis zum Körper neu orientieren konnte.

Einen Tag vor ihrer Entlassung aus der Klinik treffe ich die Patientin zufällig an der Bushaltestelle, und wir fahren ein Stück Wegs zusammen. Sie erzählt mir, daß sie morgen entlassen werde, daß sie auf den Tag genau neun Monate in der Klinik war und daß ihr Geburtstag mit ihrer Entlassung zusammenfällt. Sie ist sich der Symbolik ihres neunmonatigen Klinikaufenthaltes sehr wohl bewußt.

4
Das Verhältnis zum Körper in der Psychose

Die körperliche Bewegung ist der Zugang zum Körpererleben, sie ist der Wegweiser zu den inneren Vorgängen eines sich bewegenden Körpers. In der körperlichen Bewegung findet das Körpererleben wieder seinen Ausdruck, körperliche Bewegung und Körpererleben stehen miteinander in Verbindung und bedingen einander. Jede Bewegung wirkt auf den Körper zurück und löst ein Erleben vom Körper aus, wie auch das Erleben vom Körper sich in der Bewegung wieder ausdrückt. Beide, körperliche Bewegung und Körpererleben, bilden zusammen das Verhältnis zum Körper, wobei die körperliche Bewegung Regulator dieses Verhältnisses ist. Mit dieser Funktion der körperlichen Bewegung, nämlich das Verhältnis zum Körper zu regeln, habe ich neben dem trainierenden Aspekt einen psychologischen Aspekt entdeckt. Diesem psychologischen Aspekt der körperlichen Bewegung gehe ich nun nach in der Hoffnung, darüber mehr Einblick in das psychotische Verhältnis zum Körper zu bekommen. Als Anregung benutze ich ein Buch von Bernd Nitzschke mit dem Titel *«Der eigene und der fremde Körper»*, Untertitel «Bruchstücke einer psychoanalytischen Gefühls- und Beziehungstheorie»[1]. Nitzschke bringt den Körper in Zusammenhang mit der Psychoanalyse. Da deren Begrifflichkeit aber nichts über das Verhältnis zum Körper aussagt, bin ich gespannt, wie Nitzschke den Körper begrifflich fassen wird. Meinen Zugang zum Körper bildet die körperliche Bewegung, deshalb fasse ich den Körper begrifflich als sich bewegenden Körper.

Mit Nitzschkes Buch verfahre ich nun so, daß ich seinem Körperbegriff nachgehe und mir die Stellen heraussuche, an denen er Aussagen über den Körper macht. Das ist, um dem Inhalt eines Buches gerecht zu werden, ein einseitiges Verfahren, aber es ist auch nicht meine Absicht, Nitzschkes Buch gerecht zu werden. Mein vorrangiges Interesse gilt dem Verhältnis zum Körper, und von diesem Interesse lasse ich mich leiten. Zudem möchte ich das psychotische Verhältnis zum Körper besser verstehen, und dazu gibt mir dieses Buch Anlaß, da sich Nitzschke ebenfalls mit Psychotikern auseinandersetzt. Deshalb beziehen sich fast alle von mir ausgesuchten Zitate auf das psychotische Verhältnis zum Körper. Dieses an Hand einer Auseinandersetzung mit Nitzschkes bzw. meinem Körperbegriff zu verstehen, ist mein Anliegen. Dazu muß ich mir aber zunächst ein Bild von Nitzschkes Körperbegriff machen bzw. herausfinden, welchen Zugang er zum Körper hat.

Schon am Titel des Buches wird offensichtlich, daß Nitzschke einen anderen Zugang zum Körper hat als ich, denn er erwähnt zuerst den eigenen und dann den fremden Körper. Ich bin von meinem Blick auf den sich bewegenden Körper ausgegangen und sehe daher zuerst den anderen Körper. Der Blick auf den Körper ist so beschaffen, daß ich von meinem eigenen Körper wesentlich weniger sehen kann als vom anderen Körper. So kann ich mich z. B. von hinten fast gar nicht betrachten, und von vorne kann ich mich auch nur teilweise sehen. Es sei denn, ich stelle mich vor einen Spiegel, aber selbst dieser Blick ist noch mühevoll und umfaßt nie so selbstverständlich den Körper von allen Seiten, wie wenn ich auf einen anderen Körper blicke. Hätte Nitzschke den sichtbaren Körper im Blick gehabt, wäre ihm dies sicher aufgefallen, und er hätte die Reihenfolge umgestellt und zuerst den anderen Körper erwähnt. Seinen Zugang zum Körper findet er offensichtlich nicht über den Blick auf den anderen Körper und das sich daraus ergebende Rückschließen auf den eigenen Körper.

Aber noch etwas stört mich an diesem Buchtitel. Es ist die

Erwähnung des *fremden* Körpers. Als jemand, dem die körperliche Bewegung vertraut ist und damit auch der sich bewegende Körper, würde ich, in Abgrenzung zum *eigenen* Körper, immer nur vom *anderen* Körper sprechen, niemals vom *fremden*. Denn in der Bewegung ist mir auch der andere Körper vertraut. Ich kann die spezifischen körperlichen Veranlagungen dieses anderen Körpers sehen und mich ohne weiteres über die Bewegung in ihn einfühlen. Auch wenn meine körperliche Veranlagung eine andere ist, kann sie nie etwas grundsätzlich anderes sein. Das heißt, daß, wenn der Zugang zum Körper über die körperliche Bewegung erfolgt, der fremde Körper durch die gemeinsam erfahrene Bewegung vertraut wird. Er verliert seine Fremdheit und wird, in Abgrenzung zum eigenen Körper, zu einem anderen Körper. Die körperliche Bewegung ist wie ein Verbindungsstück zwischen zwei Körpern. Sie schafft eine Vertrautheit zwischen den Körpern, die macht, daß ich über die Bewegung im anderen Körper den eigenen erkennen kann und im eigenen den anderen. Deshalb eignet sie sich auch so gut als Medium einer Beziehung zwischen zwei Körpern. Aber Nitzschke scheint nur einen eigenen und einen fremden Körper zu kennen, es ist, als ob ihm der eigene Körper fremd wäre und er daher einen fremden Körper postulieren muß.

Schon am Titel des Buches ist zu sehen, daß in Nitzschkes Körperbegriff die körperliche Bewegung ausgeklammert bleibt. Damit steht sein Körper einigermaßen hölzern da, und ich bin gespannt zu sehen, wie er es anstellen wird, diesen Körper zu beleben. Nitzschke hat aus meiner Sicht seinem Buch bereits einen körperfremden Titel gegeben. Mit dem Untertitel des Buches «Bruchstücke einer psychoanalytischen Gefühls- und Beziehungstheorie» kann ich im Moment auch nichts anfangen, denn für mich ist ja gerade die körperliche Bewegung das Medium der Beziehung zwischen zwei Körpern. Hätte der Untertitel geheißen «Bruchstücke einer körperanalytischen Beziehungstheorie», hätte er eine Verbindung zum Titel des Buches hergestellt. So aber kann ich keine Verbindung sehen, denn die Gegebenheiten des Körpers sind nicht die gleichen wie die der Seele. Es geht mir bei solchen Überlegungen nicht um eine Trennung von Körper und Seele, aber wenn ich dem Körper auf die Spur kommen will, dann muß ich es mit auf den Körper bezogenen Mitteln tun, und das ist die körperliche Bewegung.

Ich werde also des weiteren so vorgehen, daß ich Nitzschkes Aussagen über den Körper in Beziehung setze zu meinen Kenntnissen über das Verhältnis zum Körper. In der Abgrenzung der jeweiligen Körperbegriffe hoffe ich, zu einer Auseinandersetzung zu kommen, bei der ich meine Kenntnisse über das Verhältnis zum Körper vertiefen kann.

Das erste ausgewählte Zitat hat zum Inhalt, was Nitzschke unter einem fremden Körper versteht: *«Der ganz und gar vernünftig gewordene Körper des Menschen, das ist der ganz und gar fremd gewordene.»*[2] Der vernünftige Körper ist demnach der eigene Körper und der eigene Körper dann der ganz und gar fremd gewordene. Es verhält sich also doch so, daß der eigene Körper fremd geworden ist. Das Zitat fährt fort, daß der *«vernünftig gewordene Körper der in seiner Dämonie nun nicht mehr beherrschbare Körper»* ist. Leider zeichnet Nitzschke kein Bild davon, welche Bewegungen ein vernünftig gewordener Körper ausführen würde im Gegensatz zu dem nicht mehr beherrschbaren Körper. Dann wäre dieser Körper vorstellbar geworden. Was ich an diesem Zitat von Nitzschke verstehen kann, ist die Aussage, daß einem der eigene Körper fremd werden kann. Diese Tatsache ist mir aus meiner Arbeit mit psychotischen Patienten bekannt. Da gibt es gläserne Körper, die in Gefahr sind zu zerbrechen; da fehlen Körperteile wie ein Arm, ein Bein, der Kopf, das Rückgrat; da muß jede körperliche Anstrengung vermieden werden, damit nicht die letzte dem Körper noch verbliebene Kraft gänzlich verpufft; da muß alle schnelle Bewegung gemieden werden, damit der Körper nicht auseinanderfliegt; da wird mit großer Kraftanstrengung gearbeitet, um über die Muskulatur den Körper überhaupt wieder einmal zu spüren; da besteht die Gefahr, daß beim Fangen eines Balles die Finger abbrechen; da wird der Ball wie ein empfindsames Wesen behandelt, während der eigene Körper wie ein funktionaler Gegenstand eingesetzt wird, usw.

Solche Erfahrungen zeigen, was es bedeuten mag, einen Körper zu haben. Einen Körper zu haben bedeutet aber, daß es um das Verhältnis einer Person zu ihrem Körper geht. Dieses Verhältnis umfaßt in meinem Verständnis die körperliche Bewegung und das Körpererleben. Auch das psychotische Verhältnis zum Körper muß seinen Ausdruck in der Bewegung finden; der fremd gewordene eigene Körper muß seine Verfremdung in der Bewegung ausdrücken. Beschreibungen wie vernünftiger Körper oder in seiner Dämonie nicht mehr beherrschbarer Körper tragen dem Ausdruck der Verfremdung keine Rechnung noch lassen sie den Körper faßbar werden. Nitzschkes Körperbegriff läßt offen, was für ein Körper das ist, den er meint: Einen Körper, der sich bewegen und den ich ansehen kann, oder einen Körper, der nur aus Erleben besteht, dessen Konturen aber verschwimmen, weil dieses Erleben nicht an einen sich bewegenden Körper gebunden ist?

Schauen wir weiter, wie Nitzschke den Körper beschreibt: *«...wenn Innen und Außen, Ich und Nicht-Ich sich in einem Kontinuum der Körperströme wieder auflösen. Alles fließt – vor allem aber fließen die Körper ineinander.»*[3] Zwar referiert Nitzschke an dieser Stelle «die verrückte Rede» Daniel Paul Schrebers, aber er tut es in seinen Worten und in seinem Verständnis. Was Körperströme genau sind, wird nicht weiter erklärt. Ich nehme diesen Mangel zum Anlaß, mir ein Bild davon zu machen.

Das Erleben vom Körper steht in Verbindung mit der körperlichen Bewegung. Es drückt sich, wie eine Art unsichtbarer Bewegung, in der körperlichen Bewegung wieder aus. Und umgekehrt steht die körperliche Bewegung in Verbindung mit dem Körpererleben. Sie wirkt auf den Körper zurück und löst das Erleben vom Körper aus. Zwischen Erleben vom Körper, verstanden als innere Bewegung, und körperliche Bewegung, verstanden als äußere Bewegung, steht die Körpergrenze. Diese arbeitet wie eine durchlässige Haut. Sie trennt Innen von Außen, läßt aber zu, daß zwischen körperlicher Bewegung und Körpererleben ein Austausch stattfindet. Wenn ich nun diesen Austausch zwischen innerer und äußerer Bewegung als Körperströme bezeichne, dann ist vorstellbar, daß die Körpergrenze beim Psychotiker zu durchlässig geworden ist und nicht mehr ausreichend Inneres von Äußerem trennt. In Nitzschkes Worten lösen sich Innen und Außen, Ich und Nicht-Ich in einem Kontinuum der Körperströme auf. In meinen Worten verfremdet das Verhältnis zum Körper, weil die körperliche Bewegung nicht mehr in ausreichendem Maß auf den Körper zurückwirken kann und das Verhältnis zum Körper regelt. Weder weiß der psychotische Patient, daß er einen Körper hat, noch kann er ihn vergessen, weder erlebt er den Körper als etwas Zu-Beherrschendes noch als etwas Zur-Person-Gehörendes. Nitzschke spricht vom Körper, als wenn er nur aus Erleben bestünde. Er übersieht die körperliche Bewegung.

Es wird deutlich, daß das Erleben vom Körper, welches Nitzschke beschreibt, sich in nichts mit dem Körpererleben deckt, welches ich meine. Ich hatte, in Abhängigkeit von der jeweiligen Bewegungsart, zwei Formeln für das Körpererleben gefunden. Mit der eigenen Bewegung verbindet sich ein Erleben vom Körper als von etwas Zur-Person-Gehörendem mit der Eigenart, so selbstverständlich zu sein, daß ich vergesse, daß ich einen Körper habe. Die trainierte Bewegung löst ein Erleben vom Körper aus als von etwas Zu-Beherrschendem. Ich weiß, daß ich einen Körper habe.

Nitzschkes Verständnis eines Erlebens vom Körper macht Aussagen möglich wie die, daß Körper ineinander fließen. Solche Aussagen kann ich nicht machen, denn ich habe das Erleben vom Körper an einen Körper gebunden, der über Muskeln und Gelenke verfügt und der sich bewegen kann. Bewegungen aber hat auch ein Psychotiker, wie minimal oder verfremdet sie auch immer sein mögen, und über diese Bewegungen kann ich mich an das verfremdete Verhältnis zum Körper herantasten. In diesem Verhältnis zum Körper bleibt aber der Körper aus Fleisch und Blut nicht ausgeklammert, die körperliche Bewegung verhindert das.

Etwas Eigenartiges ist passiert: Das Dilemma, das der psychotische Patient auf Grund seines verfremdeten Verhältnisses zum Körper hat, hat Nitzschke als einer, der über den Körper schreibt, auch. Nitzschke verfremdet den Körper, indem er die körperliche Bewegung ausklammert, bezieht sich nur auf ein Erleben und kann auf diese Weise die Körper ineinander fließen lassen. So kann er frei über den Körper reden, allerdings um den Preis eines körperlosen Körpers. Der Körper mit seinen Körperströmen wird zu einem fiktiven, ausgedachten Körper. Er bekommt keine Konturen, ihm fehlen alle sichtbaren Merkmale eines Körpers wie Arme und Beine, Kopf und Rumpf, die selbst ein psychotischer Patient, obwohl sie ihm fremd geworden sind, noch hat. Es ist, als ob der Autor eines Buches, das sich mit dem Körper befaßt, den Körper gar keines Blickes würdigt, gar nicht sehen will, was doch gesehen werden kann.

Ein nächstes Zitat läßt einen Körper aus Fleisch und Blut aufscheinen: *«Der Körper aus Fleisch und Blut ist immer auch emotionaler Körper* und *imaginärer Körper.»*[4] Aber in welchem Verhältnis der Körper aus Fleisch und Blut zum emotionalen und imaginären Körper steht, wäre doch die Frage. Und wie drückt sich der emotionale und imaginäre Körper im Körper aus Fleisch und Blut aus? Der eine Körper muß doch im anderen wiederzufinden sein. Und was ist ein emotionaler und imaginärer Körper überhaupt? *«Seit jeher wurzelt der Glaube an die ‹Seele› in der Auffassung, der Körper könne sich verdoppeln»*, lautet der Satz vor dem Zitat. Hier nun fangen die Körper an wegzuglitschen. Der eine, der aus Fleisch und Blut, hat sowieso keine Konturen bekommen, weil Nitzschke ihm nicht gestattet, sich zu bewegen, und der andere ist nie ein realer Körper gewesen, sondern hier wird das Wort Körper als Metapher für Seele verwendet. Den Körper aus Fleisch und Blut – den realen Körper – gleichzusetzen mit dem emotionalen und imaginären Körper – der Seele –, kommt mir vor wie ein Trick. Einerseits ist wahr, daß Körper und Seele in einer Person zusammenkommen. Andererseits muß ich Körper und Seele trennen, will ich das eine oder das andere genauer verstehen. Selbstverständlich kann das nur eine künstliche Trennung sein, eine, die ich im Denken vollziehe. Nitzschke aber, und das ist sein Trick, verwendet das Wort Körper für Seele, genauer gesagt, er beschreibt ein Erleben vom Körper, ohne den Körper aus Fleisch und Blut zu berücksichtigen, und läßt so den realen Körper wie ein Skelett zurück. So kommt er zwar auch zu einem Körperbegriff, aber dieser Körper macht den Eindruck eines fleischlosen und blutleeren Körpers, eine Art Geisterkörper, der auf das eigenartigste herumspuken kann.

Mit einem nächsten Zitat versuche ich, diesem herumspukenden Körper beizukommen: «*Da aber die Öffnung des Körpers durch solche Sehn-Sucht zugleich den Körper aufschließt für* alle *Affekte des Anderen, besteht immer auch die Gefahr einer Desintegration des Körpers.*»[5] Bei diesem Zitat interessiert mich zunächst der Begriff der Desintegration des Körpers. Ich möchte genauer wissen, was das ist.

Wenn ich unter Desintegration des Körpers den Zustand verstehe, den ich als verfremdetes Verhältnis zum Körper bezeichne, kann ich versuchen, einen solchen desintegrierten Körper genauer zu beschreiben.

Ein verfremdetes Verhältnis zum Körper bedeutet, daß die körperliche Bewegung in ihrem Ausdruck verfremdet. Ihr Ausdruck ist weder der der Trainiertheit noch der des Eigenen, Persönlichen, sondern einzig der des Verfremdeten. Dieser wird sichtbar in den roboterhaft mechanischen Bewegungen des Patienten; oder in seinen unkoordinierten, fahrigen Bewegungen; oder im Vermeiden aller Bewegungen; oder in viel zu vielen Bewegungen. Es ist, als ob die Muskulatur die Bewegungen nicht mehr auf die sonst übliche Weise koordinieren könne, als ob diese Koordination nicht mehr funktioniere und an Stelle dessen eine Koordination getreten sei, die den Patienten in eines dieser Bewegungsmuster zwingt. Die verfremdeten Bewegungen können aber nicht mehr das Verhältnis zum Körper regeln. Der Körper wird weder als etwas Zu-Beherrschendes noch als etwas Zur-Person-Gehörendes erlebt, an Stelle dessen tritt das Erleben des Fremden, Nicht-mehr-zu-Beherrschenden und Nicht-mehr-zur-Person-Gehörenden. Das Körpererleben wiederum ist nicht mehr in der Lage, der körperlichen Bewegung den Ausdruck der Trainiertheit oder des Eigenen zu geben. Der sich bewegende Körper wird fremd, das Verhältnis zum Körper verfremdet, der Körper ist desintegriert.

Sich mit einem solchen Körper zu jemand anderem in Beziehung zu setzen, ist tatsächlich sehr bedrohlich, denn es gibt nichts mehr, womit ich mich vom anderen abgrenzen kann. Die körperliche Bewegung, verstanden als Verbindungsstück zwischen zwei sich bewegenden Körpern, hat ihre Funktion, das Verhältnis zum Körper zu regeln, verloren. Daher kann sie weder die eigene Körpergrenze aufrechterhalten, noch kann sie die Abgrenzung zum Körper des anderen regeln.

Das oben erwähnte Zitat von Nitzschke beginnt mit den Worten: *«Da aber die Öffnung des Körpers...»*. Ich möchte mir diese Öffnung des Körpers ebenfalls genauer ansehen und sie mit meinem Verständnis füllen, da es bei Nitzschke keine weiteren Erklärungen dazu gibt. Dieses Bild vom Körper könnte so verstanden werden, daß der psychotische Patient zwischen seinem Körpererleben und seinen körperlichen Bewegungen keine sichere Körpergrenze mehr hat. Die körperliche Bewegung schafft es nicht mehr, die Körpergrenze aufrechtzuerhalten. Das Körpererleben bricht durch und beherrscht die körperliche Bewegung, die nun nicht mehr beides ist, nämlich körperliche Bewegung und Ausdruck des Erlebens vom Körper, sondern nur noch hilflose Vollstreckerin psychotischen Körpererlebens. Der Weg ist linear geworden: Die körperliche Bewegung wirkt nicht mehr zurück auf den Körper dergestalt, daß sie die Körpergrenze sichert und damit das Körpererleben zu einem inneren Vorgang macht. Dieses drückt sich zwar üblicherweise in der körperlichen Bewegung wieder aus, aber eben nur so weit, wie die Körpergrenze dies verträgt, um aufrechterhalten zu bleiben. Das psychotische Verhältnis zum Körper ist dieses Wechselspiels verlustig gegangen, die Körpergrenze trennt nicht mehr Inneres von Äußerem, und die körperliche Bewegung hat ihre Funktion, die Körpergrenze zu sichern, eingebüßt. Damit kann sie nicht mehr das Verhältnis zum Körper regeln, und der sich bewegende Körper drückt nur noch in seinen unkoordinierten, fahrigen Bewegungen, oder seinen roboterhaft mechanischen Bewegungen, oder im Vermeiden aller Bewegung, oder durch viel zu viele Bewegungen seine gänzlich fremde Existenz aus.

An Hand eines Fallbeispiels will ich versuchen, einen solchen Vorgang zu veranschaulichen. Zunächst ein paar Bemerkungen zum Verlauf. Die Patientin, mit der ich über zwei Monate lang arbeitete, kam zunächst einmal pro Woche für ungefähr eine halbe Stunde zu mir. Als sie auf die offene Station verlegt wurde, nahm ich sie in die dort bestehende Gruppe auf, die zweimal wöchentlich stattfand. Es ist schwer zu sagen, was den Umschwung im Befinden der Patientin letztlich auslöste, wahrscheinlich war es von allem ein bißchen, was eine Klinik so zu bieten hat, und irgendwo in diesem bißchen war auch meine Arbeit vertreten. Obwohl mir also mein Beitrag bei dieser Patientin nicht deutlich ist, hat mich die Arbeit mit ihr doch so fasziniert, daß ich sie für geeignet halte, Einblick in das psychotische Verhältnis zum Körper zu bekommen.

Ich hole die 29jährige Patientin von der geschlossenen Frauenaufnahmestation ab und gehe mit ihr den Weg über das Klinikgelände zu meinem Arbeitsraum. Sie geht schlurfend, hebt kaum die Beine vom Boden, und ihre Arme bleiben angewinkelt und schwingen nicht in der sonst üblichen Koordination beim Gehen mit. Ihre Bewegungen wirken wie in den Gelenken festgebunden, als ob Muskeln, Sehnen und Bänder zu kurz seien und von daher die Bewegung fast zum Erstarren gebracht hätten. Ihre Haare rahmen ihr Gesicht so ein, daß es wie zugewachsen wirkt. Im Arbeitsraum angekommen, bekomme ich von ihr kaum Reaktionen, aber sie klettert immerhin mit mir aufs Trampolin, wo ich sie an den Händen halte und dabei vorsichtig das Trampolin zum Wippen bringe. Sie läßt es mit sich geschehen, legt sich auch auf meine Bitte hin ins Trampolin, wo ich sie eine kleine Weile schaukle. Dann willigt sie ein, mit mir Ball zu spielen. Wir werfen den Ball hin und her, doch dann hat sie genug, und ich begleite sie zurück auf die Station. Auf meine Frage nach der Medikation meint die behandelnde Ärztin, daß das Haldol, welches die Patientin bekommt, bereits so weit reduziert sei, daß die Motorik der Patientin von daher nicht mehr beeinträchtigt sein könne.

In der nächsten Stunde, die eine Weile später liegt, ist ihr Körperausdruck unverändert. Sie möchte Yogaübungen machen, und wir legen uns nebeneinander auf den Boden. Zuerst macht sie ein paar Übungen vor, die ich mitmache, dann mache ich ein paar Übungen vor, die sie mitmacht. Dann sucht sie sich einen Ball aus, mit dem wir spielen, und dann hat sie wieder genug. Zur nächsten Stunde ist sie nicht auf der Station, sondern im Gelände, aber die Woche darauf kann ich wieder mit ihr arbeiten. Wir spielen Ball, und obwohl wir uns den Ball nur hin- und herwerfen, ist dieses Ballspiel faszinierend. Ich bin jedesmal gespannt, ob sie den Ball auch fangen, ob und in welchem Rhythmus sie ihn mir zurückwerfen wird. Es sind minimale Bewegungen, die da passieren, und minimale Reaktionen, aber es ist, als ob die Patientin das erste Mal in ihrem Leben Ball spiele und ich voller Staunen bin, daß es geht. Überhaupt macht die Arbeit mit ihr diesen Eindruck des ersten Males, als ob all die Bewegungen, die wir zusammen machen, für uns neu sind, also ob wir sie heute zum ersten Mal neu für uns entdeckten.

Vierzehn Tage später wird die Patientin auf die offene Station verlegt. Ich beschließe, sie in die laufende Gruppe dieser Station zu übernehmen, und teile ihr dies mit, samt der Zeit, zu der die Gruppe stattfindet. Sie hört mir zu, reagiert aber ansonsten nicht. Als ich ein paar Tage später auf die Station komme, um die Gruppe abzuholen, erkenne ich die Patientin kaum wieder bzw. bin mir völlig unsicher, ob sie es ist oder nicht. Sie ist für meinen Blick wie ausgewechselt: Ihre Haare sind kurz und geben ihr Gesicht frei. Ihre Bewegungen haben alle Gebundenheit verloren, ihr Körperausdruck ist wie befreit, und sie bewegt sich locker. Sie ruft mir zu: «Ich komme gleich mit», während sie sich eine Zigarette dreht. Ein Patient der Gruppe erzählt mir, daß die Patientin eine gute Tischtennisspielerin sei und daß sie Sport studiere. Ich komme aus dem Staunen nicht heraus, und als wir dann in der Stunde Tischtennis spielen, sehe ich mit Verblüffung, wie lässig und locker sie sich bewegt. In den zwei Wochen, die sie noch in der Gruppe verbleibt, will sie nur Tischtennis spielen. Sie tut es mit sportlich lässigen Bewegungen, wobei sie mich hin und wieder lobt, wenn ich auch einmal gut gespielt habe. Dann wird sie entlassen.

Zu Beginn der Therapie verfügte die Patientin nicht mehr über ihre Beweglichkeit, ihr Körper und ihre Bewegungen schienen wie erstarrt. Ihr Verhältnis zum Körper hatte psychotische Dimensionen angenommen. Das heißt, daß die körperliche Bewegung nicht mehr in der Lage war, so auf den Körper zurückzuwirken, daß die Körpergrenze gesichert und das Körpererleben zu einem inneren Vorgang wurde. Das Erleben vom Körper als von etwas Fremdem, Nicht-zur-Person-Gehörendem und auch Nicht-mehr-zu-Beherrschendem brach durch, bemächtigte sich der körperlichen Bewegung und zwang diese in ihre Dienste. Damit verfremdete die körperliche Bewegung und bekam einen roboterhaft mechanischen Ausdruck. So bot sich das Bild einer jungen Frau, deren Bewegungsrepertoire nur noch aus ein paar vagen Bewegungen bestand, nicht weil sie sich nicht hätte bewegen können, sondern weil ihre Bewegungen nur noch Ausdruck ihres Körpererlebens waren. Es galt nun, die körperliche Bewegung wieder in ihr Recht zu setzen, damit sie ihre Funktion, die Körpergrenze zu sichern und dadurch das Verhältnis zum Körper zu regeln, wieder ausüben konnte. Dazu mußte die Patientin sich bewegen, wobei auch alle Alltagsbewegungen, die sie auf der Station ausführte, ihren guten Sinn hatten.

Aber noch etwas anderes mußte geschehen. Die vagen, hilflosen, fast ziellosen Bewegungen der Patientin, die ja in ihrer Erstarrung eher ein Vermeiden von Bewegung ausdrückten, mußten wieder zu Bewegungen werden, die nicht nur die Körpergrenze zu sichern hatten, sondern darüber hinaus von der Art waren, daß sie das Erleben vom Körper seiner psychotischen Dimension beraubten. Dazu mußte der Körper wieder als zur Person gehörend erlebt werden. Das habe ich versucht, indem ich den eigenen Bewegungen der Patientin nachgegangen bin und indem ich ihre Bewegungen mitgemacht habe, um ihr über mein Mitmachen das Bild eines sich bewegenden Körpers zu geben, dessen Bewegungen nicht psychotisch verfremdet sind, und damit zu erreichen, daß sie ihren Körper als zu ihr gehörig erlebt. Von dem Moment an, als durch diesen Vorgang der fremd gewordene Körper wieder zu einem eigenen Körper geworden war, wo es also eine Körpergrenze gab, wo es auf der einen Seite das Körpererleben und auf der anderen Seite die körperliche Bewegung gab und wo die Körpergrenze nur so weit durchlässig war, daß ein Austausch beider Seiten stattfand, ohne daß die eine Seite auf Kosten der anderen die Übermacht bekam – von diesem Moment an konnte der Körper auch seine Beweglichkeit wieder zurückerlangen. Das war der Augenblick, in dem mir die Patientin lässig, locker, sportlich entgegenkam.

Soweit mein Versuch einer Erklärung. Ausgegangen war ich von den Begriffen *«Desintegration des Körpers»* und *«Öffnung des Körpers»*, die Nitzschke gebraucht, ohne daß er sagt, was mit dem Körper dabei geschieht. Insofern ich an Nitzschkes Begriffen über den Körper etwas aufzeigen kann über die Arbeitsweisen des Körpers, kann ich diese Begriffe auch verstehen, denn sie drücken in einem Bild das Verhältnis zum Körper aus.

Als nächstes habe ich mir ein Zitat herausgesucht, das mich zu dem soeben beschriebenen Fallbeispiel zurückbringt: *«Es geht um eine Wiederaneignung des eigenen Körpers, der fremd geworden ist. Es geht um primitive Formen, den eigenen Körper wieder bewohnbar zu machen. Der Körper muß ‹ver-ichen›, aus einem bloßen Objekt wieder zum Bestandteil der eigenen Subjektivität werden.»*[6]

In meiner Sicht geschieht die Wiederaneignung des eigenen Körpers darüber, daß die Bewegungen der Patientin von einem Gegenüber mitgemacht werden. Die primitiven Formen, die es ermöglichen, daß der eigene Körper wieder bewohnbar wird, sind in meiner Sicht die körperlichen Bewegungen. Den Körper wieder bewohnbar zu machen würde in dieser Sicht bedeuten, daß das Körpererleben von der Art ist, daß der Körper als etwas Zur-Person-Gehörendes und als etwas Zu-Beherrschendes erlebt wird, mit Nitzschkes Worten, daß er wieder zum Bestandteil der eigenen Subjektivität wird.

Schauen wir uns die oben beschriebene Patientin aus dieser Sicht noch einmal an. Was ich im Zustand der Psychose an ihren Bewegungen und im Mitmachen ihrer Bewegungen gesehen habe, war ein Körper, der im Moment des Bewegens sein Körper-Ich erst herauszubilden schien. Es war, als ob die Patientin die Bewegungen zum ersten Mal machte und ich im Mitmachen Zeugin dieses ersten Males wurde. Als sie mir dann als lässige Sportstudentin entgegenkam, wollte sie nur noch Tischtennis spielen und sonst nichts. Sie ließ mich nicht mehr die Bewegungen sehen, die den Charakter des ersten Males trugen und die aufzeigten, wie brüchig ihr Körper-Ich, in meinen Worten ihr Verhältnis zum Körper, doch war. Sie legte ihre sportlichen Bewegungen darüber, die sie beherrschte, und zeigte mir nur noch diese trainierten Bewegungen. Ganz sicher machte es ihr Spaß, über die trainierte Bewegung ihren Körper wieder als etwas Zu-Beherrschendes zu erleben. Es war wichtig für sie zu wissen, daß sie einen Körper hatte. Auf diese Weise versuchte sie, ihren Körper wieder in Besitz zu nehmen und ihr Verhältnis zum Körper zu regeln.

Mit einem nächsten Zitat gehe ich noch einmal Nitzschkes Körperbegriff nach: «*Die Via regia zum Körper aber verläuft über Regression, soweit der Weg zum Körper auf dem Umweg über das* Erleben *eingeschlagen werden soll; das ist die originäre Methode der Psychoanalyse, die das Objektive aufschließen will, indem sie es im Subjektiven wiederzufinden sucht.*»[7]

In diesem Zitat verwendet Nitzschke den Körper in aller Selbstverständlichkeit als Metapher für die Seele. Der Körper, verstanden als verletzliche Materie, bleibt ohne Beachtung. Dieser Sachverhalt ist mir aus der Tanztherapie bekannt. Dort wird zwar mit dem Körper gearbeitet, aber dieser muß dazu herhalten, um emotionale Prozesse in Gang zu bringen. Nun zeigt sich in aller Deutlichkeit, daß Nitzschke keinen eigenen Körperbegriff gefunden hat, es sei denn, man setzt Körper für Seele. Die Via regia aber zum Körper verläuft über die körperliche Bewegung. Diese bringt mich zum Körpererleben. Das ist als ein Wechselspiel zwischen körperlicher Bewegung und Erleben vom Körper zu begreifen, am sich bewegenden Körper vollzieht sich dieses Wechselspiel.

Die originäre Methode der Körperanalyse wäre demnach, unter Bedingungen, wie sie in der Psychose gegeben sind, Erfahrungen zu sammeln und daraus Kenntnisse zu gewinnen über die üblicherweise unbemerkt ablaufenden Arbeitsweisen des Körpers. Für mich ist evident, daß das, was sich in der Psychose abspielt, Rückschlüsse zuläßt auf die Arbeitsweise eines jeden Körpers. Letztlich ist jedes Verhältnis zum Körper labil und ständigen Schwankungen ausgesetzt, und jeder von uns versucht mit seinen je speziellen Methoden, diese Schwankungen im Gleichgewicht zu halten, sei es mit einer sportlichen oder tänzerischen Unternehmung oder was der Veranstaltungen mehr sind, die man seinem Körper zuliebe unternimmt. Wir versuchen mit solchen Übungen, uns in unserem Körper einzurichten, uns dort zu Hause zu fühlen, ein akzeptables Verhältnis zum Körper zu gewinnen. Der Psychotiker aber, so wie ich ihn begreife, kann nicht mehr über die körperliche Bewegung Besitz von seinem Körper ergreifen und darüber sein Verhältnis zum Körper regeln. Er hat seinen Besitz verloren. In einer Körperanalyse kann ich versuchen, über die körperliche Bewegung und im Mitmachen der Bewegungen so auf das Verhältnis zum Körper zu wirken, daß der Körper wieder als etwas Vertrautes, Zur-Person-Gehörendes erlebt wird und die körperliche Bewegung wieder in vollem Umfang zur Verfügung steht.

Was Nitzschke versucht hat, ist, mit Hilfe der Psychoanalyse einen Zugang zum Körper zu finden, dem er aber keine Konturen gegeben hat. Er beschreibt in Bildern ein Erleben vom Körper, aber dieses Erleben löst er ab von dem Körper aus Fleisch und Blut. Dabei herausgekommen ist ein seltsame Verrenkungen ausführender Geisterkörper. Als Tänzerin habe ich gelernt, die Schwere des Körpers zu überwinden und ihn im Tanzen wie körperlos erscheinen zu lassen. Beim Versuch, diesen sich bewegenden Körper zu verstehen, gestatte ich mir diese Körperlosigkeit nicht, sonst verwandelt sich mein Körper, ähnlich wie bei Nitzschke, in einen Geisterkörper. Die Versuchung, ähnlich schwerelos über den Körper zu reden, wie Nitzschke es tut, ist zwar groß, aber in der Arbeit mit dem Körper wird Schwerelosigkeit nur über die Anerkennung der Schwere erreicht. Auch die beste Tänzerin der Welt kann die Verrenkungen von Nitzschkes Geisterkörper nicht mehr nachvollziehen.

Zum Schluß möchte ich mit zwei Zitaten, die sich auf den Untertitel des Buches beziehen – Bruchstücke einer psychoanalytischen Gefühls- und Beziehungstheorie – Stellung nehmen zu Aussagen, die Nitzschke zu diesem Thema macht. Das erste Zitat stammt aus dem 1. Kapitel des Buches, wo sich Nitzschke mit Schreber auseinandersetzt, wo es also um psychotisches Körpererleben geht. *«Nicht nur die Koordination des eigenen Körpers ist gestört, sondern auch die Regulation der Beziehung zum Körper des Anderen»*, lautet das Zitat.[8]

In diesem Zitat interessiert mich die Aussage, daß die Regulation der Beziehung zum Körper des anderen gestört ist. Was die Regulation ausmacht, sagt Nitzschke nicht. Ich greife deshalb das oben beschriebene Fallbeispiel wieder auf und untersuche es nun auf *«die Regulation der Beziehung zum Körper des Anderen»* hin.

Die Beziehung zwischen der Patientin und mir teilt sich sehr klar in zwei Teile: Zunächst bin ich es, die ihr Angebote macht und versucht, alle Nuancen ihres Körperausdrucks wahrzunehmen und darauf zu reagieren. Dann diktiert sie mir, was Sache ist, und an der Art, wie sie mit mir umgeht, wird klar, daß ich keine Chancen bei ihr habe, wenn ich mich nicht auf das Tischtennisspielen einlasse. Aber das ist nur eine oberflächliche Sicht, denn tatsächlich hat sie mich auch in der ersten Zeit unmerklich dirigiert. Das konnte sie tun, weil ich ihr zur Verfügung stand, genauer gesagt, ich war mit meinem Körper bereit, alle Signale, die sie mir über ihren Körper gab, aufzugreifen und darauf zu reagieren. Es war, als ob die Patientin die Präsenz meines Körpers dringend bräuchte. Vor allem in der ersten Zeit ist meine Bereitschaft, ihr körperlich zur Verfügung zu stehen, meine einzige Chance, sie in Bewegung zu bringen. Ich signalisiere ihr diese Bereitschaft mit meinem Körper, und sie signalisiert mir mit ihrem Körper ihre zögernde Bereitschaft, sich auf mein Angebot einzulassen und mir auf diese Weise zu zeigen, wie fremd sie sich in ihrem Körper und in ihren Bewegungen fühlt. Die Beziehung der Patientin zu mir reguliert sich über die Dringlichkeit, mit der meine körperliche Präsenz für sie erforderlich ist. Je mehr die Patientin meinen Körper braucht, desto mehr stelle ich mich zur Verfügung. Als sie mich nicht mehr so dringend braucht, trete ich zurück, und nun zeigt sie mir ihre zurückgewonnene körperliche Präsenz.

Die Dringlichkeit meiner körperlichen Präsenz hat seinen Grund darin, daß die Patientin ein psychotisches Verhältnis zum Körper hat. Ihre Bewegungen erscheinen roboterhaft mechanisch, sie sind verfremdet. Sie erlebt ihren Körper weder als zu ihr gehörig noch als etwas Zu-Beherrschendes. Weder weiß sie, daß sie einen Körper hat, noch kann sie diesen vergessen. Im Mitmachen der Bewegungen der Patientin habe ich versucht, ihren Bewegungen den roboterhaft mechanischen Ausdruck zu nehmen und sie wieder zu eigenen Bewegungen zu machen, um ihr ein Erleben vom Körper zu ermöglichen als von etwas Zu-ihrer-Person-Gehörendem. Im Mitmachen bekommt die Patientin ein Bild von meinem sich bewegenden Körper. Über dieses Bild kann sie im Moment des Mitmachens ihren Körper als zu ihr gehörig erleben. Und über dieses sich ihr immer wieder zur Verfügung stellende Bild eines sich bewegenden Gegenübers stabilisiert sich im Lauf der Zeit ihr Verhältnis zum Körper. Sie erhält ihre Beweglichkeit zurück und kann sich nun über das Tischtennisspielen ihres Körpers versichern. Sie erlebt ihren Körper wieder als etwas Zu-Beherrschendes und weiß, daß sie einen Körper hat. Aber bevor sie diesen Zustand genießen kann, muß an die Stelle des fremden, psychotischen Erlebens vom Körper das vertraute, zur Person gehörende Erleben treten. Körperbeherrschung ist nur möglich, wenn der Körper auch zur Verfügung steht.

Die Regulation der Beziehung zum Körper des anderen hat nach meinen Vorstellungen mit der körperlichen Präsenz des anderen zu tun und mit dem über einen längeren Zeitraum gegebenen Bild des sich bewegenden Körpers des anderen. Über mein Mitmachen ihrer Bewegungen veränderten sich die Bewegungen der Patientin. Aus roboterhaft-mechanischen Bewegungen wurden zunächst vage, ziellose Bewegungen, die dann klarer und koordinierter wurden, bis sie einen lässig-sportlichen Ausdruck annahmen. Das Haldol, welches die Patientin bekam, wirkte wie ein Verstärker ihres verfremdeten Bewegungsausdruckes und machte diesen nur deutlicher.

Zum Schluß ein letztes Zitat zu Nitzschkes Körperbegriff: *«Die Zukunft der Psychoanalyse als Theorie des Unbewußten wie als Therapie der wechselhaften emotionalen Verschränkung der Körper, die sich treffen müssen, um sich wieder voneinander zu lösen, wird wesentlich davon abhängen, ob es eines Tages gelingt, wissenschaftlich – aber unter Rückgriff auf eine bestimmte Form der Erfahrung – zu erhellen, was im Inneren und zwischen den Körpern wirksam geschieht, wenn sie sich zueinander in Beziehung setzen.»*[9]

Im ersten Teil des Zitates steht das Wort Körper sowohl für das Unbewußte als auch, wegen des Treffens und Lösens der Körper, für den sich bewegenden Körper. Aber dieser sich bewegende Körper ist eine Art Kleiderständer für das Unbewußte, den man auf die Couch des Psychoanalytikers legt, damit die wechselhaften emotionalen Verschränkungen ihren Lauf nehmen können. Im zweiten Teil des Zitates verstehe ich das Wort Körper durchaus in meinem Sinn, denn was im Inneren des Körpers geschieht, glaube ich, zumindest in Teilen, theoretisch erfaßt zu haben. Was zwischen den Körpern geschieht, hat meine Neugier und mein Interesse, aber mehr, als solche Beziehungen zu beschreiben und zu kommentieren, kann ich zum momentanen Zeitpunkt auch noch nicht. Eines scheint mir aber sicher: Das Verbindungsstück zwischen den Körpern ist die körperliche Bewegung. Sie ist das Medium, das die Beziehung zwischen den Körpern reguliert. Insofern die körperliche Bewegung mit dem Erleben vom Körper in Verbindung steht, ist sie auch der Zugang zu dem, was sich im Inneren des Körpers abspielt. Deshalb sehe ich die körperliche Bewegung nicht nur als motorische Äußerung an, sondern versuche gleichermaßen, ihre psychologische Dimension zu verstehen.

Hier angekommen, beende ich meine Suche nach einem Körperbegriff, den ich in Nitzschkes Buch *«Der eigene und der fremde Körper»* nicht finden konnte, weil Nitzschke die körperliche Bewegung ausblendet und so seine Aussagen über den Körper diesen nicht zum Leben erwecken konnten. Er hat den Körper nicht in Bewegung gebracht. Und ein unbewegter Körper ist ein toter Körper.

5
Das sexuelle Moment in der therapeutischen Arbeit

Weil ich bei Nitzschke nur einen fleisch- und blutleeren Körper gefunden habe, mache ich mich wieder auf die Suche und wende mich einem Buch zu, das von Frauen geschrieben wurde, die im Bordell gearbeitet haben. Ich hoffe nun, daß der Leser mir auch auf diesem Weg folgt, weil er meine Neugier teilt und versteht, daß Aussagen über den Körper vielleicht erst dann den Körper treffen, wenn sie von denen kommen, die nicht nur theoretisch an diesem Thema interessiert sind, sondern auch über eine Praxis verfügen. Das trifft auf mich zu wie auch auf diese Frauen, beide führen wir unsere Arbeit mit dem Körper aus. Ich arbeite allerdings immer in einer Distanz zum Körper, die sich darin ausdrückt, daß zwischen mir und dem Körper des anderen ein Abstand besteht und es nur selten und ausnahmsweise zu körperlichen Berührungen kommt und diese auch wenig Bedeutung für meine Arbeit haben. Diese Frauen arbeiten mit dem direkten körperlichen Kontakt. Ihre Arbeit findet auf einer Ebene statt, wo die Nähe der Körper zueinander am dichtesten ist und wo selbst die vom Körper vorgegebene Abgrenzung durchbrochen wird.

Ich sehe aber noch eine andere Berechtigung dafür, daß ich mit diesem Buch arbeite. Der Geschlechtsakt wird mit dem Körper vollzogen, im Vollzug bewegen sich zwei Körper. Das heißt, daß das Verhältnis zum Körper eine Rolle spielen wird. Ich werde mit meinem Körper und dessen Bewegungen konfrontiert und das im Zusammenspiel mit einem anderen sich bewegenden Körper. So gesehen hat mein Versuch, in diesem

Buch mehr über den Körper zu erfahren, seine Berechtigung. Ich stelle mir vor, daß ich in ihm Aussagen über Arbeit und Umgang mit dem Körper finden werde, die mich zu einem Vergleich anregen. Eine Entsprechung zu meiner Arbeit liegt im Modell des Mitmachens der Bewegungen des anderen. Eine weitere Entsprechung liegt darin, daß diese Frauen, ähnlich mir, mit ihrem Körper präsent sind, ihn zur Verfügung stellen, sich körperlich in Bereitschaft halten. Der Unterschied ist, daß ich in einer räumlichen Distanz zum Körper arbeite. Diese Distanz brauche ich, weil ich der körperlichen Bewegung Spielraum lassen muß. Die Verbundenheit der beiden Körper im Geschlechtsakt schränkt die körperliche Bewegung ein, ich brauche aber als Voraussetzung für meine Arbeit die Möglichkeit eines sich frei bewegenden Körpers.

Aber noch etwas berechtigt mein Vorgehen. Ich habe das Verhältnis zum Körper als ein Wechselspiel von körperlicher Bewegung und Körpererleben beschrieben. In der Psychose verfremdet das Verhältnis zum Körper. Das hat zur Folge, daß der Körper als entfremdet, als etwas Nicht-zur-Person-Gehörendes und auch als Nicht-mehr-zu-Beherrschendes erlebt wird. Die Konsequenzen solchen Erlebens liegen einmal in der Verfremdung der körperlichen Bewegung und zum anderen im Vermeiden von zwischenmenschlichen Beziehungen. Über die Arbeit mit Psychotikern habe ich Einblick bekommen in das Erleben vom Körper und Rückschlüsse gezogen auf das Verhältnis zum Körper. Von den Aussagen dieses Buches erhoffe ich mir, von einer anderen Seite her Einblick zu erhalten in die Arbeit und den Umgang mit dem Körper und mich dadurch mit wieder anderen Aspekten meiner Arbeit auseinandersetzen zu können. Das erwähnte Buch heißt *«Rettet den Sex»*, die Herausgeberin ist Sabine Kleinhammes. Ich verfahre mit diesem Buch ähnlich wie mit dem Text von Nitzschke, indem ich mir Aussagen heraussuche, die mich ansprechen und die ich in Bezug setzen kann zu meinen eigenen Erfahrungen in der Arbeit mit dem sich bewegenden Körper.

Doch nun zum ersten Zitat: *«Da, wo der Blick eines Mannes plötzlich am Dekolleté meiner Spitzenbluse hängenbleibt, oder wo ich bei einem Mann plötzlich eine bestimmte Art des Ganges wahrnehme, da geschieht Es im Blitzteil einer Sekunde. Da gibt es diese Energie des reinen Sex, wo man am liebsten gleich um die nächste Hausecke verschwinden würde, wenn dazwischen nicht die Verhaltensunfähigkeit, die Mutprobe und die Frage stehen würde: wie macht man das jetzt?»*[1]

Bevor ich einen Zusammenhang zu meiner Arbeit herstelle, beschreibe ich eine Therapiestunde, zu der zwei Frauen und ein Mann gekommen sind.

Zu Beginn stehen wir unentschlossen im Raum herum, und auf meine Frage, ob jemand einen Vorschlag habe, kommt als Antwort von dem Patienten: «Mehr Bewegung als beim letzten Mal». Gleichzeitig beginnt eine der Frauen im Weitergehen ein Bein hochzuwerfen und sich mit Oberkörper und Armen über das hochgeworfene Bein zu beugen. Ich schlage deshalb vor, zum Warmwerden erst mal auf der Kreisbahn herumzurennen. Das tun wir auch, bis wir außer Atem sind. Dann gehen wir weiter auf der Kreisbahn und jeder von uns macht nun einen Schritt oder Sprung vor, den die anderen mitmachen. Dann bleiben wir im Kreis stehen, weil die eine Patientin eine Bewegungsfolge vormachen möchte. Sie beugt ein Bein an, streckt es hoch nach vorne aus, führt es gestreckt in der Luft über die Seite nach hinten, wo sie es so hoch wie möglich hält. Sie stellt aber fest, daß wir erst Dehnübungen als Vorbereitung machen müssen, und wir gehen deshalb an die Sprossenwand, wo wir im Wechsel das eine und dann das andere Bein vor uns auf die Stange legen und so die Muskeln und Sehnen dehnen. Dann verlegen wir unsere Dehnübungen von der Stange auf den Boden, aber nach einer Weile haben wir genug davon. Der Patient schlägt nun vor, Walzer zu tanzen, eine Bewegungsart, der wir uns in letzter Zeit öfters und zu unserem Vergnügen hingegeben haben. Zunächst üben wir den Walzerschritt am Platz, indem wir den Schritt seitwärts ausführen. Dann gehen wir auf die Kreisbahn, und ich lege dazu Wiener Walzer von Johann Strauß auf. Nun tanzen wir los, wobei wir zum Teil einzeln tanzen, oder uns zu zweit an den Händen fassen und einer vorwärts geht und der andere rückwärts. Zum Schluß tanzen wir noch im Weiterdrehen Walzer, bis wir allesamt schwindelig sind. Die Patienten fallen ins Trampolin, und ich schaukle sie noch die verbleibenden Minuten.

Dieser Stundenverlauf soll nun in Zusammenhang gebracht werden mit dem oben erwähnten Zitat. Dazu muß ich die Stunde noch einmal schildern, aber nicht von der Folge der Bewegungsabläufe her, sondern ich muß eine andere Ebene wählen und die Atmosphäre beschreiben, die in dieser Stunde herrschte.

Diese Atmosphäre hat zu tun mit Erregung, Lust, Hemmung, und sie ergibt jenes eigentümliche Gemisch aus Lust auf Bewegung und Hemmung vor der Bewegung. Es ist ein treibendes und drängendes Moment, was sich durch die Körper ausdrückt und was in Bewegung umgesetzt werden möchte. Aber es ist schwer, die rechte Bewegung zu finden, weil alle Bewegung nicht auszureichen scheint, um dieser Stimmung Ausdruck zu geben.

Mit diesem eigentümlichen atmosphärischen Gemisch habe ich des öfteren bei meiner Arbeit zu tun. Die Schwierigkeiten sind immer die gleichen, nämlich möglichst viel von diesem treibenden und drängenden Moment in der Bewegung einzufangen, aber gleichzeitig sehen zu müssen, daß es so ganz nicht geht, schon auch deshalb nicht, weil der Lust auf Bewegung gleichzeitig eine Hemmung vor der Bewegung entgegensteht. Lust und Hemmung finden ihren Ausdruck in Bewegung und Bewegungslosigkeit.

Von dieser Art ist die Atmosphäre in der beschriebenen Stunde. Die Frage aus dem Zitat *«wie macht man das jetzt?»* ist also auch meine Frage. Die Stunde beginnt mit Rennen auf der Kreisbahn. Das bringt uns zwar für den Moment außer Atem, aber wir müssen weiter nach einer Bewegungsart suchen, die dieses treibende Moment vielleicht auffangen könnte. Zunächst aber sieht es so aus, als ob die Patienten nur noch Interesse an Gymnastikübungen hätten, als ob ihre Suche nach einer Bewegungsart, über die sie ihre Lust auf Bewegung ausdrücken könnten, zurückgegangen wäre zugunsten von Übungen, die dem Körper guttun, weil sie ihn trainieren. Wir führen unsere Dehnübungen mit großem Ernst und aller Sorgfalt aus. Wir interessieren uns nur für unsere körperlichen Fähigkeiten; wie gut wir das Knie strecken können, wenn das Spielbein auf der Stange liegt, oder nachher auf dem Boden, wie weit wir die Beine hinter dem Kopf auf den Boden bringen können usw. Dann, als der Patient den Vorschlag macht, Walzer zu tanzen, und die Patientinnen damit einverstanden sind, haben wir eine Chance, von unseren Körperübungen wegzukommen und vielleicht über das Walzertanzen unserer Lust auf Bewegung Ausdruck geben zu können. Tatsächlich gelingt es uns in dieser Stunde, walzertanzend etwas von dem, was in dem Zitat als *«Energie des reinen Sex»* bezeichnet wird, in unsere Bewegungen einzubinden und zu genießen.

Weiter vorne habe ich gesagt, daß Lust und Hemmung ihren Ausdruck in Bewegung und Bewegungslosigkeit finden. Nun ist es ja nicht so, daß diese Stunde an Bewegungslosigkeit leidet. Trotzdem setzen sich zwei Bewegungsarten deutlich voneinander ab: die Körperübungen mit ihren trainierenden Bewegungen und das Walzer tanzen als Versuch, zu einer eigenen Bewegungsart zu kommen in der Hoffnung, in diese eigene Bewegungsart das Moment der Lust einbinden zu können. Die Hemmung vor einem solchen Ausdruck wird in dieser Stunde an der Stelle offenbar, wo wir mittels Körperübungen unseren Körper trainieren und scheinbar nur noch daran interessiert sind, wie unsere Muskeln und Sehnen funktionieren. Der Eindruck der Bewegungslosigkeit stellt sich deshalb ein, weil etwas fehlt, was zuvor da war. Erst als Lust und Erregung ihren Ausdruck in einer passenden Bewegungsart gefunden haben, können wir unsere Bewegungen auch genießen.

Was ich in diesem Zitat beschrieben finde, ist die sich über den Körper vermittelnde Lust. Nun geht es in meiner Arbeit nicht um eine Frau und einen Mann, die dieser Lust auf ihre Weise nachgehen können. Trotzdem habe auch ich es mit Körpern zu tun, die etwas von dieser Lust ausstrahlen. Ich gehe auf dieses Lustmoment, wenn es sich zeigt, so gut ich kann ein und versuche immer, dieser Lust zum Ausdruck zu verhelfen. Gleichzeitig weiß ich, daß es keine Körperübungen gibt, die mir dabei helfen könnten, sondern daß ich mit jeder Gruppe und jedem Patienten immer wieder von neuem auf die Suche gehen muß, eine für diesen Moment passende Bewegungsart zu finden. Dies kann nur mehr oder weniger gut gelingen, weil die Hemmung dem körperlichen Ausdruck der Lust entgegenwirkt und weil das Treibende an dieser Lust oft mehr ist, als ich in meine Bewegungsarbeit einbinden kann.

Ein nächstes Zitat ist einer Szene entnommen, in der die Autorin mit einem Mann im Bett liegt. Nach dem ersten körperlichen Vollzug steht folgender Text: *«Ich fühle, wie schon jetzt seine sinnliche Ruhe und Vertrautheit wächst, seinen erotischen Bildern zu folgen, bei ihnen zu verweilen, sie anzuschauen.»*[2]

Ich knüpfe an die erotischen Bilder an und möchte eine Szene, ein eigenes erotisches Bild aus meiner Arbeit mit einer Patientin schildern. Weil ich dieses Bild aus dem Therapieverlauf herauslöse, gebe ich zuvor eine kurze Beschreibung der Patientin.

In der ersten Stunde fällt mir an der Patientin auf, daß immer alles an ihr in Bewegung ist. Ruhe scheint das letzte zu sein, was sie ertragen kann. Ihr Bewegungsdrang äußert sich in einer vibrierenden Unruhe, und so kommt es, daß die Stunden mit ihr körperlich äußerst anstrengend sind. Aber das sind sie nicht nur wegen des ständigen Bewegungsdranges der Patientin, sondern auch, weil sie mit ihrem Körper umgeht wie mit einem Gegenstand, den sie, in ihren Worten, braucht, um sich zur Wehr setzen zu können. Entsprechend denkt sie sich harte Übungen aus, um diesen Körper funktionstüchtig zu halten und ihn gegen Schmerzen möglichst immun zu machen. Sie hat bereits eine Fülle von Unfällen hinter sich und zeigt mir wiederholt ihre Narben. Im Gegensatz dazu fällt mir auf, wie sie die Gegenstände, die wir benutzen – das sind vor allem Bälle und Luftballons – behandelt. Diesmal ist es, als ob die Gegenstände Leben hätten, sie bemitleidet sie und meint während eines Ballspiels: «Der ist quasi wie ein Körper, kann sich nicht wehren und jeder kann damit machen, was er will – draufschlagen.» Dann wieder experimentiert sie mit mir auf dem Trampolin, und ich muß aufpassen, daß wir beide nicht zu Schaden kommen, aber trotzdem ihre Bewegungseinfälle ausprobieren können. Es ist eine spannende und aufregende Arbeit, in die ich immer wieder versuche, Pausen zum Ausruhen zu bringen, um der körperlichen Anstrengung gerecht zu werden.

Die Szene, das erotische Bild, welches ich nun beschreiben möchte, spielt sich auf dem Trampolin ab. Während der gesamten Arbeit kamen die Bewegungsvorschläge immer von ihr. Ich brauchte nur mitzumachen und aufzupassen, daß wir uns nicht überanstrengten oder verletzten.

Es ist in einer der letzten Stunden vor Beendigung der Therapie, als wir wieder einmal auf dem Trampolin sind und unser Kunststück üben. Dieses von ihr ausgedachte Kunststück sieht so aus, daß wir uns an den Händen festhalten, beide im gleichen Rhythmus springen und, während sie sich bei festgehaltenen Händen hinsetzt, ich stehenbleiben und versuchen muß, unseren Rhythmus zu halten, so daß, wenn sie wieder auf die Füße kommt, wir im Rhythmus weiterspringen können, bis sie sich wieder hinsetzt, usw. Nachdem uns dies zum beiderseitigen Vergnügen gelungen ist, möchte sie, daß wir uns mit geöffneten Beinen vis-à-vis ins Trampolin legen. Ich soll meine Beine so über ihre legen, daß meine Kniekehlen über den ihren liegen. Nun möchte sie, daß wir in dieser Position das Trampolin zum Schwingen bringen. Das erreichen wir, indem wir das Becken auf und ab bewegen. Dann soll ich mich ausruhen und nur sie bewegt sich, dann ruht sie sich aus und ich bin dran, dann bewegen wir uns wieder beide zusammen. Jede von uns liegt dabei ruhig auf dem Rücken, wir sind durch die übereinandergelagerten Beine und den schwingenden Rhythmus des Trampolins verbunden, die Bewegungen, die wir ausführen, gehen nur vom Becken aus.

Nun gilt es, einen Zusammenhang herzustellen zwischen der Therapie und der zuletzt beschriebenen Szene. Um das tun zu können, muß ich die Beziehung zwischen der Patientin und mir begreifen und sie in Verbindung bringen mit ihrer Art, den eigenen Körper in der Bewegungsarbeit einzusetzen. Diese Beziehung ist eine Beziehung zwischen zwei sich bewegenden Körpern, die körperliche Bewegung Medium und Regulator dieser Beziehung. Es geht um das Verhältnis der Patientin zu ihrem Körper und um eine Beziehung zwischen zwei sich bewegenden Körpern. Über mein Mitmachen ihrer Bewegungen bin ich in den Ablauf eingebunden und hoffe, auf diese Weise den Bildern und Szenen dieser Therapie einen Sinn geben zu können.

Die Patientin fasziniert mich von Anfang an durch ihren Bewegungsdrang und ihre ständige Bereitschaft, sich zu bewegen. Selbst ein einfaches Ballspiel mit ihr wird zu einem aufregenden Bewegungsballett, bei dem immer zwei Körper in einer vibrierenden Spannung zueinander stehen. Diese vibrierende Spannung äußert sich in einer Vielzahl von kleinen Bewegungen, die wir zusätzlich zu unserem Ballspiel ausführen. Die Patientin steckt mich mit ihren Bewegungen an, und ich bin bereit, komme was da wolle, alles mitzumachen und ihre Bewegungsideen mit ihr zusammen auszuprobieren. Das tue ich, weil meine einzige Chance darin besteht, über das Mitmachen ihrer Bewegungen auf ihr Verhältnis zum Körper zu wirken. Gleichzeitig bekommt sie über das Bild meines sich bewegenden Körpers einen Eindruck davon, wie ich mit meinem Körper umgehe. Dazu muß ich aber eigene Reaktionen zeigen. Weil ich ihre Bewegungen mitgemacht habe, kann ich eingreifen. Zum einen reagiere ich auf ihre Tendenz, sich und mich körperlich zu überanstrengen und damit die Beziehung gewissermaßen zu überhitzen. Es fehlen Ruhepunkte, in denen wir nicht nur unsere Körper ausruhen können, sondern in denen wir auch unsere Beziehung abkühlen lassen. Zum anderen liegen ihre Experimente mit dem Körper teilweise an einer Grenze, wo die Gefahr der Verletzung sehr hoch ist und ich sowohl meinen als auch ihren Körper durch mein Eingreifen schützen muß. So ist z. B. unser Kunststück auf dem Trampolin deshalb gut ausgegangen, weil ich ihren Einfall, mit mir zusammen zu springen und dabei gleichzeitig zum Sitzen und wieder zum Stehen zu kommen, zwar beibehalten, dann aber so verändert habe, daß nur sie zum Sitzen kommt und ich sie im Stehen und Weiterspringen festhalten kann. Die Ruhepunkte habe ich mir erkämpft, indem ich ihr anbot, sich ins Trampolin zu legen und von mir schaukeln zu lassen. Das konnte sie, wenigstens minutenweise, auch genießen.

Was ich über ihr Verhältnis zum Körper gesehen und begriffen habe, ist, daß sie ihren Körper immer wieder wie einen Gegenstand benutzt und ihn hart einsetzt. Umgekehrt geht sie mit den Gegenständen behutsam und fast mitfühlend um. Es ist, als ob streckenweise zwischen ihrem Körper und den Gegenständen eine Umkehrung stattfindet, ihr Körper wird zu einem unbelebten Gegenstand, und die Gegenstände beleben sich.

Nun habe ich ja das Verhältnis zum Körper als ein Wechselspiel von körperlicher Bewegung und Körpererleben beschrieben. So, wie sich die Patientin die meiste Zeit bewegt, verschafft sie sich ein Erleben vom Körper als von etwas Zu-Beherrschendem. Sie weiß, daß sie einen Körper hat, und sei's um den Preis von Überanstrengung und Schmerz. Indem ich ihre Bewegungen mitmache, malträtiere ich bis zu einem gewissen Grad auch meinen Körper. Die Patientin bekommt auf diese Weise ein ähnliches Bild zurück wie das, das sie mir von sich gegeben hat. Aber ich bin nur bis zu einem gewissen Grad bereit, ihre Bewegungen mitzumachen. Wenn die Überanstrengung zu groß wird oder die Gefahr der Verletzung droht, greife ich ein und verändere ihre Bewegungsideen, damit wir beide nicht zu Schaden kommen. In diesem Moment kann sie etwas über mein Verhältnis zum Körper sehen. Ich gehe mit meinem Körper, als etwas Zu-mir-Gehörendem, auch schonend um.

In Situationen, in denen die Patientin die Gegenstände belebt, gehe ich mit diesen ebenfalls behutsam um. Der Ball oder Luftballon scheint dann – im Gegensatz zu ihrem eigenen Körper – ein wertvollerer Körper zu sein. Ich verliere aber nicht aus dem Blick, daß ich mir wünsche, sie möchte mit sich selber, mit ihrem eigenen Körper, behutsamer umgehen und ihm noch einen anderen Wert beimessen als den, ihn als wehrfähigen Gegenstand zur Verfügung zu haben. Ich verstehe aber, wie wichtig für sie der Beweis ist, daß ihr Körper funktioniert, ihr gehorcht, und mache deshalb die anstrengenden Teile unserer Arbeit klaglos mit. In solchen Zeiten ähnelt mein Mitmachen einem Mitfunktionieren. Ich hoffe allerdings, daß sie über mein Mitmachen ein Verhältnis zum Körper entdecken wird, bei dem es neben dem Funktionieren und Beherrschen des Körpers auch andere Nuancen gibt.

Ich mußte so weit ausholen, um die Bedeutung, die ich der Szene auf dem Trampolin gebe, verständlich machen zu können. Es ist ein erotisches Bild, wie wir mit geöffneten und übereinandergelagerten Beinen im Trampolin liegen und dieses durch kleine Beckenbewegungen zum Schwingen bringen. Es ist gleichzeitig ein Bild der Ruhe, weil die Patientin ihren Körper nicht schinden muß. Ihr behutsameres Umgehen mit ihrem Körper fließt in die Beziehung zu mir ein, auch ich darf mich ausruhen und werde von ihr geschaukelt. Unsere Beziehung ist für diese Minuten eine entspannte genußvolle Beziehung zwischen zwei Körpern. Nach all den Anstrengungen und Gefahren, die ich mit ihr durchgestanden habe, erlebe ich diese Szene als gelungenen Höhepunkt. In diesem Moment geht die Patientin mit ihrem Körper liebevoll um, er gehört zu ihr, aber sie muß diesen Besitz nicht wie sonst malträtieren. Dadurch hat unsere Beziehung etwas Wesentliches dazugewonnen: Wir müssen uns nun nicht mehr nur zeigen, wie gut wir körperlich funktionieren, sondern wir können auch eigene Bewegungen ausführen, die uns den Körper als etwas Zur-Person-Gehörendes erleben lassen. Wir können zum ersten Mal vergessen, daß wir einen Körper haben, ohne daß die Gefahr besteht, daß die Patientin ihren Körper verliert. Das Vergessen des Körpers bedeutet in diesem Moment und für diese Patientin, daß sie ihren Körper erlebt als etwas Zu-Ihr-Gehörendes, etwas Eigenes, was sie besitzen kann. Dieses Besitzes mußte sie sich zuvor durch harte trainierende Bewegungen immer wieder versichern. Nun erlebt sie ihren Körper als zu ihr gehörend, obwohl sie ihn nicht hart trainiert. Sie kann es sich leisten, den Körper zu vergessen, weil sie ihn so weit in Besitz genommen hat, daß sie ihn, obwohl sie ihn vergißt, nicht verliert.

«Alles kann eine sinnliche Ausstrahlung erlangen, wenn das, was wir tun, oder die Art, wie wir es tun, das Bild, welches wir von uns selbst haben, abrundet, in unserem Selbstgefühl schön gestaltet, so daß eine entspannte Grundstimmung in uns aufkommt, die überhaupt erst die Voraussetzung dafür ist, daß eine oszillierende spielerische Erotik andere dazu verführt, sich uns zuzuwenden.»[3] Wenn ich diese Worte von Fritz Morgenthaler abwandle und auf das Verhältnis zum Körper beziehe, dann zeigt die Szene zwischen der Patientin und mir, daß die Patientin in diesem Moment ein abgerundeteres Bild von ihrem Körper hat, als zuvor möglich war. Ihr Verhältnis zum Körper hat sich verändert, und damit verändert sich unsere Beziehung. Die ist nun nicht mehr nur eine Hochleistungsbeziehung, sondern sie bekommt Züge einer Beziehung, in der sich die spielerische Erotik über die Bewegung äußern kann.

Das nächste Zitat drückt etwas aus, was ich vor allem in der Arbeit mit chronischen Patienten immer wieder beobachten konnte: Wenn es gelungen ist, eine Ebene der Verständigung mit dem Patienten zu finden, kann man hinter der Fassade von Hospitalisierung und Abgebautheit viel Leben entdecken. Über den Witz und die Weisheit solcher Patienten habe ich immer wieder gestaunt, und die Arbeit mit ihnen ist mir nie langweilig geworden, obwohl sie sich zum Teil über Jahre erstreckte. Zunächst das Zitat:

«Eines Tages hatte ich einen dicken schmierigen Mann im Bett. Der erste Impuls war Ekel. Ich habe innegehalten, um nachzudenken, was ich jetzt mache. Mir war klar, daß ich früher ähnliche Onaniephantasien hatte und daß ich jetzt eigentlich die Möglichkeit hätte, diese real auszuleben. Und das tat ich dann auch. Ich griff hinein in den Teig, griff ihm ins Gehänge, zog ihm zart die Pelle hinunter und hielt ihn in dieser Lage stramm und fest. Er grunzte vor Vergnügen. Sofort war auch mein Ekel weg. – Du mußt immer aktiv sein, sonst wirst Du Opfer der Situation. Das ist für mich an dieser Arbeit auch wichtig. Es steht jedesmal viel auf dem Spiel. Man darf nicht vergessen, daß sich jedesmal ein Mann und eine Frau begegnen. Die meisten Situationen sind ein Gratwandel zwischen Ohnmacht, Ekel und Aktion, Befreiung bis hin zum Gefühl der Liebe.»[4]

An Hand eines Fallbeispiels möchte ich auf meiner Ebene der Arbeit mit dem Körper einen Zusammenhang herstellen zu dem Zitat. Dieser Zusammenhang bezieht sich auf die Ernsthaftigkeit im Umgang mit dem Körper und auf den Versuch, den spielerischen Umgang bei aller Ernsthaftigkeit nicht aus dem Blick zu verlieren. *«Es steht jedesmal viel auf dem Spiel.»* Dieser Satz gilt auch für meine Arbeit, denn ich begegne dem Patienten ebenfalls auf der körperlichen Ebene, wenn auch in einer anderen Distanz. Fritz Morgenthaler beschreibt solche Versuche mit folgenden Worten: *«Ernst im Spiel und Spiel im Ernst sind die Züge des Erlebens, die dem Grandiosen einen Zugang zum Selbstgefühl verschaffen, ohne daß Beschämung, Unangepaßtheit und quälende Selbstzerstörung auftreten.»*[5] Die Gratwanderung meiner Arbeit mit dem Körper besteht in dem Versuch, die oft unverständlichen Äußerungen des Patienten in eine spielerische Situation einzubinden und ihn darüber zum Mitmachen zu bewegen. Dabei entstehen Bilder und

Szenen, die vom jeweils anderen gesehen werden und die begleitet sind von den verschiedensten Gefühlen, die diesen Bildern und Szenen ihre je spezifische Atmosphäre geben. Das Erleben vom Körper, das seinen Ausdruck in der Bewegung findet, verleiht gleichzeitig dem Körper seinen Ausdruck und trägt dazu bei, daß die Arbeit mit dem Körper bei psychotischen Patienten zu einer Gratwanderung wird zwischen Bewegung und Bewegungslosigkeit, zwischen verfremdetem Körpererleben und Im-Körper-zu-Hause-Sein. Der Patient und ich sind beide Akteure und Opfer der jeweiligen Situation, in die wir uns begeben und die wir versuchen, jeder auf seine Weise, aber doch zusammen, zu gestalten.

Der Patient, um den es nun geht, ist ein 40jähriger Mann mit der Diagnose einer chronischen Schizophrenie. Er lebt bereits seit fünf Jahren auf der geschlossenen Männeraufnahmestation. Zuvor war er über lange Zeit in einer sozialpsychiatrischen Einrichtung. Zum ersten Mal erkrankte er im Alter von 21 Jahren und ist seither mit kurzen Unterbrechungen Patient verschiedener psychiatrischer Kliniken gewesen. Eine angefangene kaufmännische Lehre hat er abgebrochen.

Ich hatte zum ersten Mal von ihm gehört, als er sich eines Tages in seinem Zimmer auf der Station anzündete, dann aber selber mit Wasser löschte. Er erlitt Verbrennungen, die schlimmsten betrafen seine Beine. Als ich Monate später mit ihm zu arbeiten begann, war ein Bein noch nicht verheilt, weil er die Wunde immer wieder aufkratzte. Im Verlauf der folgenden Wochen hörte er mit dem Kratzen auf, und die Wunde konnte verheilen.

In den ersten acht Monaten meiner Zusammenarbeit mit ihm ist er Teilnehmer einer Gruppe seiner Station. Außer ihm sind noch drei andere Patienten dabei; die Therapie findet einmal wöchentlich statt. Als die anderen Patienten entlassen bzw. verlegt worden sind, bleibt er alleine zurück, und von da an arbeite ich einzeln mit ihm, was ihm auch recht ist. Ich habe den Termin, einmal pro Woche, beibehalten.

Zwei Dinge fallen mir an ihm auf: Es gibt Zeiten, in denen ihm das Mitkommen schwerfällt, in denen er gar nicht mitkommen kann. Er steht oder sitzt dann da, hat die Arme ganz fest vor der Brust verschränkt und den Kopf tief gesenkt, als wolle er ihn in der Brust eingraben. Dann ist es besser, ihn in Ruhe zu lassen. Aber manchmal ist er unsicher, ob er das Mitkommen riskieren soll, und dann habe ich eine Chance, mit ihm in Verhandlungen zu treten. Er reagiert erstaunlich humorvoll auf meine Versuche, ihn zum Mitkommen zu bewegen. So versuche ich ihn einmal zu überreden, indem ich ihm sage, daß wir, wenn er heute mitkäme, dann für das nächste Mal bereits eine Ausrede hätten. Er lacht und kommt mit. Ein andermal, als ich selber eine Stunde absagen muß, reagiert er aus vollem Herzen mit «Gott sei Dank». Ich gebe mich entrüstet, und wir lachen beide übereinander. Er streichelt ganz schnell meine Wange und sagt dazu: «Nicht böse sein.» Überhaupt vermittelt er mir den Eindruck, daß ihm das Mitkommen zwar schwerfällt und manchmal ganz unmöglich ist, daß ihm aber auch viel daran gelegen ist, daß ich ihn nicht in Ruhe lasse. «Sie sind sehr aufregend», meint er einmal zu mir.

Zum anderen fallen mir seine Bewegungen auf. Sie sind fahrig, flattrig, eigenartig ungerichtet und wie ziellos. Wenn er zum Beispiel einen Ball fangen soll, macht er viel zu viele Bewegungen, die das Fangen eher erschweren als ermöglichen. Es ist, als ob ihm ein Stück Körperbeherrschung fehle. Auch ist er in solchen Momenten mit seiner Körperlichkeit der Situation wie hilflos ausgeliefert. Ich bewundere ihn, daß er sich überhaupt dieser für ihn schwierigen Situation stellt, und zeige ihm das auch. Wenn er dann den Ball zurückwerfen soll, fällt ihm die Entscheidung schwer, wer nun den Ball bekommen soll, und er gerät leicht in Konfusion. Ich stehe ihm dann bei, indem ich auf alle Anwesenden zeige mit einer Geste, die besagt, daß ihm die Welt offen stehe. Er lacht, und ich bekomme meistens den Ball. Das Trampolin, auf dem die anderen Patienten sehr gerne springen, ist für ihn kein angenehmer Ort. Es ist mir einfühlbar, daß er mit seinen fahrigen Bewegungen und seiner körperlichen Unsicherheit Mühe genug hat, sich auf den Füßen zu halten, als daß ihm ein schwankender Fußboden noch Spaß machen könnte. Ich stelle ihm anheim, ob er aufs Trampolin möchte oder nicht. Manchmal geht er hoch und versucht sein Bestes. Ich halte ihn an den Händen, und während er sitzt, bringe ich ganz vorsichtig das Trampolin zum Schwingen. Er zeigt mir eher seinen guten Willen, als daß es ihm Spaß macht. Aber beim Fußballspielen ist er ganz dabei und rennt und schießt, so gut er kann. Einmal meint er nach einer Stunde zu mir, daß es schön, aber aufregend gewesen sei.

Als die drei anderen Teilnehmer die Gruppe verlassen haben, bleiben der Patient und ich alleine zurück. Ich bin zunächst unsicher, ob die Situation, mit mir alleine zu sein, nicht eine Überforderung für ihn ist, aber er vermittelt mir, daß es zwar sehr aufregend und ängstigend für ihn ist, mit mir zusammen zu sein, aber er sagt auch: «Hoffentlich kommen Sie das nächste Mal wieder» und «Vergessen Sie mich nicht». Er gerät nun, nachdem er mit mir alleine ist, in einen Zustand aufgeregter Verliebtheit, der ihn manchmal körperlich fast umzuwerfen scheint. Wenn ich komme, um ihn abzuholen, wird er schrecklich unruhig, lacht, macht allerhand zappelige, abwehrende Bewegungen gegen mich, scheint nicht mehr zu wissen, wo oben und unten ist, und so verlassen wir die Station. Um die Situation für ihn möglichst erträglich zu machen und um ihn nicht zu sehr seiner unsicheren Körperlichkeit auszusetzen, nehme ich seinen Vorschlag an, mit mir im Klinikgelände spazieren zu gehen. Es ist überdies Sommer, und ich genieße mit ihm zusammen das schöne Wetter und die Natur. Er benimmt sich auf diesen Spaziergängen wie mein Kavalier, und ich habe das Gefühl, von ihm ausgeführt zu werden. Wenn ein Auto kommt, wird er sofort sehr aufgeregt, packt mich am Arm und zerrt mich auf die Seite, um mich vor dem Auto zu schützen, das aber im Gelände sowieso nur langsam fahren kann. Ich überlasse ihm auch, die Wege, die wir gemeinsam gehen, auszusuchen, und er wird an den Kreuzungen jedesmal unruhig und schaut mich ängstlich und unsicher an, ob es mir auch so recht ist. Er ist besorgt, daß ich mich langweile, und entschuldigt sich, daß er mich nicht anmachen wolle. Einmal meint er, ich hätte ihm den Kopf verdreht. Wenn wir auf unserem Spaziergang durch den abgelegeneren Teil des Geländes kommen, in dem Tiergehege stehen und der bewaldet ist, bemerkt er, daß es nun sehr dunkel sei und wir ganz alleine seien und was da nicht alles passieren könne. Er spricht, wie seine Bewegungen sind, sehr undeutlich, und ich habe oft Mühe, ihn, abgesehen vom Inhalt, überhaupt akustisch zu verstehen. Oft sind es nur Andeutungen. Aus seiner Krankengeschichte weiß ich, daß er früher ein aggressives Verhalten zeigte, Mordimpulse äußerte und auch schon einmal einem Mitpatienten eine Flasche über den Kopf geschlagen hat. Ich bin bei diesen Spaziergängen darauf bedacht, ihn einerseits gewähren zu lassen und die paar Berührungen – er hält und drückt manchmal meine Hand – auch zuzulassen, aber andererseits aufzupassen, daß er von der Situation nicht überfordert wird. Er riskiert jedesmal viel, wenn er mit mir spazieren geht. Ich trage Sorge, daß dieses Risiko gut für ihn ausgeht und er das nächste Mal, wenn auch aufgeregt, wieder mitkommen kann.

Inzwischen liegen die Dinge aber so, daß er, trotz Angst, mitkommen kann und nicht wie früher aussetzen muß. Ist die Angst sehr groß, gehen wir einfach eine kürzere Wegstrecke. Ab und zu kommt er mir nun sogar schon im Gelände entgegen, und ich freue mich sehr darüber. Ich vereinbare mit ihm, welchen Weg er gehen soll, um mich zu treffen, damit wir uns im Gelände nicht verfehlen. Etwas hat sich an ihm verändert, was ich mit den Worten beschreiben möchte: Er hat mehr Körper bekommen. Damit meine ich nicht das Körpergewicht, sondern seine körperliche Präsenz. Er ist mehr da. Die Menschen, die mit ihm in Berührung kommen – das Personal der Station –, erzählen mir, daß der Patient sehr viel umgänglicher geworden sei, man mit ihm besser reden könne und daß es ihm überhaupt gutgehe. Er verrichtet nun kleine Botengänge für die Station; so bringt er z. B. den Müll hinunter, macht Besorgungen beim Kaufmann, geht ins Labor usw. Das alles freut mich und bestärkt mich in meiner Arbeit. Da ich auch finde, daß es ihm besser geht und da ich sehe, daß er unser Zusammensein ganz gut verträgt, schlage ich ihm vor, doch wieder einmal mit mir in meinen Arbeitsraum zu kommen und dort vielleicht ein bißchen Ball zu spielen. Es ist nun Herbst geworden, und ich habe als zusätzliches Argument das schlechter werdende Wetter auf meiner Seite. Als es dann eines Tages regnet, geht er mit in den Raum. Ich sehe nun seit langer Zeit zum ersten Mal wieder, wie er einen Ball fängt und wirft, und bin hell begeistert. Er fängt den Ball sicher und mit Bewegungen, die das Fangen ermöglichen, und er wirft ihn genauso gezielt zu mir zurück. Er ist zwar die ganze Zeit aufgeregt, aber diese Aufregung hindert ihn nicht beim Ballspielen. Als er nach einer halben Stunde völlig außer Atem ist, hören wir auf, und er meint, er sei nun ganz high. Das bin ich gewissermaßen auch, wenn auch aus anderen Gründen. Wenn mein Eindruck, daß er mehr Körper hat – und das kann sich nur auf sein Verhältnis zum Körper beziehen –, stimmt, dann muß sich dieses verbesserte Verhältnis zum Körper in der körperlichen Bewegung wieder zeigen. Auf den Spaziergängen, bei denen wir nebeneinander hergehen, kann ich das nur ahnen. Aber in der Arbeitssituation im Raum und im Mitmachen seiner Bewegungen bekomme ich über die körperliche Bewegung Einblick in sein Verhältnis zum Körper und kann nun sehen, daß ihm sein Körper wieder einigermaßen zur Verfügung steht.

Ich verstehe ihn gut, als er das nächste Mal nur spazieren gehen möchte. Die Situation mit mir im Raum hat ihn sehr aufgeregt und er fürchtet, davon so in Bewegung gebracht zu werden, daß es ihm danach schlecht geht. Das möchte ich ebenfalls nicht, und so bin ich zufrieden, als wir wieder spazieren gehen. Aber er spricht nun klarer, auch entstehen Gespräche zwischen uns zu einem Thema, über das wir uns verständigen können. Er möchte mir gern zu Weihnachten einen Weihnachtsstern schenken, aber er kann nicht basteln. Er erzählt mir von der Schwierigkeit, die es macht, mit den anderen Patienten auf der Station ein Gespräch zu führen. Manchmal erzählt er auch von früheren Ausflügen, an denen er als Patient einer Tagesklinik teilgenommen hat. Den äußeren Anlaß dazu bietet der Anblick der Mauer – die Klinik liegt unmittelbar an der Berliner Mauer –, die wir vom Gelände aus sehen können und die zu diesem Zeitpunkt bereits mehrere Lücken aufweist.

Trotzdem möchte ich mit ihm wieder in den Raum gehen, und zwei Monate nach unserem ersten Zusammensein in meinem Arbeitsraum geht er auch wieder mit mir dorthin. Wir spielen wie gehabt Ball, er ist aufgeregt wie immer, aber wirft und fängt sicher und gekonnt. Manchmal foppt er mich sogar, indem er so tut, als ob er mir den Ball zuwerfen wolle. Das nächste Mal ist er zwar willens, mit mir in den Raum zu kommen, aber dann wird die Angst doch zu groß, und wir gehen statt dessen spazieren. Ein anderes Mal treffe ich ihn im Gelände, er hält bei der Begrüßung, wie er das öfters tut, meine Hand eine kleine Weile fest. Ich nutze die Situation aus und ziehe in Richtung meines Arbeitsraumes, er zieht in die andere Richtung. Er bleibt Sieger und wir gehen spazieren.

Hier breche ich meine Darstellung ab aus dem einfachen Grund, weil ich zur Zeit der Niederschrift noch mit dem Patienten arbeite und mit der Therapie bis zu diesem Punkt gekommen bin. Ich denke aber, daß das Dargestellte ausreicht, um mir darüber Gedanken machen zu können.

Zwei Dinge möchte ich gern wissen: Wie ist es zu verstehen, daß der Patient in seinen Bewegungen sicherer wird, obwohl ich doch mit ihm nur spazieren gegangen bin und nie Bewegungen, wie z. B. das Ballspielen, mit ihm trainiert habe. Und was ist auf diesen Spaziergängen geschehen, daß der Patient nach einer Weile den Eindruck erweckt, in seiner Körperlichkeit mehr da zu sein. Ich bin für diesen Patienten die einzige Person, die sich regelmäßig und über so lange Zeit um ihn bemüht. Der behandelnde Arzt hat bereits dreimal gewechselt. Der Kontakt des zur Zeit behandelnden Arztes zum Patienten ist eher mühsam, aber dadurch, daß ich ihm von meiner Arbeit mit dem Patienten berichte, erfährt er mehr über ihn, als ihm dies sonst möglich wäre. Freundliche Kontakte hat der Patient zu den Stationshilfen, die ihn zu kleinen Arbeitsverrichtungen heranziehen, ihn duzen und ein bißchen bemuttern.

Meine erste Frage nach den Bewegungen des Patienten hängt mit seinem Erleben vom Körper zusammen. Beides bedingt einander, denn die äußere, sichtbare, körperliche Bewegung findet ihre Fortsetzung in einer inneren, unsichtbaren Bewegung, dem Erleben des Körpers, das sich, auf Grund der Durchlässigkeit der Körpergrenze, in der Bewegung wieder zeigt. Ich habe im vorangegangenen Teil beschrieben, wie ich mir das psychotische Verhältnis zum Körper vorstelle. Das üblicherweise stattfindende Wechselspiel von innerer und äußerer Bewegung ist unterbrochen und der Weg linear geworden. Die körperliche Bewegung hat ihre Eigenständigkeit verloren, sie tritt in die Dienste des Körpererlebens, das ihr seinen Ausdruck aufzwingt. Mit dieser verlorenen Eigenständigkeit der körperlichen Bewegung geht ein Stück Körperbeherrschung verloren. Das kann passieren, weil die körperliche Bewegung nichts für sich Abgegrenztes ist, sondern auf Grund des Austausches von innerer und äußerer Bewegung immer auch im äußeren Ausdruck einen inneren zeigt, d. h. das Körpererleben dirigiert die körperliche Bewegung mit. Die körperliche Bewegung verfremdet, sie erscheint nun mechanisch-roboterhaft oder fahrig unkoordiniert, oder sie wird vermieden, oder es werden viel zu viele Bewegungen gemacht. Als Folge des unterbrochenen Austausches von körperlicher Bewegung und Körpererleben kann die Körpergrenze nicht mehr angemessen Inneres von Äußerem scheiden. Die körperliche Bewegung kann ihre Funktion, die Körpergrenze zu sichern und darüber das Verhältnis zum Körper zu regeln, nicht mehr ausüben. Sie hat ihre Eigenständigkeit verloren und ist verfremdet. Der psychotische Patient ist nun auf das Bild eines sich bewegenden Gegenübers angewiesen, das seine Bewegungen mitmacht. Über dieses Bild soll der fremde, verlorengegangene Körper wieder in Besitz genommen, die körperliche Bewegung wieder zu dem werden, was sie üblicherweise ist, Regulator des Verhältnisses zum Körper.

Den fahrigen, flattrigen Bewegungen des Patienten, die ich zu Beginn sehe, scheint aller Sinn abzugehen. Es ist jedesmal ein Abenteuer, wenn er den Ball fängt oder wenn er ihn mit dem Fuß zurückschießt. Seine Bewegungen scheinen wie ungeeignet für ein solch einfaches Tun. Nun könnte ich mich auf den Standpunkt stellen, daß es dem Patienten als Insasse einer geschlossenen Station ganz sicher an körperlicher Bewegung mangelt und daß man diesem Mangel mit einem Körpertraining beikommen könnte. Zweifelsohne würde dem Patienten ein Training guttun, aber ich verstehe die fahrigen Bewegungen des Patienten als Ausdruck eines verfremdeten Verhältnisses zum Körper. Sein Körper ist ihm fremd, so fremd, daß ihm alle körperliche Bewegung, in welcher Form auch immer sie ihm dargeboten wird – als Gymnastikstunde oder Bewegungstherapie – große Angst macht. Diese Angst gilt es zu respektieren. Ich akzeptiere, daß der Patient nicht immer mitkommen kann, und wenn er mitkommt, passe ich auf, daß er die Bewegung, die er ausführt, auch einigermaßen ausführen kann. Ich konfrontiere ihn mit einfachen Bewegungsabläufen, z. B. einem Ballspiel, und störe mich nicht an seinen Ungeschicklichkeiten, geht es mir doch nicht um technisch richtig ausgeführte Bewegungen. Ich übe oder trainiere deshalb dieses Ballspiel auch nicht, d. h. der Patient wird nicht korrigiert, sondern so, wie er es eben machen kann, soll er auch Ball spielen. Ich weiß ja, daß ich wegen des Wiederholungscharakters der körperlichen Bewegung gar nicht vermeiden kann, daß sich Bewegung einübt. Ich kann annehmen, daß der Patient im Lauf der Zeit sowieso sicherer in seinen Bewegungen werden wird, unabhängig davon, ob ich die Bewegung trainiere oder nicht.

Ich möchte mit Hilfe der körperlichen Bewegung auf das Verhältnis zum Körper wirken und dieses seiner psychotischen Dimension berauben. Der Körper soll wieder als zur Person gehörend empfunden werden, die körperliche Bewegung wieder in der Lage sein, das Verhältnis zum Körper zu regeln. Deshalb gehe ich von den Bewegungen des Patienten aus – und seien sie auch noch so eigenartig – und trainiere die Bewegung nicht, weil ein Trainingsprogramm den Patienten und mich in einen festgefügten Ablauf zwingen würde. Ich möchte meine Bewegungsarbeit in einen Verlauf bringen, in dessen Mittelpunkt der Patient steht und dessen Ziel ein akzeptables Verhältnis zum Körper ist. Nun kann ich über ein Training auch mein Verhältnis zum Körper verbessern, aber dazu darf das Verhältnis zum Körper kein psychotisches Ausmaß erreicht haben. Vorrangig muß ich versuchen, den fremd gewordenen Körper wieder seinem Besitzer zuzuführen, und erst wenn das gelungen ist, macht es Sinn, die Bewegung zu trainieren. Die wie immer gearteten Bewegungen des Patienten sind mein Ausgangspunkt und meine Chance, ihm, der sowieso den Eindruck macht, mit seinem Körper nicht so recht da zu sein, zu einem anderen Körperausdruck zu verhelfen. Dann, so nehme ich an, werden sich auch seine Bewegungen verändern und vielleicht um eine Nuance sicherer und gerichteter sein.

Nun verläuft diese Therapie so, daß meine Arbeit durch Spaziergänge unterbrochen wird und ich erst fünf Monate später mit dem Patienten wieder in meinem Arbeitsraum lande und Ball spiele. Er ist, trotz aller Aufregung über die Situation im Raum, in seinen Bewegungen sicher, er kann den Ball fangen und werfen, obwohl er doch inzwischen das Ballspielen nicht trainiert hat. Nach meinem Verständnis hat sich in der Zwischenzeit sein Verhältnis zum Körper verbessert. Sichtbar wird dies für mich in seinen Bewegungen, die ich mitmache und die im Vergleich zu früher gerichteter, sicherer, gezielter sind. Den Eindruck, den er auf der Station macht, daß er körperlich präsenter ist, mehr da ist und der dazu führt, daß er sich für die Station mit kleinen Verrichtungen nützlich machen kann, teile ich auch, aber erst, als ich sehe, daß seine Bewegungen sich verändert haben, finde ich eine Bestätigung für dieses verbesserte Verhältnis zum Körper. Seine Aufgeregtheit über unser Zusammensein ist zwar unvermindert stark, aber dieser Gefühlszustand schlägt nicht so durch, daß seine Bewegungen davon beeinträchtigt werden. Er hat ein Stück körperlicher Souveränität gewonnen.

Was ist nun auf diesen Spaziergängen passiert, daß er fünf Monate später mit mir in den Arbeitsraum kommen kann und seine Bewegungen koordinierter geworden sind? Wir machen auf diesen Spaziergängen Alltagsbewegungen, wir gehen nebeneinander, drehen ab und zu den Kopf zueinander oder bewegen die Arme je nach Situation zum Sprechen oder Händeschütteln. Vor allem aber gehen wir nebeneinander her. Mein Mitmachen besteht darin, mitzugehen. Gehen ist, gemessen am Ballspielen, für den Patienten eine Bewegungsart, die er offensichtlich leichter ausführen kann. Diese Bewegungsart beherrscht er im Gegensatz zu den Bewegungen, die er im Gymnastikraum ausgeführt hat. Dort hat er den Eindruck erweckt, daß er eher von seinen Bewegungen beherrscht wird, als daß er sie beherrscht. Im Gehen verfügt er über soviel Körperbeherrschung, daß es ihm möglich wird, neben mir herzugehen, ohne daß die Gefahr zu groß wird, daß er sie verliert und mit diesem Verlust die Abgrenzung zu mir. Letztlich waren die Anforderungen, denen er zu Beginn meiner Arbeit ausgesetzt war, eine Überforderung für ihn. Obwohl wir in der Gruppe fast nur Ball spielten, hätte er über mehr Körperbeherrschung verfügen müssen, um angemessen mitmachen zu können. Deshalb hat er sich immer wieder verweigert und ist gar nicht erst mitgekommen; oder er mußte sich innerhalb der Stunde auf die Liege setzen und konnte nicht weiter mitspielen. Erst als ich mit ihm alleine war und mich ganz auf ihn einstellen konnte, wurde an seinem Wunsch, mit mir spazieren zu gehen, deutlich, daß die vorherige Bewegungsarbeit ihn zu großen Teilen überfordert hatte.

Ich habe für die Beschreibung dieses Patienten das Wort Körperbeherrschung gebraucht. Üblicherweise versteht man darunter einen gut trainierten Körper, der über spezielle Bewegungsfertigkeiten verfügt. Davon kann im Fall des Patienten keine Rede sein. Trotzdem spreche ich auch hier von Körperbeherrschung, denn Körperbeherrschung kann sich nicht nur auf trainierte Bewegungen beziehen, sondern bezieht sich auch auf eigene Bewegungen. Auch die eigenen Bewegungen werden beherrscht, insofern sie koordiniert sind. Erst wenn die Bewegungen verfremden, können sie nicht mehr beherrscht bzw. koordiniert werden. Dann geht ein Stück Körperbeherrschung verloren. Der Patient beherrscht das Gehen noch einigermaßen, während er beim Ballspielen bereits überfordert ist. Aber ich stelle die Körperbeherrschung in noch einen anderen Zusammenhang als nur in den einer beherrschten Motorik. Dieser andere Zusammenhang hat mit der Körpergrenze zu tun. Weiter vorne habe ich die Körpergrenze als eine durchlässige Haut beschrieben, die den Austausch von körperlicher Bewegung und Körpererleben möglich macht. Die körperliche Bewegung regelt diesen Austausch, ihre Aufgabe ist es, die Körpergrenze aufrechtzuerhalten. Um das tun zu können, muß sie sich eine gewisse Eigenständigkeit erhalten. Sie braucht gewissermaßen eine Unabhängigkeit vom Körpererleben. Obwohl sich das Körpererleben in der körperlichen Bewegung ausdrückt, darf es dort nur in Spuren vorkommen, damit die körperliche Bewegung keine allzu große Einschränkung erfährt, sondern ihre Eigenständigkeit beibehält. Diese Eigenständigkeit besteht in der beherrschten Bewegung – ich verstehe beherrscht im Sinn von koordiniert –, und die beherrschte Bewegung ist nötig, um zu einer Körperbeherrschung zu gelangen, die wiederum nötig ist, um sich zum anderen hin abgrenzen zu können. Die Körperbeherrschung umfaßt nun sowohl die beherrschte bzw. koordinierte Bewegung als auch deren Aufgabe, die Körpergrenze aufrechtzuerhalten, damit diese trotz aller Durchlässigkeit Körpererleben und körperliche Bewegung voneinander scheidet. Mit anderen Worten: die körperliche Bewegung kann ihre Aufgabe, die Körpergrenze zu sichern, nur ausüben, wenn sie beherrscht wird im Sinn von koordiniert. Der Patient mit seinen fahrigen, flattrigen, unkoordinierten Bewegungen hat diese Beherrschung verloren. Er kann weder seine Bewegungen angemessen koordinieren, noch können diese ihre Funktion ausüben. Er hat keine Körperbeherrschung mehr. Einzig im Gehen verfügt er noch über soviel Körperbeherrschung, daß er darüber riskieren kann, mit mir mitzukommen.

Das Verhältnis zum Körper schließt die körperliche Bewegung mit ein. Daher existiert für mich immer ein Verhältnis zum Körper, auch wenn die Bewegung noch so wenig beherrscht wird und verfremdet erscheint und darüber das Verhältnis zum Körper psychotische Dimensionen angenommen hat. Mit diesem Rest von Bewegung versuche ich, den Weg wieder rückwärts anzutreten. Ich versuche, über die körperliche Bewegung und im Mitmachen dieser Bewegung – im Falle des Patienten ist es das Gehen bzw. mein Mitgehen – dieser wieder zu ihrer Eigenständigkeit zu verhelfen, damit sie ihre Funktion, die Körpergrenze aufrechtzuerhalten und das Körpererleben zu einem inneren Vorgang zu machen, wieder ausüben kann. Das ist der Moment, in dem der Eindruck entsteht, daß der Patient mehr da ist, körperlich präsenter ist. Entsprechend wird sein Bewegungsradius größer: Er kann sich für die Station mit kleinen Handreichungen nützlich machen, und ich kann mit ihm im Gymnastikraum andere Bewegungsarten ausprobieren als nur das Gehen. An den koordinierteren und sichereren Bewegungen des Patienten sehe ich, daß er die Bewegung wieder beginnt zu beherrschen und damit über eine notwendige Körperbeherrschung verfügt.

Diese so verstandene Körperbeherrschung braucht der Patient, will er mit mir zusammen sein. Er braucht sie, um die

Abgrenzung zu mir hin vollziehen zu können. Er muß seine Bewegungen nicht nur koordinieren können, damit sie ihre Aufgabe, die Körpergrenze aufrechtzuerhalten, ausüben können, sondern er muß sie auch wieder beherrschen lernen, weil die körperliche Bewegung das Medium unserer Beziehung ist. Damit kommt der körperlichen Bewegung eine weitere Funktion zu: Sie regelt das Verhältnis zum Körper und sie regelt die Beziehung zwischen zwei sich bewegenden Körpern. Wenn die körperliche Bewegung ihre eine Funktion, die Körpergrenze zu sichern, nicht mehr ausüben kann, weil sie nicht mehr beherrscht wird, dann kann sie ihre andere Funktion, die Grenze zum Körper des anderen zu ziehen, auch nicht mehr ausüben, weil die notwendige Körperbeherrschung fehlt. Wenn der Patient also mit mir spazieren gehen möchte, dann hat er mit diesen Spaziergängen eine Bewegungsart gefunden, die ihm erlaubt, gleichzeitig eine Beziehung zu sich und zu mir zu haben, ohne daß er mit seiner Körperbeherrschung auch seine Grenzen verliert. Im Gegenteil, im Lauf der Zeit wird unser Beisammensein für ihn erträglicher, weniger ängstigend, und er gewinnt ein Stück weit seine Körperbeherrschung zurück, so daß wir eines Tages wieder in meinem Arbeitsraum landen und ich nun die körperliche Bewegung spezifischer einsetzen kann.

Auch wenn er den Eindruck von mehr Körperlichkeit macht und auch wenn er einen Ball wieder besser fangen und werfen kann, bleiben die Bewegungen des Patienten eher fahrig und flattrig. Man darf aber nicht vergessen, daß der Patient seit zwanzig Jahren Psychiatriepatient ist, was seinen Lebensradius erheblich eingeschränkt hat. Zu einer Körperbeherrschung gehören mehr Handgriffe, als der Patient ausübt. Insofern fehlt ihm tatsächlich auch ein Training. Nur würde ein Training ein einigermaßen akzeptables Verhältnis zum Körper voraussetzen, und so liegen die Dinge für den Patienten nicht. Deshalb ist es mir wichtig, dieses Verhältnis nach und nach zu verbessern, aber nicht, indem ich die Bewegung trainiere, sondern indem ich seine Bewegungen mitmache. Ich erhoffe mir im Sinn des oben erwähnten Zitates von Morgenthaler, daß für den Patienten Ernst im Spiel und Spiel im Ernst wieder Züge seines Erlebens werden können. Dazu braucht er aber ein Verhältnis zum Körper, das ihm gestattet, mit seinen Bewegungen auch spielerisch umzugehen und das ihm Grenzen garantiert, die ihn dieses Erleben einigermaßen gefahrlos überstehen lassen. *«Die meisten Situationen sind eine Gratwanderung zwischen Ohnmacht, Ekel und Aktion, Befreiung bis hin zum Gefühl der Liebe»*, lautet der letzte Satz meines Ausgangszitates. Die meisten Situationen meines Beisammenseins mit dem Patienten sind für ihn ganz sicher eine Gratwanderung zwischen der Fähigkeit, sich von mir abzugrenzen, und dem Verlust aller Grenzen. Uns verbinden inzwischen viele Situationen, die wir zusammen durchgestanden haben und die immerhin so gut ausgegangen sind, daß wir uns das nächste Mal wieder treffen können.

Nun bin ich weit abgekommen und wieder einmal bei dem Versuch gelandet, über das psychotische Verhältnis zum Körper Einblick zu erhalten in die Arbeitsweisen des Körpers und gleichzeitig in den Zusammenhang dieser Arbeitsweisen mit der körperlichen Bewegung. Ich gestehe also, daß auch dieses Buch Vorwand war, um mich von den Zitaten zu eigenen Überlegungen anregen zu lassen. Die Anregung bestand darin, daß ich die erotische und sexuell getönte Seite meiner Arbeit mit dem Körper an Hand der Zitate beschreiben konnte, weil in den Zitaten Erotisches und Sexuelles ohne Beschämung und Peinlichkeit zum Ausdruck kommt. Zum Schluß möchte ich eine Falldarstellung anschließen, von der ich meine, daß sie sich gut in das Bisherige einfügt, obwohl es um ein Kind geht und damit die Voraussetzungen andere sind. So gehören z. B. körperliche Berührungen diesmal durchaus zu meiner Arbeit. Es geht auch nicht um ein verfremdetes Verhältnis zum Körper, sondern um schwere Mißhandlungen, denen dieses Kind ausgesetzt war. Die schlimmste bestand darin, daß es sexuell mißbraucht wurde. Daher entstehen in der Arbeit wieder sexuelle Szenen und Bilder, aber diesmal erzählen die Bilder von den Schrecken einer Sexualität, die das Kind viel zu früh getroffen hat. Von Gewalt und Sexualität ist auch in dem Buch *«Rettet den Sex»* die Rede. Die körperliche Bewegung, sonst mein Zugang zum Verhältnis zum Körper, wird von diesem Kind dazu verwandt, mir in Handlungen seine Lebensgeschichte zu erzählen. In diesem Fall ist sie außerdem mehr als sonst Medium meiner Beziehung zu dem Kind, da es taubstumm ist und dringend auf andere Ausdrucksmöglichkeiten angewiesen ist.

Ich habe in den vorausgegangenen Falldarstellungen jeweils unterschiedliche Aspekte meiner Arbeit aufgezeigt: In der ersten Darstellung war es die erotisch aufgeladene Atmosphäre, die von den Teilnehmern einer Gruppe ausging. In der nächsten Darstellung ein erotisches Bild, das zwischen einer Patientin und mir entstand. In der dritten Darstellung ging es um ein psychotisch verfremdetes Verhältnis zum Körper, und nun geht es um eine Beziehung zwischen einem Kind und mir in Form von heftigen Auseinandersetzungen auf der körperlichen Ebene.

Maria ist ein neunjähriges, zierliches Mädchen, das mit ihren Eltern und drei jüngeren Geschwistern zwei Jahre zuvor von Polen nach West-Berlin umgesiedelt ist. Ein paar Monate nach dieser Umsiedlung wird sie aus dem Aufnahmelager wegen zunehmender Schwierigkeiten und aggressiven Verhaltens gegen Personen und Sachen in die Klinik gebracht. Ihre Diagnose lautet Taubstummheit, intellektueller Entwicklungsrückstand und neurotische Fehlentwicklung. Nach Aussagen der Mutter anläßlich eines Besuches in der Klinik schlug der Vater Maria im Alter von 18 Monaten mit der Faust so auf den Kopf, daß sie anschließend aus Mund, Ohren und Nase blutete. Aus Angst gingen die Eltern damals nicht mit ihr zum Arzt. Bis zu diesem Zeitpunkt soll sie aber gut gehört und entsprechend ihrem Alter auch gesprochen haben. Ab dem fünften Lebensjahr ist Maria in einem polnischen Heim untergebracht. Die dortige Lehrerin schildert Maria als ein Kind, das unfähig ist, sich in die Gemeinschaft der anderen einzufügen, unfähig ist zu spielen und unfähig ist, zu gleichaltrigen Kindern Kontakte zu knüpfen.

Ich arbeite mit Maria dreimal wöchentlich während eines Zeitraums von einem Jahr.

Als ich Maria das erste Mal von der Station abhole, habe ich, weil es gerade regnet, einen Schirm dabei, den ich ihr gebe. Auf dem Weg zu meinem Arbeitsraum spielt sie damit und hat großen Spaß daran. Sie ist überhaupt ein quirliges kleines Mädchen, voller Bewegungsdrang und Bewegungslust. Sie weiß genau, was sie will und was nicht und kann mir das auch zeigen. Gleich in der zweiten Stunde, zu der ich sie zu ihrer Freude wieder mit dem Regenschirm abhole, bekomme ich von ihr, für mich völlig unvermittelt und mitten aus dem Spiel heraus, eine Ohrfeige. Sie streichelt sofort meine Wange. Was mir an diesem Schlag auffällt, ist die präzise und scharfe Schlagtechnik, über die sie verfügt. In der dritten Stunde kommt es noch schlimmer: Nachdem sie sich zunächst auf dem Trampolin springend ausgetobt hat, holt sie aus dem Geräteraum ein Brett, unter das vier Räder montiert sind, und bedeutet mir, daß sie von mir geschoben werden möchte. Mitten in diesem Spiel schlägt sie mich heftig ins Gesicht, wird dann selber krebsrot und lacht wie überdreht. Ihre Schläge kommen so blitzartig und unvermittelt, daß ich mich nicht davor schützen kann. In der nächsten Stunde halte ich mich deshalb in einer räumlichen Distanz zu ihr, aber sie wirft nun die Gegenstände, mit denen wir spielen, nach mir. Trotz dieser Unterbrechungen entwickeln wir in der folgenden Zeit gemeinsame Spiele. Eines ist, daß Maria bäuchlings auf dem Brett mit den vier Rädern liegt, ich ihr auf dem Boden gegenüber. Sie fährt auf mich zu, ich springe im letzten Moment auf, und sie fährt durch meine geöffneten Beine. Ein anderes ist, daß sie sich, auf diesem fahrbaren Brett liegend, unter dem Trampolin versteckt. Ich renne außen ums Trampolin herum und muß versuchen, sie zu fangen, während sie unter dem Trampolin vor mir davonfährt. Wenn es mir gelingt, sie zu fangen, lacht sie sehr und freut sich. Wieder ein anderes Spiel ist, daß Maria unter dem Trampolin liegt und ich ihr vom anderen Ende des Raumes aus einen Ball zurolle. Während sie mir den Ball zurückrollt, krieche ich ein Stückchen näher, bis ich endlich dicht genug an ihr dran bin und versuchen kann, sie zu fangen. Diese Spiele werden immer wieder unterbrochen durch ihre Versuche, mich zu schlagen und zu treten, mit Gegenständen nach mir zu werfen oder mit dem Brett auf mich loszugehen. Bei solchem Tun geht dann auch eines Tages der Schirm, mit dem ich sie immer noch abhole, zu Bruch.

Daneben möchte sie aber auch von mir gestreichelt werden. Das zeigt sie mir, indem sie sich hinlegt, das Hemd hochzieht und z. B. auf ihren Rücken deutet. Diese Momente, in denen sie liegt und von mir gestreichelt wird, genießt sie sehr. Den Ball benutzt sie immer wieder auch zum Onanieren. Dazu liegt sie auf dem Rücken, preßt den Ball in ihren Schoß und macht koitusähnliche Beckenbewegungen. Eines Tages bekommt sie auf dem Weg von der Station zu meinem Arbeitsraum wegen heftiger Sturmböen Angst. Sie sucht Schutz bei mir, indem sie sich an mich klammert, aber gleichzeitig auf mich einschlägt.

Es ist ein ständiges Auf und Ab mit Maria. Manche Stunden verlaufen liebevoll, und wir können einigermaßen entspannt miteinander spielen. Andere Stunden sind beherrscht von Haß und Wut, die ein gemeinsames Spiel unmöglich machen. In solchen Stunden gerate ich meist mit meinem Versuch, über ein Spielangebot einen Kontakt zu ihr herzustellen, in die Defensive, weil ich dann einigermaßen ungeschützt bin und sie die Situation dazu benutzt, mich zu schlagen oder mit Gegenständen und Spielsachen nach mir zu werfen. In wieder anderen Stunden bietet sie mir an, mit ihr zu spielen, und ehe ich mich versehe, werde ich geschlagen. Ich finde Maria sehr raffiniert im Arrangieren solch vermeintlicher Spielsituationen und bin meist erst hinterher klüger. So zeigt sie mir z. B. eines Tages auf dem Weg von der Station zu meinem Arbeitsraum voller Begeisterung die auf der Wiese wachsenden Gänseblümchen und bedeutet mir, ich solle ihr welche pflücken. Das tue ich natürlich gerne, aber wie ich ihr meinen Strauß geben will, bekomme ich eine Ohrfeige, nach der Maria krebsrot anläuft und überdreht lachend wegrennt. Ein andermal legt sie sich unter eine Wolldecke und möchte gestreichelt werden. Ich setze mich mit unseren Spielsachen zu ihr, bereit, sie zu streicheln und mit ihr zu spielen, da schlägt sie mich unvermittelt ins Gesicht und bewirft mich dann mit allen Spielsachen. Danach kommt sie zu mir, will mich streicheln, und unversehens bekomme ich die nächste Ohrfeige. Dann rennt sie in die Garderobe, nimmt meine Schuhe und bewirft mich damit.

Um mich vor diesen vielen Schlägen zu schützen, beschließe ich, wenigstens alle harten Gegenstände, die Maria nehmen und gegen mich werfen kann, aus dem Arbeitsraum zu entfernen. Statt dessen stelle ich nun weiche Spielsachen in den Raum, die, selbst wenn ich damit beworfen werde, mir nicht unbedingt weh tun. Das sind neben einem Kinderball eine in der Beschäftigungstherapie angefertigte Puppe ganz aus Wolle und zwei kleine Kuscheltiere. Marias Schläge bleiben aber trotzdem ein Problem für mich, weil sie so unvermittelt und blitzartig zuschlägt, daß ich keine Chance habe, mich davor zu schützen. Andererseits läßt es sich beim Spielen nicht vermeiden, daß ich auch dicht bei ihr bin, und so bekommt sie immer wieder Gelegenheit, mich zu schlagen.

Im Lauf der Zeit aber, und gewitzt durch die mißliche Erfahrung mit ihren Schlägen, schärft sich meine Wahrnehmung doch so, daß ich bemerke, wie sich kurz vor einem Schlag die Spannung zwischen uns um eine Nuance erhöht. Jedenfalls gelingt es mir in einer der folgenden Stunden, den Schlag abzuwehren, indem ich mich rechtzeitig mit dem Arm davor schütze. Das Ergebnis ist verblüffend: Maria sitzt die längste Zeit nachdenklich auf der Liege und beginnt zu weinen. Sie wirkt wie ein todunglückliches und sehr einsames kleines Mädchen. Ich halte mich mit allen Spielsachen am entgegengesetzten Ende des Raumes auf und schiebe mich dann langsam samt den Spielsachen näher an sie heran. Einmal macht sie den Versuch, mich anzugreifen, aber ihr Angriff ist, gemessen an früheren, kraftlos und bleibt ohne Erfolg.

Nach dieser Stunde nimmt Maria die Spielsachen, also die Puppe, den Ball und die Kuscheltiere, erstmals in die Hand. Als ich mit ihr Ball spiele, habe ich den Eindruck, daß sie aus Angst vor dem Ball diesen kaum fangen kann. Auch die anderen Spielsachen berührt sie nur zögernd und mit einer Spur Aufgeregtheit und wirkt eher ratlos. Zu diesem Zeitpunkt hat sie die Angewohnheit entwickelt, sich in meinem Arbeitsraum auf die Liege zu legen und mit einer Wolldecke zuzudecken. Dorthin bringe ich ihr die Spielsachen, und sie beginnt, sich vor allem für die Puppe zu interessieren. Sie untersucht sie, riecht an ihren Haaren, versucht einen Faden, mit dem das Handgelenk gekennzeichnet ist, abzumachen. Einmal drückt sie der Puppe die Hand. Dann nimmt sie die Puppe zu sich unter die Decke und betrachtet sie. Immer wieder onaniert Maria unter der Decke oder wünscht, von mir gestreichelt zu werden. Manchmal onaniert sie mit der Puppe, manchmal soll die Puppe sie streicheln. Ihre Schläge sind seltener geworden, und wenn sie schlägt, gelingt es mir meistens, aber nicht immer, mich davor zu schützen.

Dafür beginnt sie nun, die Puppe vor allem am Kopf zu malträtieren und sie an den Haaren, die ebenfalls aus Wolle und zu zwei Zöpfen geflochten sind, zu reißen. Sie registriert jedesmal mit Befriedigung, daß die Puppe zur nächsten Stunde wieder hergerichtet wurde. Manchmal legt sie sich so auf den Rücken, daß ihr Kopf zwischen den geöffneten Beinen der Puppe liegt und macht eine Art Gymnastikübung, indem sie ihre Arme und Beine in die Luft streckt. Sie wirkt dabei sehr angespannt. Meist folgt dann ein heftiger Angriff auf Kopf und Haare der Puppe. Einmal beginnt sie wieder in dieser Lage, packt aber dann plötzlich den Kopf der Puppe und preßt ihn in ihren Schoß. Dann legt sie sich auf die Puppe und streichelt sie mit harten Bewegungen. Immer enden diese Situationen so, daß sie sich auf die Puppe stürzt und sie mit allen Anzeichen von Haß und Wut an den Haaren zerrt. Maria befindet sich dabei in einer äußerst angespannten und sehr erregten Stimmung.

Eine der nächsten Stunden beginnt damit, daß Maria vor sämtlichen Türen der Garderobe und des Arbeitsraumes Verbeugungen macht. Es wirkt wie eine Art feierlicher Beschwörung, und mein Eindruck ist, daß sie große Angst hat. Dann legt sie sich in den Raum und macht wie gehabt ihre Art Gymnastikübung, fällt dann über die Puppe her und zerrt sie an den Haaren. Dann packt sie den Kopf der Puppe, dreht ihn schwer und wie gegen einen Widerstand herum und preßt ihn im Liegen in ihren Schoß. Sie ist hochgradig angespannt, und ihr Gesicht drückt Todesangst aus. Ihre Haut verändert sich, sie bekommt eine Gänsehaut und wird grau im Gesicht. Dann stürzt sie sich mit unendlichem Haß und einer unendlichen Wut auf die Puppe und beginnt sie zu zerstören. Sie ist jetzt krebsrot im Gesicht. Dies ist der Moment, in dem ich eingreife und versuche, die Puppe vor der Zerstörungswut des Kindes zu retten. Ich habe Mühe, Kind und Puppe zu trennen, denn Maria reißt so am Kopf der Puppe herum, daß die Wollfäden sich bereits in ihrer Hand verheddert haben. Einmal ist die Puppe so zugerichtet, daß ich sie zur Reparatur in die Beschäftigungstherapie geben muß. Maria registriert aber jedesmal mit Befriedigung, daß sie wieder in Ordnung gebracht ist.

Das Beschwörungszeremoniell vor den Türen bleibt bis zum Schluß der Therapie erhalten. Manchmal winkt Maria mich dazu, manchmal fällt das Ritual eher nachlässig aus. Die sexuellen Szenen mit der Puppe und dem anschließenden Angriff auf die Puppe bleiben ebenfalls erhalten, verlieren aber insgesamt an Anspannung und Angst. Maria onaniert weiterhin mit dem Ball oder der Puppe. Sie liegt aber auch öfters einfach ruhig unter der Decke, neben sich die Puppe, und läßt sich von mir streicheln. Es gibt auch ausgesprochen liebe und herzliche Situationen zwischen uns, so, als sie auf dem Weg von der Station zum Arbeitsraum auf die Wiese rennt und wir Pusteblumen pflücken. Sie berührt meine Blume mit der ihren, dann fährt sie mir mit ihr zart übers Gesicht. Schwieriger wird es dagegen nun am Ende der Stunde, wenn es gilt, voneinander Abschied zu nehmen. Einmal beißt Maria mich dabei in den Arm, und ich habe den Eindruck, sie will mich fressen, aber nicht gehen lassen. Manchmal muß ich sie direkt aus dem Arbeitsraum zerren. Das versuche ich dann möglichst locker und spielerisch zu tun, indem ich sie an den Füßen fasse, mit ihren Beinen spiele und sie dabei in die Garderobe ziehe. Manchmal spiele ich so Ball mit ihr, daß ich sie immer mehr in Richtung Garderobe lenke. Ich bedeute ihr auch, wie oft sie noch schlafen muß, bis ich wieder komme. Manchmal gelingt es, daß wir uns mit einer Kußhand einigermaßen locker voneinander verabschieden können.

Da ich für vier Wochen in Ferien fahren möchte, fertigt die Station einen Kalender für Maria an, auf dem die Tage gekennzeichnet sind, die ich noch da bin, und die, die ich dann abwesend sein werde bis zu dem Tag, an dem ich wieder auf die Station komme. Maria darf auf diesen Kalender jeden Tag einen Punkt malen. Sie wird nun prompt aggressiver gegen mich, ihre Schläge nehmen wieder zu, und auch die Puppe wird wieder stärker mißhandelt, indem Maria z. B. deren Kopf gegen die Wand schlägt. Sie zieht sich über längere Phasen onanierend unter die Decke zurück.

Als ich nach den Ferien in die Klinik zurückkomme, erfahre ich, daß Maria inzwischen auf Wunsch ihrer Eltern nach Hause entlassen wurde. Nun werde ich grau im Gesicht, denn ich habe gesehen, was Maria in den paar Jahren ihres jungen Lebens bereits alles widerfahren war. Sechs Wochen später wird sie, auf Wunsch ihres Vaters, wieder in die Klinik aufgenommen. Sie kommt alleine in einem Taxi und macht, als sie wieder auf der Station ist, Luftsprünge vor Freude. Sie hat eine tiefe und lange Schnittverletzung am Po und eine am Unterarm. Eine der Wunden war genäht worden, die andere nicht. Als mich Maria zufällig auf der Station sieht, nimmt sie meinen Mantel, will ihn mir überziehen und bedeutet mir, daß wir uns auf den Weg machen sollen zu meinem Arbeitsraum. Inzwischen ist aber beschlossen worden, daß Maria in ein Heim für Gehörlose nach Westdeutschland kommt. Dorthin bringen sie zwei ihr vertraute Personen der Station. Zu ihrem nächsten Geburtstag bekommt sie den Ball und die Kuscheltiere aus meiner Therapie geschickt nebst einem Foto, auf dem die zwei Personen, die sie betreut haben, und ich zu sehen sind.

In der ersten Zeit war ich Marias Schlägen hilflos ausgeliefert. Sie kamen so blitzartig und so aus heiterem Himmel, daß ich zunächst keine Möglichkeit sah, mich vor ihnen zu schützen, zumal sie auch nicht aus der Spielsituation heraus zu verstehen waren. Sie wirkten wie ein für Maria notwendiges Einschiebsel in die Beziehung zu mir und gehörten sozusagen zum guten Ton – nur war dieser Ton für mich ein Mißklang. Sie störten unser Spiel, da wir beide aus einer entspannten Stimmung gerissen wurden. Ich ging dann auf räumliche Distanz, Maria rannte, krebsrot im Gesicht und überdreht lachend, weg und versuchte meist im Anschluß daran, mich noch mit Gegenständen zu bewerfen. Meine erste Schutzmaßnahme war denn auch, alle Gegenstände, die Maria gegen mich werfen konnte, aus dem Arbeitsraum zu entfernen. Statt dessen arbeitete ich nun mit weichen Spielsachen, die, wenn sie mich damit bewarf, mir nicht weh taten. Außerdem konnte ich diese Spielsachen auffangen und versuchen, daraus ein Spiel zu entwickeln, wenn es die Stimmung zwischen uns zuließ.

Aber Marias Schläge, die mich ins Gesicht trafen, blieben weiterhin ein Problem. Ich beschloß, da ich nicht sah, wie ich mich angemessen hätte dagegen schützen können, mich wenigstens nicht so davon abschrecken zu lassen, daß ich die Therapie hätte abbrechen müssen. Gleichzeitig suchte ich nach Möglichkeiten, wie ich diesen Schlägen entgehen könnte, ohne daß ich mich nur in großer räumlicher Distanz zu Maria aufhielt, denn ich fand es wichtig, daß Maria mich auch anfassen konnte. So hatte sie verschiedentlich, wenn sie auf Grund einer äußeren Situation Angst bekam, Schutz bei mir gesucht. Sie umarmte mich dann und schlug gleichzeitig auf mich ein. Diese Schläge taten aber nicht weh und verletzten mich nicht, denn Maria traf nur meinen Rücken, während ich sie fest im Arm hielt und zu beruhigen suchte. Ich fand es auch wichtig, daß ich Maria streichelte; sie forderte es immer wieder von mir, zog sich dazu bis auf Hemd und Unterhose aus, legte sich auf ihre Decke und zeigte mir die Stellen, die ich streicheln sollte. Sie konnte dann ein zufriedenes kleines Mädchen sein. Auf diese Weise war ich immer wieder so dicht bei ihr, daß sich für Maria die Gelegenheit ergab, mich ins Gesicht zu schlagen. Es wurde mir klar, daß ich nur eine Möglichkeit hatte, diesen Schlägen zu entgehen. Ich mußte, auch wenn wir uns beide in einer entspannten Situation befanden, auf der Hut sein, um die geringste Änderung in der Spannung zwischen uns wahrzunehmen und sofort darauf zu reagieren. Als mir dies zum ersten Mal gelungen war und ich den Schlag mit dem Arm abfangen konnte, änderte sich die Situation zwischen Maria und mir. Maria hatte sicheres Terrain verloren und damit einen Teil ihrer Möglichkeiten, die Beziehung zu mir zu gestalten. Auch wenn ich in der Folge nicht jeden Schlag abfangen konnte, hatte ich doch Boden unter den Füßen gewonnen. Die Beziehung zwischen Maria und mir hatte sich durch den einmal abgewehrten Schlag verändert. Wir mußten uns beide neu orientieren. Für mich war das nicht so schwer, da ich nun endlich eine Möglichkeit gefunden hatte, mich vor Marias Schlägen angemessen zu schützen. Ich stand sozusagen gesicherter da. Für Maria wurde die Situation schwieriger, denn ihre Schlagfertigkeit, die bisher immer gut funktioniert hatte, war in Frage gestellt worden. Maria wurde unsicherer, und ihre Angst verstärkte sich. In dem Maße, wie die Szenen, die sie mir mit der Puppe vorspielte, sexuellen Charakter annahmen, steigerte sich diese Angst noch weiter. Bei den Szenen, bei denen sie den Kopf der Puppe, der ja weich und beweglich war, packte und wie einen Menschenkopf, der sich gegen etwas sperrt, wozu er gezwungen wird, drehte und in ihren Schoß preßte, erreichte ihre Angst ein Ausmaß, das ich nur als Todesangst bezeichnen kann. Mein Beistand in dieser Situation bestand darin, Maria mit der Puppe zeigen zu lassen, was ihr am eigenen Leibe widerfahren war. Ich begriff diese Szenen als Teil ihrer eigenen Lebensgeschichte und glaubte, was sie mir zeigte: Sie war sexuell mißbraucht worden.

Eine andere Schwierigkeit betraf die Störung der Beziehung durch die Schläge bzw. die Minuten, die dann folgten. Es galt ja weiterzumachen, und das in einer möglichst wieder lockeren und versöhnlichen Atmosphäre. Aber eine solche Atmosphäre wieder herzustellen war nicht eben einfach. Maria kam, nachdem sie mich geschlagen hatte, leicht in eine Art Zerstörungswut und bewarf mich mit allem, was ihr unter die Hände kam. Ich hatte es dann schwer, ihr meine Bereitschaft zum Weitermachen zu signalisieren. Manchmal konnte ich ihr diese nur zeigen, indem ich z. B. alle Sorgfalt ihren Kleidern widmete, die sie vor der Stunde ausgezogen hatte und in die ich ihr nun am Ende der Stunde wieder hineinhalf. Manchmal lachte sie dann, wenn ich mit ihren Schuhen und Strümpfen spielte, und damit stellte sich wieder eine versöhnliche Stimmung her. Aber auch für mich waren die Minuten unmittelbar nachdem ich geschlagen worden war, nicht gerade leicht. Ich mußte den Fortbestand der Therapie im Auge behalten, konnte mich also nicht zu lange in eine verletzte Position zurückziehen. Im Gegenteil, es galt zu retten, was noch zu retten war, und irgendwo wieder einen Anknüpfungspunkt an eine spielerische Situation zu finden. Das gelang mal mehr, mal weniger gut, mußte aber immer soweit gelingen, daß die Therapie weitergehen konnte.

Die Beziehung zwischen Maria und mir war ungleich – sie mußte mich schlagen und ich sie nicht. Da es nicht darum gehen konnte, daß ich von Maria das Schlagen lerne, mußte sie lernen, ohne Schläge mit mir auszukommen. Wenn es gelang, daß Maria und ich uns einander anglichen in bezug auf das

Nichtschlagen, dann war ein für die Beziehung notwendiges Gleichgewicht hergestellt worden. Dieses Gleichgewicht war deshalb notwendig, weil es die Grundlage bildete, auf der Maria und ich die Chance hatten, gemeinsam in die Richtung zu gehen, in die Maria mich zu führen gedachte. Die erste Zeit der Therapie verbrachte ich denn auch damit, dieses notwendige Gleichgewicht herzustellen. Solange wir uns mit ihren Schlägen herumrangelten, gab es immer einen, der schlug, und einen, der geschlagen wurde. Als ich ihre Schläge abfangen konnte, gab es einen, der schlug, und einen, der den Schlag parierte. Das war das Gleichgewicht, das ich zwischen uns herstellen konnte und das nötig war, um die therapeutische Arbeit voranzutreiben.

Zum Schluß rücke ich noch einmal mein Thema, das Verhältnis zum Körper, in den Blickpunkt. Ausgegangen bin ich von drei Begriffen – der körperlichen Bewegung, dem sich bewegenden Körper und dem Körpererleben –, die alle drei das Verhältnis zum Körper umschreiben. Dazugekommen ist ein weiterer Begriff, die Körpergrenze. Über die körperliche Bewegung habe ich den Zugang zum Körpererleben gefunden, aber in diesem Vorgang gleichzeitig ein Wechselspiel erkannt, nämlich das Wechselspiel zwischen der körperlichen Bewegung und dem Erleben vom Körper. Die Körpergrenze trennt die körperliche Bewegung vom Körpererleben, ist aber so durchlässig, daß sie einen Austausch erlaubt. Dieser Austausch ist in der Psychose unterbrochen, die Körpergrenze zu durchlässig geworden. Das Körpererleben bricht durch und zwingt die körperliche Bewegung in seine Dienste. Die Bewegung verfremdet, und mit ihr verfremdet das Verhältnis zum Körper.

Das Verhältnis zum Körper ist durch ein labiles Gleichgewicht gekennzeichnet, die körperliche Bewegung aber üblicherweise in der Lage, dieses Gleichgewicht auszubalancieren.

Anmerkungen

1. Kritik an Tanz- und Körpertherapien

1 Gaetano Benedetti, *Todeslandschaften der Seele*, Verlag für Medizinische Psychologie, G. Vandenhoek u. Ruprecht, Göttingen 1983, S. 85
2 Elke Willke, «Tanztherapie. Zur Verwendung des Mediums Tanz in der Psychotherapie». In: Hilarion Petzold (Hg.), *Leiblichkeit*, Junfermann-Verlag, Paderborn 1985
3 Ebd., S. 465
4 Ebd., S. 467
5 Ebd., S. 467/468
6 Ebd., S. 469
7 Ebd., S. 469
8 Ebd., S. 470
9 Ebd., S. 471
10 Ebd., S. 471
11 Ebd., S. 473/474
12 Ebd., S. 474
13 Ebd., S. 474
14 Ebd., S. 476
15 Ebd., S. 476
16 Ebd., S. 477
17 Ebd., S. 480
18 Ebd., S. 480
19 Ebd., S. 472
20 Ebd., S. 472
21 Ebd., S. 480
22 Ebd., S. 480
23 Ebd., S. 480
24 Ebd., S. 480
25 Ebd., S. 480/481
26 Ebd., S. 481
27 Ebd., S. 475
28 Ebd., S. 481
29 Ebd., S. 481
30 Ebd., S. 482
31 Ebd., S. 482
32 Ebd., S. 483
33 Ebd., S. 483
34 Ebd., S. 485
35 Ebd., S. 485/486
36 Ebd., S. 486
37 Ebd., S. 486
38 Ebd., S. 486
39 Ebd., S. 489
40 Ebd., S. 489
41 Ebd., S. 491
42 Ebd., S. 491
43 Ebd., S. 492
44 Ebd., S. 492
45 Ebd., S. 496/497

46 Cary Rick, *Tanztherapie*, Gustav Fischer Verlag, Stuttgart 1989
47 Ebd., S. 66
48 Ebd., S. 27
49 Ebd., S. 66
50 Ebd., S. 63
51 Ebd., S. 63
52 Ebd., S. 64
53 Ebd., S. 21
54 Ebd., S. 20
55 Ebd., S. 163
56 Alexander und Leslie Lowen, *Bioenergetik für Jeden*, Peter Kirchheim Verlag, München 1979
57 Ebd., S. 85/86
58 Ebd., S. 85
59 Ebd., S. 11
60 Ebd., S. 14
61 Ebd., S. 47
62 Ebd., S. 48
63 Ebd., S. 11
64 Ebd., S. 56
65 Ebd., S. 16
66 Christine Gräff, *Konzentrative Bewegungstherapie in der Praxis*, Hippokrates-Verlag, Stuttgart 1989
67 Ebd., S. 15
68 Ebd., S. 15
69 Ebd., S. 15/16
70 Ebd., S. 20/21
71 Ebd., S. 22
72 Ebd., S. 49
73 Ebd., S. 70
74 Ebd., S. 71
75 Ebd., S. 77
76 Elaine V. Siegel, *Tanztherapie. Seelische und körperliche Entwicklung im Spiegel der Bewegung. Ein psychoanalytisches Konzept*, Klett-Cotta, Stuttgart 1986
77 Ebd., S. 17
78 Ebd., S. 35
79 Sigmund Freud, GW XIII, S. 239
80 Siegel, a. a. O., S. 36/37
81 Freud, GW X, S. 331
82 Siegel, a. a. O., S. 27
83 Ebd., S. 40
84 Ebd., S. 46
85 Ebd., S. 54
86 Ebd., S. 225
87 Ebd., S. 18
88 Ebd., S. 20
89 Ebd., S. 21
90 Ebd., S. 22
91 Freud, GW XII, S. 185
92 Siegel, a. a. O., S. 43
93 Ebd., S. 43
94 Ebd., S. 43/44
95 Ebd., S. 48
96 Ebd., S. 79
97 Ebd., S. 181
98 Ebd., S. 181
99 Ebd., S. 187
100 Ebd., S. 213
101 Ebd., S. 70
102 Ebd., S. 79
103 Ebd., S. 229/230

4. Das Verhältnis zum Körper in der Psychose

1 Bernd Nitzschke, *Der eigene und der fremde Körper. Bruchstücke einer psychoanalytischen Gefühls- und Beziehungstheorie*, Konkursbuch-Verlag Claudia Gehrke, Tübingen, o. J.
2 Ebd., S. 15
3 Ebd., S. 23
4 Ebd., S. 29
5 Ebd., S. 30
6 Ebd., S. 65
7 Ebd., S. 242
8 Ebd., S. 57
9 Ebd., S. 283

5. Das sexuelle Moment in der therapeutischen Arbeit

1 Sabine Kleinhammes (Hg.), *Rettet den Sex*, Meiga, Radolfzell, S. 15
2 Ebd., S. 24
3 Fritz Morgenthaler, *Verkehrsformen der Perversion und die Perversion der Verkehrsformen*, Kursbuch 49, Berlin 1977, S. 143
4 Sabine Kleinhammes, a. a. O., S. 74/75
5 Fritz Morgenthaler, a. a. O., S. 137